Russisch für Besserwisser, Band 2

Rainer H. Berthelmann

Russisch für Besserwisser

Krimis, Kalender und ein Krokodil – Eine Lesereise durch Russland

Schmetterling Verlag

Bibliografische Informationen der Deutschen Bibliothek
Die Deutsche Bibliothek verzeichnet diese Publikation in der Deutschen Nationalbibliografie; detaillierte Daten sind im Internet über http://dnb.ddb.de abrufbar.

Schmetterling Verlag GmbH
Lindenspürstr. 38b
70176 Stuttgart
www.Schmetterling-Verlag.de
Der Schmetterling Verlag ist Mitglied von aLiVe.

ISBN 3-89657-369-1
1. Auflage 2008
Printed in Germany

Titelbildillustration: Marlene Pohle
Satz und Reproduktionen: Schmetterling Verlag
Druck: GuS-Druck GmbH, Stuttgart
Binden: IDUPA, Owen

Inhalt

Das russische Alphabet – **Русский алфавит**

Kyrillische Buchstaben		Transliteration in Namen	Anmerkungen zur Schreibweise im Deutschen*
А	а	a	
Б	б	b	
В	в	w	
Г	г	g	
Д	д	d	
Е	е	e	am Silbenanfang "je" geschrieben
Ё	ё	jo	geschrieben "o" nach ж, ш, ч, щ
Ж	ж	sh	
З	з	s	
И	и	i	
Й	й	i	nicht geschrieben nach и, ы
К	к	k	кс wird mit dt. "x" wiedergegeben
Л	л	l	
М	м	m	
Н	н	n	
О	о	o	
П	п	p	
Р	р	r	
С	с	s	zwischen Vokalen "ss" geschrieben
Т	т	t	
У	у	u	
Ф	ф	f	
Х	х	ch	

Ц	ц	z	
Ч	ч	tsch	
Ш	ш	sch	
Щ	щ	schtsch	
Ъ	ъ		bleibt dt. unbezeichnet
Ы	ы	y	
Ь	ь		bleibt dt. unbezeichnet
Э	э	e	
Ю	ю	ju	
Я	я	ja	

* Die Transkription dient der Wiedergabe russischer Wörter in deutscher Umschrift. Die Angaben in der Tabelle lehnen sich an den Duden (Mannheim 1996) an.

Aussprache – Произношение

In diesem Buch werden Ihnen zu ausgewählten Wörtern Hinweise zu ihrer Aussprache gegeben. Zusätzlich folgt an einigen Stellen auch die international übliche Transkription. Sie steht – wie in den meisten Wörter- und Lehrbüchern – in eckigen Klammern. In der Übersicht wird die Aussprache der wichtigsten russischen Laute an Beispielen demonstriert.

Laut	Aussprache Anmerkungen	Russ. Beispiel	Aus-sprache	Über-setzung
ə [a)]	undeutlich wie "e" in "mager"	мама	['mamə]	*Mutti*
e	wie "e" in "Beet"	дети	['ḑeţɪ]	*Kinder*
ɛ	wie "e" in "Brett"	нет	[ņɛt]	*nein*
i	mittellanges "i" etwa wie in "Sieg"	пик	[p,ik]	*Spitze*
ɪ	kurzes "i" wie in "Chinchilla"	часы	[ʧɪ'sɨ]	*Uhr*
ɨ	wie "Müll", mit breitem Mund gesprochen [b)]	был	[bɨł]	*war*
ɔ	wie "o" in "Tochter"; nie wie in "tot"	ток	[tɔk]	*Strom*
æ	zwischen "i" und "ä" gesprochener Laut	дядя	['ḑæḑə]	*Onkel*
v	wie "w" in "Watte"	вата	['vatə]	*Watte*
ʒ	wie "j" in "Journalist" französisch ausgesprochen	журнал	[ʒur'nał]	*Zeitschrift*
z	immer stimmhaftes "s" wie in "Susi"	зуб	[zup]	*Zahn*
s	immer stimmloses "s" wie in "Hass"	сад	[sat]	*Garten*
ł	etwa wie englisches "l" in "mall"	мол	[mɔł]	*Mole*

ļ	noch weicher als deutsches "l" in "Liebe"	Лиза	[ļizə]	*Lisa*
r	hartes "gerolltes" "r" [c)]	парк	[park]	*Park*
ŗ	weiches "r" [c)]	река	[ŗɪ'ka]	*Fluss*
x	wie "ch" in "ach"	крах	[krax]	*Pleite*
x,	etwa "ch" wie in "ich"	химик	['x,imɉɪk]	*Chemiker*
ts	wie "z" in "Zettel"	цвет	[tsv,ɛt]	*Farbe*
ʧ [d)]	etwa wie "tsch" in "Tschechien"	чек	[ʧɛk]	*Scheck*
ʃ	wie "sch" in "schummeln"	шум	[ʃum]	*Lärm*
ʃʧ [d)]	etwa wie "schtsch"	щи	[ʃʧi]	*Kohlsuppe*

Im Teil 1 von "Russisch für Besserwisser. Von Metros, McDonald's und einer Kuh im Propeller" finden Sie weitere Erläuterungen zur Aussprache an den folgenden Stellen:

a) Mehr zu diesem Lautzeichen, dem "Schwa", siehe Teil 1, Kapitel 7, Seite 105.

b) Hierzu siehe auch Teil 1, Kapitel 1, Seite 18.

c) Tipps zur Aussprache von "р" und "рь" siehe Teil 1, Seiten 9 und 10.

d) [ʧ] und [ʃʧ] sind immer weich auszusprechen. Ihre Weichheit wird deshalb nicht besonders durch Zeichen angezeigt. Beide Laute werden mit lächelnd breitgezogenem Mund gesprochen, damit sie hell und "weich" klingen. Das "t" in der Mitte des Lauts [ʃʧ] ist kaum und manchmal gar nicht zu hören, sodass lediglich ein langer, sehr weicher "sch"-Laut übrig bleibt. Geübt werden kann er beispielsweise mit den Fantasiewörtern "Fri**sch**-**Sch**inken" oder "Fri**sch**-**Tch**ibo".

Einleitung – Введение

"Я люблю тебе", flüsterte Jürgen ihr ins Ohr und leerte sein drittes Glas auf ihr Wohl. Ljuba errötete nicht; mit vierzig Jahren und mit ihrer Erfahrung tut man das nicht mehr. Doch verwirrt war sie schon. Nicht wegen des grammatischen Fehlers; die Hefte ihrer Schüler strotzten manchmal von Fehlern. Auch nicht wegen des harten, unrussischen Akzents ihres Kollegen. Dieses Problem kannte sie von den ausländischen Partnerschülern an ihrer Schule. Nein. Vielmehr beunruhigte sie, kaum neun Monate nach ihrer Traumhochzeit mit Nikolai, mitten im ersten, jung verliebten Jahr, die Versuchung durch einen anderen Mann, einen sympathischen fünfundfünfzigjährigen Kollegen aus Deutschland.

Liebe Leserin, lieber Leser! Erinnern Sie sich an Ljuba? Sie kennen sie, wenn Sie das erste Buch in der Reihe "Russisch für Besserwisser" mit dem Untertitel "Von Metros, McDonald's und einer Kuh im Propeller" gelesen haben. Dort konnten Sie in einer kleinen Geschichte verfolgen, wie *Ljubow* (Любовь) von der Geburt bis zur Hochzeit ihren Vornamen "wechselte": als Любовь Николаевна Толстая (*Ljubow Nikolajewna Tolstaja*) in einer russisch-orthodoxen Kirche getauft, wurde sie in Familie und Schule Люся (*Ljusja*) bzw. Люба (*Ljuba*) und später von ihrem Schatz Kolja liebevoll Любусик (*Ljubusik*) genannt, um auf dem Standesamt schließlich wieder zur "Amtsperson" Любовь Николаевна zu werden, diesmal aber mit dem Familiennamen Путина (*Ljubow Nikolajewna Putina*). Von dieser jungen Frau ist hier die Rede. Wie Sie dem einleitenden Absatz entnehmen konnten, ist sie inzwischen Lehrerin geworden. Da sie fließend Deutsch spricht und diese Sprache von der zweiten bis zur elften Klasse unterrichtet, betreut sie oft Gastschüler und die sie begleitenden Lehrer – Jürgen ist einer von ihnen. Ljuba, wie sie von Kollegen, Freunden und Bekannten gerufen wird, wird Sie auf Ihrer Reise durch Russland und die russische Sprache begleiten.

Wenn Sie Ihr Wissen über das Land, die Menschen und die Sprache erweitern möchten, dann ist das Buch "Krimis, Kalender und ein Krokodil" genau das Richtige für Sie. Es wendet sich vorwiegend an Leserinnen und Leser, die über einige Russischkenntnisse verfügen und die kyrillische Schrift lesen können. Aber selbst ohne dies wird die Lektüre für Sie sehr interessant sein, denn alle russischen Wörter und Sätze werden übersetzt und erläutert. Wie der Titel besagt, erwartet Sie in diesem Buch eine "Lesereise durch Russland". In jedem Kapitel begegnen Sie russischen Menschen und erfahren etwas über Orte und Situationen in Russland zu Beginn des dritten Jahrtausends. Nebenbei plaudert der Autor mit Ihnen über die russische Sprache. Von Texten aus Romanen, Zeitungen, Zeitschriften, Kalendern und anderen Genres ausgehend, *analysiert er Schwierigkeiten und "falsche Freunde" der russischen Sprache* (анализирует трудности и "ложных друзей" русского языка), *erzählt die Geschichte russischer Wörter* (рассказывает историю русских слов) und *erklärt die Bedeutung häufiger Namen* (объясняет значение часто употребляемых имен).

Lassen Sie mich ein Beispiel geben! Die ersten Worte dieser Einleitung lauten: я люблю тебе (wörtlich übersetzt: *ich liebe dir*). Wer das sagt, der verwechselt möglicherweise auch in seiner Muttersprache die Fälle des Pronomens, ähnlich wie es der Titel des viel beachteten Buchs von Bastian Sick über die deutsche Sprache formuliert: "Der Dativ ist dem Genitiv sein Tod".[1] Es kann aber auch sein, dass unser fiktiver Jürgen einfach Berliner Dialekt spricht. Dann ist es für ihn geradezu Ehrensache zu sagen: "Ick liebe dir." Richtig muss die Liebeserklärung auf Russisch heißen: "Я люблю тебя." Denn das Verb любить (*lieben*) regiert wie die meisten russischen Tätigkeitswörter den Akkusativ. Auf die Rektion von Verben und Präpositionen werden wir noch öfter zu sprechen kommen.

Auch der zweite Mangel, den Ljuba an Jürgens unvermittelter Liebesbekundung stillschweigend konstatiert, soll in diesem Buch eine Rolle spielen – die Aussprache. Der Deutsche hat eine "harte Aussprache", wie es heißt. Wer die labialisierten Konsonanten nicht richtig russisch aussprechen kann, bei dem klingt люблю wie [lub'lu][2], das heißt mit einem deutschen mittelharten "l" (wie in "Luft") anstelle des weichen russischen [ḷub'ḷu]. Das ist allerdings ein verzeihlicher Lapsus. Denn schließlich sind regionale Ausspracheunterschiede etwas ganz Normales; auch die Russen sprechen Dialekte. Außerdem kommen viele Einwohner Russlands aus Landesteilen, in denen Russisch

1 Siehe das Literaturverzeichnis am Ende des Buches.

2 Der gerade Apostroph ' zeigt an, dass die ihm folgende Silbe die Wortbetonung erhält.

nicht oder nicht mehr die einzige offizielle Sprache ist. So herrscht auf den Märkten jeder russischen Großstadt ein babylonisches Gewirr von Händlern aus dem Kaukasus, Mittelasien und anderen Regionen, die zwar Russisch sprechen, aber doch unverkennbar mit dem Akzent ihres Herkunftslands. Den regen Handel behindert das keineswegs! Im Gegenteil, wer häufiger im Ausland ist und die Landessprache mehr oder weniger beherrscht, wird bemerkt haben: Ein Muttersprachler sieht gegenüber dem Ausländer großzügig darüber hinweg, wenn er (oder sie) mit fremdem Akzent spricht. Häufen sich allerdings die Abweichungen von der Norm, dann kann schon einmal die Kommunikation beeinträchtigt werden. Damit Ihr Russisch, liebe Leserinnen und Leser, von Anfang an möglichst gut klingt, werden Sie immer wieder auch Hinweise zur Betonung und Aussprache erhalten.

Ljuba übernimmt in diesem Buch eine ganz besondere Rolle. Nach jeder Station unserer gemeinsamen Lesereise bzw. nach jedem Kapitel wird sie einen Halt mit Ihnen einlegen. *Halt* heißt auf Russisch остановка, weshalb die entsprechenden Seiten diese Überschrift tragen. Während dieser kurzen Reiseunterbrechungen wird Ljuba mit Ihnen die in den Kapiteln gestellten Aufgaben besprechen und Ihnen dabei über sich, ihre Familie und noch mehr über Russland und die Russen erzählen. Auch von Jürgen wird immer wieder einmal die Rede sein. Seine fehlerhafte Liebeserklärung zu Beginn unserer Einleitung hatte die junge Frau einigermaßen überrascht und zugleich ihr Sprachgefühl befremdet; wenn sie sich beides auch nicht anmerken ließ. Schließlich hat sie selbst ihre Schwächen. So vermag sie trotz allem Bemühen nicht den Namen ihres Kollegen vollkommen korrekt auszusprechen. Die deutschen Umlaute bereiten Russen stets Schwierigkeiten. Ljuba nennt ihn darum immer "Jurgen", was er freilich ausgesprochen süß findet. Und mit der Eigenart der deutschen Sprache, die Verben meistens am Ende eines Satzes zu positionieren, kann sich Ljuba ebenfalls nicht richtig anfreunden. Das alles hindert sie indes nicht, "Jurgen" richtig nett zu finden. Manchmal hat er eine ausgesprochen "russische Seele", wie sie meint. Im Verlauf unserer Lesereise kommt Ihre Reisebegleiterin nicht so ohne Weiteres von dem Mann los. Erstens, weil er sich ganze vier Wochen in ihrer Stadt aufhält, und zweitens ... aber lesen Sie selbst! Wagen Sie eine Prognose, ob sich zwischen Jürgen und Ljuba zarte Bande anknüpfen werden?

Kapitel 1 – Первая глава

Lesen ist die Mutter aller Weisheit – Чтение – мать учения

Die Kapitelüberschrift erinnert Sie an etwas? In der Tat, sie wandelt das alte russische Sprichwort Повторение – мать учения (*Wiederholung ist die Mutter aller Weisheit*) etwas ab. Ich glaube, meine Version trifft nicht weniger zu. Keine Kulturnation kommt ohne Schriftsprache aus, kein gebildeter Mensch kann darauf verzichten zu lesen – sei es ein *Bilderbuch* (книга с картинками), dem wenige Worte genügen, oder die *Fibel* (букварь) für die Schulanfänger, seien es *E-Mails, Krimis, Comics oder einfach ein Werbetext* (электронные письма[3], детективы oder криминалы, комиксы или просто реклама).

In Russland hatte sich unter kommunistischer Herrschaft eine beachtliche Lesekultur herausgebildet. Russische oder deutsche Klassiker zitieren können und die langweilige Fahrt in der Metro oder Straßenbahn nutzen, um die Tageszeitung oder den Lieblingsautor zu lesen – das galt in einer Zeit, da Druckerzeugnisse spottbillig waren, beinahe schon sprichwörtlich für die *Bürger der Sowjetunion* (граждане Советского Союза). Nebenbei gesagt, der seiner Herkunft nach "bürgerliche" Begriff гражданин, also eigentlich *Stadtbürger*, hatte die proletarische Diktatur nicht nur überstanden, sondern war sogar in seiner Bedeutungserweiterung als *"Sowjetbürger"* in den Sprachschatz der DDR eingegangen.

Heute ist das anders. Lehrerinnen und Lehrer klagen über eine sträfliche Vernachlässigung der klassischen russischen Literatur: Diverse Boulevardschriftsteller erobern die Stände fliegender Händler und die Buchläden mit einem fragwürdigen Billigangebot, Goethe wurde aus der Schule verbannt und erst nach heftigen Protesten wieder zurückgeholt, und auffällig weniger Menschen als früher lesen in der immer prallvollen Metro. Die meisten wirken abgespannt und müde, sind gestresst vom Arbeitsalltag.

---

3 Der Terminus электронное письмо, eigentlich die wörtliche Übersetzung von *E-Mail*, nämlich *elektronische Brief- bzw. Postsendung*, fällt jungen Leuten auch bei Nachfragen erst in zweiter Linie ein. Als erstes nennen sie das Wort E-Mail, schreiben es (groß oder klein) mit lateinischen Buchstaben oder mit kyrillischen (имейл oder мейл; männliches Substantiv) und sprechen es englisch aus.

Und wenn Iwan Iwanowitsch oder Nina Sergejewna einmal eine Zeitung zur Hand nehmen, was könnte ihnen dann – ein Beispiel von vielen ähnlichen – als fettgedruckte Überschrift ins Auge fallen?

"Happy New Год!"

Sie, liebe Leserin oder lieber Leser, sitzen vielleicht entspannt im Sessel und fragen sich angesichts dieser Überschrift zu Recht: Was soll dieser Mischmasch? Russisch ist es nicht, aber auch nicht Englisch. Wer Englisch und Russisch zumindest ein wenig kennt, versteht dieses unsinnige Kauderwelsch schon. Aber einen Sinn ergibt diese Sprachschöpfung doch höchstens dann, wenn sie den Neujahrswunsch absichtlich ironisch-satirisch verfremden und das bisweilen wahllose Nebeneinander der beiden Sprachen auf Werbepostern und in Printmedien aufs Korn nehmen will. Wir werden sehen, worum es sich in diesem Fall handelt.

Der englische Neujahrsgruß "Happy New Year!" ist – ebenso wie das gesungene "Happy birthday to you ..."[4] – inzwischen internationales Gemeingut geworden, auch in Russland. Ja, er ist mittlerweile derart "russifiziert" worden, dass er sogar in kyrillischen Lettern geschrieben anzutreffen ist. Das sieht dann sehr lustig aus: "Хеппи Нью-Йиер!" Kein Scherz! Genauso habe ich die Wendung im Roman der viel gelesenen russischen Autorin Polina Daschkowa vorgefunden, zudem noch (Бог знает почему! – *Gott weiß warum!*) mit einem Bindestrich versehen, der einfach nicht dahin gehört. Können Sie sich vorstellen, dass sich Russen, denen ihre wohlklingende Muttersprache am Herzen liegt, die Haare darüber raufen? Und dass Leser, die mit der englischen Sprache nicht so vertraut sind, ins Grübeln kommen oder die Lektüre einfach beiseite legen?

---

4 Das Lied wird auch in Russland angestimmt, allerdings öfter in westlich orientierten Firmen und unter jungen Leuten. Denn schließlich verfügt auch die russische Folklore über alte Weisen, die zum Geburtstag angestimmt werden. Vor allem ist dies ein Lied aus dem beliebten Trickfilmklassiker *"Das Krokodil Gena und seine Freunde"* ("Крокодил Гена и его друзья", 1966) nach der gleichnamigen Geschichte von *Eduard Nikolajewitsch Uspenski, geb. 1937* (Эдуард Николаевич Успенский, р. 1937). Das Lied wird mit Begeisterung in Schulen und Kindergärten gesungen, manchmal auch von Studenten und anderen Erwachsenen. Es endet mit den Worten: "К сожалению, день рождения только раз в году" (*"Leider ist Geburtstag nur einmal im Jahr"*). Eine Audioversion können Sie sich unter: http://www.br-online.de/kinder/musik-geschichten/kmr/2005/00936 anhören.

Der russische Neujahrsgruß "С Новым годом!" (er entspricht unserem Wunsch: *"Gesundes Neues Jahr!"*, obwohl die wörtliche Übersetzung *"Zum Neuen Jahr!"* lautet) ist trotz aller englischen Importe allerdings noch quicklebendig. *Glücklicherweise* (к счастью) ist er zu Neujahr immer noch allerorten zu hören und springt den Lesern in Russland aus allen Printmedien entgegen. Achten Sie einmal darauf! In den ersten Januarwochen[5] können Sie auch in jedem deutschen Zeitungskiosk, der russischsprachige Zeitungen führt, diese oft rot gedruckten Worte lesen. Wenn Sie zu dieser Jahreszeit vielleicht russische Gäste haben, mit einem der ca. 180 000 in Deutschland lebenden Russen oder Russlanddeutschen in Kontakt stehen oder selbst in Russland zu Gast sind, dann wünschen Sie Ihren Bekannten doch einfach einmal "С Новым годом!", bestimmt erhalten Sie zur Antwort: "С новым счастьем!" (*"Neues Glück!"*). Wer könnte das nicht brauchen?

Doch zurück zur befremdlichen englisch-russischen "Koproduktion". Vielleicht fragen Sie sich, woher ich die oben zitierte seltsame Wortverbindung "Happy New Год" habe. Ich fand sie in der satirischen Zeitschrift "Новый Крокодил" (*"Neues Krokodil"*) vom Dezember 2006. Genauer gesagt, im Satiremagazin, wie sich die Monatsschrift selbst nennt: Журнал сатиры и юмора (wörtlich: *Journal für Satire und Humor*). Nota bene: Satire ist nicht immer lustiger Humor!

Das "Krokodil" erschien erstmalig als Beilage zur "Рабочая газета" (*"Arbeiterzeitung"*) im Jahr 1922 und wurde bald darauf zu einer eigenständigen Zeitschrift, die in manchen Jahren die beachtliche Auflage von fünf Millionen Exemplaren erreichte. Berühmte *Schriftsteller* (писатели), *Feuilletonisten* (фельетонисты) und *Karikaturisten* (карикатуристы) arbeiteten für sie, unter ihnen Wladimir Maja-

5 Sie erinnern sich bestimmt. Die Tage von Silvester nach gregorianischem Kalender bis zum Heiligen Abend am 6. Januar und den darauf folgenden Weihnachtstagen nach russisch-orthodoxem Brauch sind in Russland wirkliche Festwochen. "Die Russen sind fest überzeugt: Wie das Neujahr beginnt, so ist das ganze Jahr. Deshalb versuchen sie, dieses Fest so gut wie nur möglich zu feiern, und zwar äußerst ausgelassen mit gutem Essen, Trinken, Singen, Tanzen und Spielen bis in die frühen Morgenstunden. Die geschmückten Tannenbäume bleiben in den meisten Familien bis 7. Januar (Weihnachten) oder sogar bis zum 13. Januar – dem 'Alten Neujahrsfest' – stehen. Offiziell dauern die Neujahrsfeiertage bis 5. Januar. Einige Unternehmen machen aber Neujahrsferien bis zum 7. oder sogar 10. Januar." (zitiert nach Dr. Michail Logwinow, Gesandter a. D., Beauftragter des Freistaates Bayern in Moskau)

kowski[6]. Mit dem Zusammenbruch der Sowjetunion in den 90er Jahren des 20. Jahrhunderts ereilte die bis dahin staatlich abgesicherte Satireschrift dasselbe Schicksal wie andere russische Zeitungen. Sie musste zum ersten Mal auf eigenen Beinen stehen und wirtschaftlich arbeiten. Das bedeutete finanziell einen gewagten Spagat und kommerziell zunächst ein Verlustgeschäft. Letzten Endes musste die Zeitschrift Mitte der 90er Jahre ihr Erscheinen einstellen. Erst nach geraumer Zeit wurde sie neu aufgelegt, diesmal unter dem Namen "Новый Крокодил". *"Neu"* auch deshalb, weil sich das Layout und die Stoßrichtung der Satireschrift inzwischen sehr verändert haben. Die Zeitschrift ist nun politisch unabhängig, moderner aufgemacht und enthält natürlich viel Werbung und Reklame. Auf das Thema Werbung in Zeitschriften werden wir noch einmal ausführlich im zehnten Kapitel zu sprechen kommen. Selbstredend hat das "Новый Крокодил" auch eine interessante und aktuelle Website, die zu lesen sich lohnt.[7]

Die *Artikel* (статьи), *Feuilletons* (фельетоны), *Anekdoten* (анекдоты) und *Witze* (шутки) im "Новый Крокодил" sind amüsant und gar nicht so schwer zu lesen. Das Zitat vom Anfang dieses Kapitels ist beispielsweise die Überschrift des – wie Sie sehen werden – angriffslustigen politischen Leitartikels der oben genannten Ausgabe. Die ersten Zeilen dieses Feuilletons möchte ich Ihnen nicht vorenthalten.

---

6 *Wladimir Wladimirowitsch Majakowski* (Владимир Владимирович Маяковский, 1893–1930) war einer der populärsten Dichter der sowjetischen Avantgarde. Er schrieb Filmdrehbücher, führte Regie und übernahm sogar selbst einige Rollen. Sein Drama *"Mysterium Buffo"* ("Мистерия Буфф") wurde 1921 in Sankt Petersburg uraufgeführt (das zu jener Zeit Petrograd hieß und später in Leningrad umbenannt wurde). In ganz Russland bekannt wurde Majakowski durch eine Vielzahl von Gedichten und Poemen über Lenin, die Revolution und das Volk. Mitte der 20er Jahre, nach dem Tod Lenins, endete in der Sowjetunion jedoch die Zeit freier avantgardistischer Experimente. Dichter und Künstler waren nicht mehr gefragt. Die ersten stalinistischen "Säuberungen" trafen Künstler, Schriftsteller und Intellektuelle. Die Kulturbürokratie sabotierte zunehmend auch Majakowski. Im Februar 1930 wurde sein letztes Schauspiel *"Das Schwitzbad"* ("Баня") in Moskau und Leningrad aufgeführt. Im Zustand totaler physischer Erschöpfung und unter politischem Druck beging Majakowski am 14. April 1930 (höchstwahrscheinlich) Selbstmord. Anfang der 90er Jahre gaben bis dahin geheim gehaltene Dokumente dem Gerücht der Ermordung Majakowskis durch die Staatspolizei erneut Auftrieb.

7 Die Homepage der Zeitschrift finden Sie unter: www.krakadil.ru.

Happy New Год!

Скрипя валенками по снегу, Дед Мороз и Снегурочка подходили к особняку олигархического клиента, когда их обогнали сани, запряженные четверкой оленей.
- Опять этот Санта Клаус, – проворчал старик. – Пошли быстрее, внучка! А то он нам мероприятие сорвет, потом замучаешься объясниловки писать.
Они настигли конкурента, когда тот выгружал из саней огромный мешок с подарками.
- Ты чего это, Санта, опять на чужую территорию залез?! – возмущенно закричал Дед. – Мало тебе Европы да Америки? Постыдился бы у православных хлеб отбивать!
- Пардон, коллега, сейчас не советские времена, – добродушно возразил Санта Клаус. – Нынче Россия открытая страна, я имею право посещать ее в любой момент, как и все другие иностранцы.
- Для кого открытая, а для кого не очень, – проворчал Дед Мороз. – У тебя шенгенские визы, свободный въезд в Штаты. А меня поселили в Великом Устюге и с тех пор в Москве требуют регистрацию и разрешение на трудовую деятельность. [...]"

(Mit den Stiefeln über den knirschenden Schnee stapfend liefen Väterchen Frost und Schneewittchen auf die allein stehende Villa ihres oligarchischen Klienten zu, als sie von einem Schlitten überholt wurden, vor den vier Rentiere[8] gespannt waren.
"Wieder dieser Santa Claus", brummte der Alte. "Komm schneller, mein Enkeltöchterchen, sonst macht er uns noch unsere ganze Maßnahme kaputt und du plagst dich wieder mit der Steuererklärung ab."
Sie erreichten ihren Konkurrenten gerade in dem Moment, als er einen riesigen Sack mit Geschenken ablud.

8 Es ist für die Aussage der Satire unerheblich, zeugt aber vom unbekümmerten Umgang mit Anglizismen und der Kultur westlicher Länder, dass der Autor dieser Geschichte von vier Rentieren schreibt. Im englischen Sprachraum ziehen den Schlitten von Santa Claus meistens mehr, zum Beispiel sieben oder acht Rentiere (vgl. das bekannte Lied "Rudolph, the red-nosed reindeer").

"He du, Santa, bist du wieder in fremdes Territorium eingedrungen?!" rief das Väterchen erregt. "Sind dir Europa und Amerika noch zu wenig? Dass du dich nicht schämst, auch noch den Orthodoxen ihr täglich Brot wegzunehmen!"
"Pardon, Herr Kollege, wir haben doch keine Sowjetzeiten mehr", entgegnete Santa Claus gutmütig. "Heutzutage ist Russland ein offenes Land, und ich habe das Recht es jederzeit zu besuchen, wie alle anderen Ausländer auch."
"Für manche offen, für manch andere nicht so sehr", murmelte Väterchen Frost vor sich hin. "Du hast Visa nach dem Schengener Abkommen und freie Einreise in die Staaten. Und mich haben sie nach Weliki Ustjug[9] *versetzt. Und seither verlangen sie in Moskau meine Registrierung und eine Arbeitserlaubnis. [...]")*

Auch ohne meine Übersetzung haben Sie sicherlich selbst den Kerngedanken und vor allen Dingen den Witz dieses Artikels verstanden. Hier werden gleich mehrere Missstände karikiert. Schon in der Überschrift "Happy New Год!" und beim Aufeinandertreffen von Väterchen Frost und Santa Claus geht es um das Eindringen englisch-amerikanischer Elemente in die russische Kultur. Zum steinreichen russischen Oligarchen dringt "standesgemäß" der amerikanische Santa Claus mit seinem riesigen Gabensack eher durch als der gute, alte russische Weihnachtsmann. Auch die immer härter werdende Konkurrenz zwischen einheimischen und ausländischen Firmen wird aufs Korn genommen. Denn nur wenige russische Unternehmen können sich so auf dem Weltmarkt behaupten wie zum Beispiel Gasprom. Und schließlich geht es um die durch die russische Bürokratie erschwerten Möglichkeiten sich selbstständig zu machen bzw. eine Arbeitserlaubnis zu erhalten, was für jeden Zugereisten, sei er Russe oder nicht, kompliziert ist. Obwohl Arbeit genug da ist! Mehr darüber werden Sie im Anhang zu Kapitel 6, im sechsten Halt, erfahren.

---

9 Für die Wunschzettel der Kinder ist das die richtige Adresse: Дед Мороз, Великий Устюг. *Väterchen Frost* residiert nämlich seit 1998 "ganz offiziell" im mittelalterlichen Städtchen *Weliki Ustjug*. Genau 1 110 Kilometer nordöstlich von Moskau empfängt er das ganze Jahr über Besucher aus aller Welt – ein lohnenswertes Ziel für alle Weihnachts- und Shoppingfans. Hier gibt es – wie in großen Städten inzwischen ebenfalls – auch den aus westlicher Tradition entlehnten, aber mit russischen Motiven bedruckten Adventskalender.

Die Studenten oder Gymnasiasten unter den Lesern diese Buchs könnten eine derartige Satire durchaus in einem schriftlichen Test wiederfinden. Ihr Schul- oder Hochschullehrer würde sich dann – je nach der Leistungsfähigkeit seiner Lern- oder Studiengruppe – einige inhaltliche Fragen und Aufgaben ausdenken. Hinzu gesellen sich lexikalische und grammatische Fragestellungen, zum Beispiel:
"Штаты" – это сокращение. Какова полная форма? – *"Staaten" ist eine Abkürzung. Wie lautet die Vollform?*
Напишите несколько слов и выражений являющихся синонимами слова "нынче"! – *Schreiben Sie einige Wörter und Wortverbindungen auf, die Synonyme zu "нынче" ("heutzutage") sind!*
Какое время глагола употребляется в рассказе? Почему? – *Welche Zeitform des Verbs wird in der Geschichte verwendet? Warum?*
Найдите все формы причастий и деепричастий в тексте и определите их! – *Finden Sie alle Formen von Partizipien und Adverbialpartizipien im Text und bestimmen Sie sie!*

Auf mögliche Fragen zum Inhalt brauchen wir hier nicht einzugehen. Dass der Text eine feine Satire auf die Entwicklung der freien Marktwirtschaft ist, das sehen Sie selbst. Sie bemerken auch den ironischen Ton, mit dem sich Väterchen Frost von seinem westlichen Kollegen abgrenzt. Das zeigt sich in Äußerungen wie "Ты чего это, Санта, опять на чужую территорию залез?!" (*"He du, Santa, bist du wieder in fremdes Territorium eingedrungen?!"*) oder auch "Для кого открытая, а для кого не очень, ..." (*"Für manche offen, für manch andere nicht so sehr, ..."*), wobei die letztere Bemerkung schon reichlich aufmüpfig gemeint ist. Überhaupt bezeugt Väterchen Frosts Wortwahl dessen wachsenden Unmut. Während "опять этот Санта Клаус" (*"Wieder dieser Santa Claus"*) noch eine stille Klage ausdrückt, klingt "потом замучаешься объясниловки[10] писать" (*"und du plagst dich wieder mit der Steuererklärung ab"*) schon wie eine Beschwerde. In "возмущенно закричал Дед" (*"rief das Väterchen erregt"*) sowie "Постыдился бы у православных хлеб отбивать!" (*"Dass du dich nicht schämst, auch noch den Orthodoxen ihr täglich Brot wegzunehmen!"*) ist dagegen deutlicher Zorn spürbar. Erst zum Schluss dieses Textausschnitts ist Дед Мороз wieder in ergebene De-

10 объясниловка – *Erklärung, erklärendes Schreiben*, hier: *Steuererklärung*

mut zurück gefallen und *murmelte* (проворчал) seinen leisen Protest nur noch in seinen langen weißen Bart.

Der auswärtige Kollege dagegen hat gut Lachen und kann in französisch elegantem Stil antworten: "Пардон, коллега, сейчас не советские времена." (*"Pardon, Herr Kollege, wir haben doch keine Sowjetzeiten mehr."*) Zu allem Überfluss tut er das auch noch добродушно (*gutmütig*), eine Parodie auf einen eigentlich dem Russen zugeschriebenen Charakterzug.

Aber kommen wir zu den sprachlichen Themen. Sie möchten ja auch in der russischen Sprache manches besser wissen, Sie wollen ein *Besserwisser* sein. Auf Russisch heißt so ein Mensch всезнайка, also eigentlich: *Alleswisser*. Das ist freilich etwas übertrieben, wer könnte alles wissen? Beginnen wir klein, schauen wir uns die Fragen von oben nacheinander an!

"Штаты" – это сокращение. Какова полная форма? Die offizielle Bezeichnung der *United States of America* lautet auf Russisch: Соединенные Штаты Америки. Amerikaner sprechen aber oft von *the States*. Das spiegelt ihre emotionale Verbundenheit mit dem eigenen Land wieder. Wenn ein Ausländer das Wort gebraucht, wie in unserem Fall Väterchen Frost auf Russisch, dann erscheint das dem englischen Muttersprachler eher unangepasst und kann – wie hier recht deutlich – absichtlich Distanz erzeugen.

Ein vergleichbares Verhältnis hat der Russe zum Wort Русь, jener alten Bezeichnung für die erste russische Staatsgründung, die Kiewer *Rus*,[11] die im Russland Puschkins neben Россия (*Russland*) ebenso gebräuchlich war wie später – wenn auch hinter verschlossenen Türen – in der Sowjetunion, und wie sie heute im neuen Russland ganz legal ist. The States und Русь – beide sind Ausdruck für den ausgeprägten und häufig offen gezeigten Nationalstolz dieser Völker.

Напишите несколько слов и выражений являющихся синонимами слова "нынче"! *Schreiben Sie einige Wörter und Wortverbindungen auf, die Synonyme zu "нынче" ("heutzutage") sind!* Wer mit dem nicht alltäglichen Wort нынче nicht vertraut ist, schlägt es im

---

11 In manchen deutschen Texten wird Rus' mit Apostroph geschrieben. Er zeigt die weiche Aussprache des auslautenden Konsonanten an. Diese Funktion übernimmt im russischen Wort Русь das Weichheitszeichen.

Wörterbuch nach. Über die verschiedenen Wörterbücher berichtet der erste Teil von "Russisch für Besserwisser" ausführlich. In dem bei Langenscheidt erschienenen einsprachigen *Lernwörterbuch Russisch* (Русский толковый словарь)[12] finden Sie unter dem Stichwort нынче zwei Synonyme: сегодня, теперь (beide bedeuten *heute, jetzt*). Seltsamerweise ist hier jedoch nicht das Adverb ныне zu finden, von dem нынче abstammt. Wenn Sie allerdings Ihre Augen ein bisschen wandern lassen, dann entdecken Sie direkt darüber nicht nur ныне mitsamt der Erklärung теперь bzw. в настоящее время (also *jetzt* bzw. *in der Gegenwart*), sondern auch das davon abgeleitete Adjektiv нынешний. Es heißt so viel wie *heutig*. Als Beispiel wird die Wendung нынешние трудности (*die heutigen Schwierigkeiten)* angeführt.

Zugegeben, wenn es schnell gehen soll, zum Beispiel während einer Klausur oder Prüfung, haben Sie nicht viel Zeit zu verschwenden. Aber wenn Sie die gefundenen Wörter ihrerseits weiterverfolgen würden, dann fänden Sie unter dem Stichwort теперь ein weiteres Synonym: сейчас (*gleich, sofort, jetzt)* und auch hier ein Adjektiv: теперешний (*jetzig, derzeitig*) mit dem Beispiel теперешнее состояние дел (*die gegenwärtige Lage der Dinge*).

Auch сейчас könnten Sie weiter nachschlagen. Hier werden als erste Bedeutung ebenfalls теперь, в настоящее время angeführt, als zweite Bedeutung: очень скоро, немедленно (*sehr bald, unverzüglich*) mit dem Beispiel: Сейчас узнаем. (*Das bringen wir gleich in Erfahrung.*) sowie als dritte Bedeutung: только что, совсем недавно (*gerade erst, vor Kurzem*) und dazu den Satz: Он только что здесь был. (*Er war gerade erst hier.*)

Spätestens an dieser Stelle wird Ihnen auffallen, dass das mit den Synonymen nicht ganz so einfach ist. Einerseits ist das Adverb нынче synonym mit сегодня, теперь und ныне, mit dem Letzteren nahezu hundertprozentig. Die beiden Wörter сегодня und теперь haben je-

12 Dieses Wörterbuch ist sehr umfangreich und enthält viele Beispielsätze und Wendungen, die es dem Lerner ermöglichen, sie unmittelbar in seinen Wortschatz oder in einen Text zu übernehmen. Leider enthält es jedoch nicht den modernen Wortschatz der letzten 15 bis 20 Jahre. Unter diesem Aspekt ist unbedingt das eben erst neu aufgelegte *Große erklärende Wörterbuch von S. A. Kusnezow* (С. А. Кузнецов: Большой толковый словарь) zu empfehlen. Per Internet oder über eine Buchhandlung lässt sich heutzutage auch aus Russland alles bestellen.

doch darüber hinaus ein Eigenleben oder, um es linguistisch auszudrücken, ihr Bedeutungsfeld ist größer. Die Semantik der vier Wörter überschneidet sich nur in der Bedeutung в настоящее время. Aber jedes hat weitere Bedeutungsnuancen.

Oder sagen wir es noch einmal auf eine andere Art. In manchen Sprachbüchern wird die Mengenlehre zu Hilfe genommen, um derartige Bedeutungsüberschneidungen darzustellen. Als gemeinsame semantische Schnittmenge der Adverbien сегодня, теперь, ныне und нынче ergibt sich in unserem Fall das Sem, die kleinste Sinneinheit, в настоящее время.

Der Benutzer eines Wörterbuchs tut gut daran, auf die verschiedenen Bedeutungsnuancen zu achten. Sie werden farbig oder durch Nummerierung hervorgehoben, und danach folgen nicht nur die Bedeutungen, sondern auch erklärende Wendungen oder Beispielsätze. Gute einsprachige Wörterbücher halten für uns ganze Wendungen und Sätze bereit, die wir als "sprachliche Fertigprodukte" in unsere eigenen Texte übernehmen können.

Nehmen wir uns die nächsten möglichen Fragen in einer Klausur vor!

Какое время глагола употребляется в рассказе? Почему? (*Welche Zeitform des Verbs wird in der Geschichte verwendet? Warum?*) Um diese Fragen zu beantworten, bleibt uns nichts anderes übrig, als alle Verben aufzuschreiben oder zumindest anzusehen und zu vergleichen. In unserem gekürzten Text (im Original ist er etwa dreimal so lang) tauchen neunzehn Verben auf. Möchten Sie sie selbst den Spalten zuordnen? Es ist nicht allzu schwer! Eine Voraussetzung dafür ist, dass man weiß, dass der Infinitiv russischer Verben zu erkennen ist an ihren Endungen -ть bzw. -ти (in seltenen Fällen kommt auch die Endung -чь vor). Zum anderen muss man an der Verbform bzw. am Satzkontext erkennen können, um welche Zeitform es sich handelt. Ich schlage Ihnen vor, es erst einmal selbst zu versuchen. Zu Ihrer Kontrolle wird Ihnen Ihre Reisebegleiterin Ljuba beim ersten Halt auf dieser Lesereise, das heißt im Anhang zu diesem Kapitel, die Auflösung verraten. In der ersten Spalte stehen die Wörter, wie sie im Text vorkommen.

	Инфинитив	Настоящее время	Прошедшее время	Будущее время
	Infinitiv	*Gegenwart*	*Vergangenheit*	*Zukunft*
подходили				
обогнали				
проворчал				
пошли				
сорвет				
замучаешься				
писать				
настигли				
выгружал				
залез				
закричал				
постыдился				
отбивать				
возразил				
имею				
посещать				
проворчал				
поселили				
требуют				

Das *Präsens* (настоящее время) ist ebenfalls nicht schwierig. Die Endungen der Gegenwart lauten bekanntlich (en passant wiederholen wir dabei die Formen der e-Konjugation und der и-Konjugation):

-у/-ю / -у/-ю	1. Person Singular
-ешь / -ишь	2. Person Singular
-ет / -ит	3. Person Singular
-ем / -им	1. Person Plural
-ете / -ите	2. Person Plural
-ут/-ют / -ат/-ят	3. Person Plural

Wenn Sie schon gelernt haben, dass die Endungen des Präsens (vom unvollendeten Verb) und die des Futurs vom vollendeten Verb gleich aussehen, dann müssen Sie überlegen: Ist сорвет nun *Präsens* (настоящее время) oder *Futur* (будущее время)? Um das herauszubekommen, muss man das Wort nachschlagen, es sei denn, man weiß, dass *abreißen, zum Scheitern bringen* im Russischen срывать (несовершенный вид – *unvollendeter Aspekt*) bzw. сорвать (совершенный вид – *vollendeter Aspekt*) heißt. Dann wird alles klar: срывает ist die 3. Person Singular Präsens und сорвет die 3. Person Singular im Futur. Ein Tipp zur Aussprache: die Zukunftsform ist endbetont, das -e- in der Endung wird darum [jo] gesprochen, in manchen Lehrbüchern auch so geschrieben – сорвёт.

Doch zurück zur Tabelle. Eine weitere Schwierigkeit birgt das Wort пошли. Es ist nur scheinbar eine Form des Präteritums. Schauen Sie genau hin! Am Ende des kurzen Satzes steht ein *Ausrufezeichen* (восклицательный знак). Das sollte uns zu denken geben. Das passt nicht zur Bedeutung von Vergangenheitsformen. Und tatsächlich, пошли ist im Kontext dieses Satzes eine der Imperativformen des Russischen und lässt sich demnach keiner der vier vorgegebenen Spalten zuordnen.

Пошли быстрее, внучка! ist die Aufforderung an Schneewittchen: *Komm, mach schneller!* oder *Los, gehen wir schneller!* Die gleiche Form – und ebenso häufig in der Umgangssprache gebraucht – ist: Поехали! Der Aufforderungscharakter ist derselbe, aber die Fortbewegungsart eine andere. Hier ein Beispiel: Im Flugzeug von Berlin nach Sankt Petersburg saß neben uns ein Russe, ein gutmütiger Riese mit rotblonden Haaren. Noch während wir auf den Abflug warteten, hatte er uns bereits seine halbe Lebensgeschichte erzählt. Er lebte in Berlin, hatte zwei erwachsene Kinder, die zum Glück eine Arbeit besaßen, aber in Hamburg wohnten und ihn nicht wie erhofft unterstützten. Nun flog er eigens wegen seiner Rentenansprüche zurück in die alte Heimatstadt. Als wir auf dem Rollfeld auch das dritte landende Flugzeug abwarten mussten, dann aber endlich doch in die Startbahn einbogen und sich die schwere Maschine schließlich wackelnd in die Lüfte erhob, nickte er uns freundlich zu und brummte befriedigt: "Поехали!" Freundlich, aufgeschlossen und mitteilsam, mit einer nur leichten "Fahne" von Alkohol. Ein typischer Russe eben.[13]

Haben Sie das Wort Поехали! erkannt? Ja, richtig: *Los geht's!* Eigentlich. Denn ursprünglich bedeutet das Verb tatsächlich lediglich fahren (und nicht fliegen), aber im Alltagsrussisch meint diese Imperativform: *Machen wir uns auf die Reise!* (ohne eine bestimmte Art der Fortbewegung damit zu bezeichnen).

Haben Sie inzwischen schon begonnen die Tabelle zu komplettieren? Wenn Sie die drei Infinitive, zwei Gegenwartsformen, elf Vergangenheitsformen und zwei Zukunftsformen richtig eingetragen haben, dann wird sich Ljuba freuen. Vergleichen Sie sie aber zur Sicherheit lieber mit ihrer Lösung!

Haben Sie bemerkt, dass in der Tabelle einige Wörter des Textes fehlen, die doch eigentlich auch wie Verben aussehen, einen Verbstamm haben und auch mit Verben übersetzt werden? Das ist richtig! Die im Text verwendeten Partizipformen sind nicht aufgeführt. Mit der Aufgabe, die Verbformen zu bestimmen, war das auch so beabsichtigt, denn die Partizipien kommen in der nächsten Frage an die Reihe. Auf diese Weise handeln wir eine der vermeintlichen Schwierigkeiten der russischen Sprache gleich zu Anfang unseres Buchs ab. Dann kann es ja nur noch leichter werden!? – In Wirklichkeit sind die Partizipien gar nicht so schwer zu begreifen. Noch mehr erleichtert werden Sie sein, wenn Sie hören, dass einige von ihnen fast nur der Schriftsprache angehören. Also: *"Frisch gewagt ist halb gewonnen!"*, oder wie das ziemlich martialische russische Sprichwort sagt: "Смелость города берет!" (*"Mit Kühnheit erobert man Städte!"*). Nur noch die letzte Aufgabe in der fiktiven Klausur, dann sehen wir uns die Partizipien genauer an!

---

13 In ihrem Roman "Анна Гром и ее призрак" (deutscher Titel: *"Die Reise der Anna Grom"*) lässt die Schriftstellerin *Maria Rybakowa, geb.1973* (Мария Рыбакова, р. 1973) ihre Titelheldin einen Russen beschreiben: "Мать моя была еврейкой, а отец русским, очень даже русским, с русой бородой и русским же характером, так что после смерти матери он не преминул запить." (*"Meine Mutter war Jüdin und mein Vater Russe, ein ausgesprochen typischer Russe sogar, mit hellbraunem Bart und russischem Charakter, weshalb er nach dem Tod meiner Mutter unweigerlich zu trinken anfangen musste."*) Aus dem russischen Original geht noch deutlicher hervor, was die Autorin mit очень даже русским (wörtlich: *sogar sehr russisch*) meint. Des Vaters Bart ist русая, also *rötlich*, in der deutschen Buchausgabe etwas unglücklich mit *hellbraun* übersetzt; besser wäre *rotblond*, denn dieses Adjektiv gab den Russen ihren Namen: русские. "Typischer Russe" bezieht sich demzufolge hier nicht allein auf das Trinken!

Найдите все формы причастий и деепричастий в тексте! Определите их! (*Finden und bestimmen Sie alle Formen von Partizipien und Adverbialpartizipien im Text.*)

Gehen wir den Text "Happy New Год!" noch einmal durch! Bereits die allererste Vokabel скрипя ist ja offenbar kein weibliches Substantiv. Wenn Sie analytisch an das Wort herangehen, dann fällt Ihnen auf: Es hat zwar eine der typischen Endungen weiblicher Substantive: -я (wie z. B. in неделя – *Woche*; andere mögliche Endungen wären -ия[14] wie in линия – *Linie* oder die seltenere Buchstabenkombination -ья, so in судья – *Richter*[15], *Richterin*). Aber es fehlen im Satz weibliche Bezugswörter (ein Prädikat oder Attribut) zu einem hypothetischen Substantiv weiblichen Geschlechts, wie zum Beispiel in diesen Wendungen: Неделя началась. – *Die Woche hat begonnen.* Прямая линия – *eine gerade Linie*. Судья пришла. – *Die Richterin ist gekommen.* Die Form скрипя kann darum nur noch als Partizip definiert werden.

Der Lerner im fortgeschrittenen Stadium erinnert sich bestimmt – da gab es doch so eine Verbform, die auf den Vokal -я endet! Hatten Sie diese bereits selbst herausgefunden? Tatsächlich, скрипя ist ein so genanntes Adverbialpartizip. Es ist abgeleitet vom Infinitiv скрипеть und heißt *knirschen, knarren, quietschen* (die zweite, scherzhafte Bedeutung dieses Tätigkeitsworts *sein Leben fristen, dahinvegetieren* können wir hier außer Acht lassen).

Im Text finden sich vier Partizipialformen mit unterschiedlicher Funktion und Bedeutung: скрипя, запряженные, возмущенно, открытая. Da erfahrungsgemäß so mancher Russischlerner mit ihnen seine Mühe hat, soll an dieser Stelle kurz auf die in der russischen Sprache vorhandenen *vier Partizipien* (четыре причастия) und *zwei Adverbialpartizipien* (два деепричастия) eingegangen werden. In den Texten, die Sie in diesem Buch noch lesen werden, tauchen diese Partizipien immer wieder einmal auf. Wir ersparen es uns deshalb, an

---

14 Sprachwissenschaftlich exakt ist nur -я die Endung, doch in vielen Lehrbüchern wird -ия vereinfachend als Endung bezeichnet.

15 Das Wort судья gehört zur kleinen Gruppe von Substantiven im Russischen, die eine weibliche Endung haben, aber trotzdem entweder ausschließlich männliche Personen oder auch wahlweise einen Mann oder eine Frau bezeichnen. Ausschließlich männliche Personen bezeichnen zum Beispiel папа (*Vati*), дядя (*Onkel*) und zahlreiche Diminutiva männlicher Vornamen, wie Миша (*Mischa*), Федя (*Fedja*) u.a.

dieser Stelle näher auf ihre Bedeutung, Funktion und Übersetzung einzugehen. Hier lediglich eine kurze Übersicht über die Formen der Partizipien des Verbpaars читать/прочитать[16] (*lesen*) und открывать/открыть (*öffnen*):

Действительное причастие – *Partizip Aktiv*	Страдательное причастие – *Partizip Passiv*	
читающий, -ая, -ее, -ие открывающий, -ая, -ее, -ие	читаемый, -ая, -ое, -ые открываемый, -ая, -ое, -ые	... настоящего времени – *Präsens*
прочитавший, -ая, -ее, -ие открывший, -ая, -ее, -ие	прочитанный, -ая, -ое, -ые открытый, -ая, -ое, -ые	... прошедшего времени – *Präteritum*

Wenn Sie die Form eines Partizips auf Russisch bestimmen wollen (oder sollen), dann liest sich die Tabelle zum Beispiel so:
Partizip Präsens Aktiv – Действительное причастие настоящего времени
oder
Partizip Präteritum Passiv – Страдательное причастие прошедшего времени
und so weiter.

Das sind die beiden Adverbialpartizipien:

Деепричастие – Adverbialpartizip	... несовершенного вида̀ – *imperfektiv*	... совершенного вида – *perfektiv*
	читая	
		прочитавши

16 Hier und im Weiteren werden Verbpaare immer so angegeben, dass getrennt durch einen Schrägstrich nacheinander der unvollendete und der vollendete Aspekt aufgeführt werden.

Noch zwei Anmerkungen:

- Wie Sie sehen, existiert von den Adverbialpartizipien jeweils nur eine Form. Sie ist unveränderlich.
- Die beiden Partizipien werden – nach der häufigsten Art ihrer Verwendung – auch Adverbialpartizipien der Gleichzeitigkeit (imperfektiv) und Adverbialpartizipien der Vorzeitigkeit (perfektiv) genannt. Beispiele:
  Сидя в кресле, он читал газету. (*Er saß im Sessel und las die Zeitung.* Beide Handlungen laufen gleichzeitig ab.)
  Прочитав газету, он начал писать письмо. (*Nachdem er die Zeitung gelesen hatte, begann er einen Brief zu schreiben.* Die Handlungen passieren nacheinander, eine nach bzw. vor der anderen.)

Nach so viel schwerer grammatischer Kost noch etwas Leichtes zum Ausruhen. Die folgenden Anekdoten stammen ebenfalls aus der Neujahrsausgabe der Satirezeitschrift "Новый Крокодил". Die erste ist harmlos hübsch:

- Девочки, а Дед Мороз, оказывается, жадный!
- С чего ты взяла?
- А он вместо того, чтобы свой подарок принести, нашел куклу, которую мама в шкафу прятала, и под елочку положил!

Haben Sie alles verstanden? *Väterchen Frost* (Дед Мороз) ist *anscheinend habgierig* (оказывается, жадный). Auf die Frage: *"Woraus hast du das geschlossen?"* ("С чего ты взяла?"), kommt die Antwort, dass *er, anstatt sein eigenes Geschenk zu bringen* (он вместо того, чтобы свой подарок принести), *die Puppe gefunden hat* (нашел куклу), *die die Mama im Schrank versteckt hat* (которую мама в шкафу прятала). Und wie es auch in Russland üblich ist: die Puppe *hat er unter den Weihnachtsbaum gelegt* (под елочку положил). Wie gesagt, *einfach eine Anekdote*, gemäß der Rubrik, unter der sie erscheint: Просто анекдот.

Bestimmt haben Sie erkannt, dass man die letzten beiden Wörter nicht mit *einfache Anekdote* übersetzen kann. Der Grund? Als Attribut zum Substantiv анекдот hätte das Adjektiv die männliche Form annehmen müssen: простой. Die in der Überschrift verwendete Form просто zeigt durch ihre Endung an, dass es sich um ein Adverb handeln müsste, es ist also *einfach eine Anekdote*. Dies scheint dem zu widersprechen, was Sie im Russischunterricht, aber auch in Ihrer Muttersprache, gelernt haben: Ein Adverb erläutert ein Verb (deshalb heißt es ja Ad-verb), ein Adjektiv oder ein anderes Adverb. Das stimmt schon! Nur handelt es sich beim Wort просто hier nicht um ein Adverb, sondern um eine *Partikel* (частица), also um eine zusätzliche Erläuterung zur Gesamtaussage *"Das ist (einfach, lediglich, natürlich, nur) eine Anekdote."*

Und noch eine zweite Anmerkung zu dieser kleinen Geschichte. Stimmen Sie mir zu, dass, wie oben formuliert, eine weibliche Person, wahrscheinlich ein Mädchen, als Erzählerin fungiert? Woher ich das weiß? Ein Blick auf die Frage "С чего ты взяла?" genügt. Auf das Subjekt dieser Frage, ты (*du*), folgt das weibliche Prädikat взяла (*nahm, nahmst*). Wäre es ein kleiner Junge, der die Geschichte erzählt, müsste es heißen: взял. Im Übrigen haben wir frei übersetzt: *Woraus schließt du das?* Wörtlich heißt es natürlich: *Woher hast du denn das?* bzw. *Wo nimmst du das her?* Denn das Verb брать/взять hat die Grundbedeutung *nehmen*.

Die zweite Anekdote ist zwar ebenso kurz, aber anspruchsvoller.

- А давайте постараемся стать великой державой! Бросим пить, научимся уважать женщин и, в конце концов, прекратим воровать!
- Давайте!
- Так, но не потеряем ли мы себя как нация?

Eine böse Ironie! Wir scheinen uns mitten in ein Stammtischgespräch einzuschalten. Daher der unvermittelte Beginn mit А давайте … (ungefähr: *Also lassen Sie uns … / Lasst uns …*). Was wird hier nicht alles geschwätzt: *Eine Großmacht werden* (стать великой державой) wollen die russischen Gesprächspartner, genauer gesagt, *sie wollen sich Mühe geben, es zu werden* (постараемся стать). Ob ihnen das gelingt? Gute Vorsätze haben sie ja: Бросим пить (*wir hören auf zu trinken*), научимся уважать женщин (*wir lernen die Frauen zu achten*) и, в конце концов, прекратим воровать (*und schließlich hören wir noch auf zu stehlen*)!

Die bildhafte Wendung в конце концов verrät ihre Bedeutung jedem, der das Wort конец (*das Ende*) kennt; в конце концов bedeutet *"am Ende der Enden"*, also *letzten Endes, schließlich.*

Wirft diese Satire nicht ein scharfes Schlaglicht auf das Russland der Gegenwart? Seine politischen Bestrebungen einerseits und die problembelastetete Wirklichkeit andererseits?

Wir wollen in diesem Buch nicht die gegenwärtige Lage in Russland analysieren. Aber Sie sehen schon, wir kommen auf unserer Lesereise immer wieder auf die gesellschaftlichen Zustände zu sprechen. Wir schildern die schönen Seiten und verschweigen die Probleme nicht. Als Leser und Lerner gewinnen wir aus allen Äußerungen sowohl inhaltliche als auch sprachliche Erkenntnisse.

Schon im Leitartikel "Happy New Год!" war uns eine der vielfältigen Formen zum Ausdruck des Imperativs, also des Wunsches, des Befehls, des Wollens, aufgefallen: "Пошли!" sagt Väterchen Frost zu Schneewittchen. Und in den Ausführungen dazu hatten wir noch "Поехали!" kennen gelernt. Wissen Sie noch, wie wir diese Wörter übersetzt haben? Eigentlich ist es unwesentlich, welche der vielen Entsprechungen der deutschen Sprache wir hierfür verwenden: *Lass uns gehen! Lasst uns fahren! Los geht's! Nun aber los!* u. a. m. Die Hauptsache ist doch, dass wir wissen, welche allgemeine Bedeutung eine solche Form hat. Ähnlich ist es im ersten Satz des obigen politischen Witzes. А давайте постараемся ... heißt nichts anderes als *also los, geben wir uns Mühe*. Worauf diese Aufforderung an sich selbst bezogen ist, haben wir oben gesehen. Russland ist tatsächlich sehr bemüht, wieder eine international anerkannte Großmacht zu werden, nicht zuletzt dank seiner ökonomischen Stärke, vor allem als Rohstofflieferant. In den letzten Jahren wurden beispielsweise die Gaslieferungen russischer Ölkonzerne wiederholt als Druckmittel eingesetzt, etwa nach dem Motto "Wenn ihr nicht zahlen wollt, wie viel wir verlangen, dann drehen wir den Gashahn zu", wie Russlands Nachbarn Weißrussland und die Ukraine auf bedrohliche Weise erfahren mussten. Selbst weiter entfernte Abnehmer, wie Deutschland, bekamen diese Politik zu spüren.

Im zweiten Satz des Witzes werden drei Vorsätze für das neue Jahr aufgezählt. Zwei davon haben mit Aufhören im allgemeinen Sinn zu tun. So wie бросим пить (*wir hören auf zu trinken*) mit dem Verb бросить (eigentlich *werfen*, dann auch *alles hinwerfen*) von Trinkern gesagt wird, gebrauchen Raucher öfter die Wendung бросим курить (z. B. in der scherzhaften Bemerkung: Я уже несколько раз бросил курить. – *Ich habe das Rauchen schon mehrmals aufgegeben.*) Die Wendung прекратим воровать meint ebenfalls ein Aufhören: *Wir werden aufhören zu stehlen.* Ein drittes Wort mit ähnlicher Bedeutung ist das Paar кончать/кончить – *aufhören, beenden.* Wollen Sie vielleicht einmal im einsprachigen Wörterbuch nachschlagen, worin die gemeinsame Bedeutung dieser drei Lexeme besteht und welche eigenen Bedeutungsschattierungen sie haben? Auf diese Weise erweitern Sie Ihren Wortschatz und verbessern Ihren Stil.

Aufschlussreich ist der letzte Satz: Так, но не потеряем ли мы себя как нация? Sowohl inhaltlich als auch sprachlich. Erstens wird hier das Wörtchen так (*so*) in der Bedeutung und Funktion von ja, also gebraucht, ähnlich wie das polnische "tak", unabhängig davon, ob wir es tatsächlich mit *ja* übersetzen oder mit *also* bzw. *na dann.* Zweitens wird das gebräuchliche Verb терять/потерять (*verlieren*) hier reflexiv und im übertragenen Sinn gebraucht: потерять себя (*sich verlieren, verloren gehen*). Drittens erscheint in dieser Frage *die Partikel* (частица) ли, über die schon ausführlich im ersten Buch berichtet wurde.

Diese Partikel ist insofern interessant, als es in mehreren Sprachen die Möglichkeit gibt, eine Frage ohne ein Fragewort (wie где, как, кто, что и др. – *wo, wie, wer, was* u. a.) zu bilden und trotzdem auch im Schriftbild klarzumachen, dass es sich um eine solche handelt. Am ehesten lässt sich diese Erscheinung mit der deutschen Frage illustrieren: Ob er kommt? Wie gesagt, gibt es diese schriftsprachliche Möglichkeit nicht nur im Russischen. Deutsch *"ob"*, polnisch "czy" und übrigens auch das angehängte lateinische "ne" haben dieselbe Funktion: Servusne es an liber? (*Bist du Sklave oder frei?*) In der gesprochenen Sprache übernimmt diese Funktion die Intonation oder Satzmelodie.

Das Ihnen wohlbekannte Bindewort или (*oder*) ist in diesem Zusammenhang ebenfalls von Interesse, denn es stellt eine Verbindung von и (*und*) und eben der Partikel ли dar. Das russische Wort für *Partikel* (частица) ist selbst schon interessant. Es ist nämlich eine Lehnübersetzung aus dem Lateinischen, wie fast alle grammatischen Termini in der russischen Sprache. Pars ist das lateinische Wort für *Teil*, auf Russisch часть. Das Suffix -ик- bzw. -иц- hat die Funktion der Verkleinerung, частица heißt deshalb eigentlich *Teilchen*, ebenso wie der Begriff "Partikel".

So wenige Wörter, so viele spannende Geschichten!

Schließen wir das erste Kapitel ab! Könnten Sie diesen Satz übersetzen? Richtig, er stellt eine Aufforderung dar, die auf Russisch zum Beispiel heißen könnte: Давайте закончим первую главу. Beenden wir also das erste Kapitel mit noch einer Wortgeschichte. Das Kapitel begann mit dem *Neuen Jahr* (Новый год). Woher kommt eigentlich das Wort год? Falls Sie schon recht fortgeschritten sind im Studium der russischen Sprache, dann ist Ihnen sicherlich das Verb годиться geläufig. Es heißt *(zu etwas) taugen*. Das Substantiv год hatte ursprünglich dieselbe Bedeutung. Es meinte eine Zeitspanne, die zu etwas taugt, die gut und angenehm ist. Jetzt verstehen wir besser, warum Russen mit "С новым годом" schon fast alles sagen: Unter новый год verstehen sie nicht nur ein *neues Jahr*, sondern auch ein *gutes*.

Erster Halt – Первая остановка

Verben und andere Wörter

Hier und am Ende jedes weiteren Kapitels wird Ljuba, Ihre Begleiterin auf unserer Lesereise, die gestellten Aufgaben für Sie lösen und Ihnen weitere Tipps und Anregungen geben.

"Здравствуйте, меня зовут Люба. Я ваш гид. На каждой остановке я буду помогать вам с языком и немного рассказывать о моей стране." (*Guten Tag, ich heiße Ljuba. Ich bin Ihre Reisebegleiterin. Ich werde Ihnen an jeder Haltestelle mit der Sprache behilflich sein und Ihnen einiges über mein Land erzählen.*)

Zuerst die Lösung der zum Text aus dem "Neuen Krokodil" gestellten Aufgabe. Die Verben drücken die folgenden Zeiten aus.

	Инфинитив	Настоящее время	Прошедшее время	Будущее время
	Infinitiv	*Gegenwart*	*Vergangenheit*	*Zukunft*
подходили			подходили	
обогнали			обогнали	
проворчал			проворчал	
пошли*				
сорвет				сорвет
замучаешься				замучаешься
писать	писать			
настигли			настигли	
выгружал			выгружал	
залез			залез	
закричал			закричал	
постыдился			постыдился	
отбивать	отбивать			
возразил			возразил	
имею		имею		
посещать	посещать			
проворчал			проворчал	
поселили			поселили	
требуют		требуют		

Hatten Sie diese Lösung auch? Супер! (*Super!*) Ja, stimmt, ich hätte auch отлично (*ausgezeichnet*) sagen können. Aber супер ist momentan in. Sie werden es in Russland sehr oft hören und noch öfter lesen: суперстар, супермодель, суперсерия. Das brauche ich nicht zu übersetzen, oder?

Zu пошли konnten Sie sich ja schon belesen. Aber bei einem Wort haben Ihnen die Erläuterungen im Text vielleicht nicht weitergeholfen: залез. Es scheint doch gar keine richtige Endung zu haben! Sie haben Recht, eine Endung ist nicht da, nicht mehr da! *Unsere Vorfahren* (наши предки) im alten Russland haben nämlich die männliche Endung des Präteritums -л sehr wohl noch gesprochen. Aber in einer Sprache verändert sich über die Jahre doch vieles!

Wussten Sie, dass die russische Sprache mehr als 20 000 Verben besitzt? Der gesamte Wortschatz weist vielleicht über eine Million Wörter auf. Niemand hat sie wirklich alle gezählt. Täglich sterben Wörter aus und werden neue gebildet oder entlehnt. Wenn ich nur an die vielen Tausend englischen Wörter zum Beispiel aus Wirtschaft, Elektronik, Fahrzeugtechnik, Bekleidungsindustrie, Kosmetik und anderen Bereichen denke, die in den letzten Jahren die russische Gesellschaft überflutet haben!

Unter den russischen Verben finden Sie jedenfalls eine ganze Reihe von Formen, die im Präteritum endungslos sind: беречь, берёг (*hüten, schonen, bewahren*), везти, вёз (*mit dem Wagen transportieren, bringen*), грести, грёб (*rudern*), жечь, жёг (*brennen, verbrennen*), лезть, лез (*klettern, kriechen*), лечь, лёг (*sich legen, sich hinlegen*), мочь, мог (*können, vermögen*), нести, нёс (*tragen*), печь, пёк (*backen*), расти, рос (*wachsen*) und viele andere.

Das Geheimnis dieser Verben besteht darin, dass sie einen Konsonanten als Stammauslaut haben. Wenn nun eine betonte weibliche Endung oder die ebenfalls betonte Mehrzahlendung angehängt wird, dann lassen sich die Wörter für uns Russen leicht aussprechen (z. B. могла, могли; легла, легли; везла, везли), weil die Endungen eine neue Silbe bilden, die die Wortbetonung erhält. Anders die männliche Endung. Noch im 12. Jahrhundert sprachen die Alten мог-лъ in zwei Silben aus, wobei die erste Silbe die Betonung erhielt. Waren die Menschen faul oder nachlässig beim Sprechen? Nein, sie wollten sich einfach kurz und präzise ausdrücken. Mein Deutschprofessor hat einmal gesagt, jede Sprache oder besser ihre Sprecher zeigen Tendenzen zu einer derartigen Sprachökonomie. So verkümmerte der Vokal ъ (das heutige, nicht mehr gesprochene Härtezeichen) immer mehr, und die auf der nächsten Entwicklungsstufe noch hörbaren Endungen мог-л, лёг-л, вёз-л wurden weiter und weiter abgeschliffen, bis schließlich – zunächst im gesprochenen Russisch, mit der Schriftreform von 1918 aber auch in der Schriftsprache – nur noch мог, лёг und вёз übrig blieben. Und diese Gestalt haben die Vergangenheitsformen noch heute.

Nebenbei, spricht jemand von Ihnen Tschechisch? In Böhmen haben sie das Problem mit mehreren Konsonanten hintereinander ganz anders gelöst. Voriges Jahr hatten wir an unserer Schule eine Klasse aus Márianské Lázně, das war früher Marienbad, zu Besuch. Was die für Wörter haben: prst, krk, skrz ... ganz ohne Vokale! Ihr Lehrer hat sich den Spaß gemacht, uns einen Paradesatz dafür aufzusagen: Strč prst skrz krk! Der Satz ist nicht gerade sinnvoll (*Steck den Finger durch den Hals!*), aber eine amüsante Demonstration für die Bildung ganzer Sätze ohne vokalische Laute. Obwohl meine Formulierung nicht ganz stimmt! Denn das deutlich gerollte silbische [r][17] in den Beispielwörtern übernimmt die Funktion eines Vokals, es wird mit einem deutlich hörbaren Stimmanteil (wie im deutschen Laut [n]) gesprochen. In Russland haben wir, wie Sie gesehen haben, das Problem der schwierigen Aussprache von zwei aufeinander folgenden Konsonanten anders gelöst!

Lassen Sie mich zum Schluss auch noch etwas zum Härtezeichen sagen.

Eine Stadtrundfahrt mit dem Bus (автобусная экскурсия) oder *eine Nachtfahrt auf der Newa* (ночная экскурсия по Неве) *durch unsere schöne Hauptstadt des Nordens* (по нашей красивой северной

17 In den slawischen Sprachen wird, wie zum Beispiel auch im Italienischen und Spanischen, der Laut [r] stets deutlich artikuliert, meist als ein mehr oder weniger intensiv "gerolltes", so genanntes Zungenspitzen-r. Tipps, wie Sie den russischen Laut erlernen können, erhalten Sie im Buch "Von Metros, McDonald's und einer Kuh im Propeller".
Demgegenüber sprechen wir im Deutschen stellungsbedingt oder dialektal unterschiedlich entweder ein Zäpfchen-r (wie es die Schauspieler in alten Filmen vormachen), ein Zungenspitzen-r oder einen dem "ch" in "ach" ähnlichen, aber stimmhaften Laut (das so genannte velare r) oder gar fast einen Vokal. In dem fränkischen Dialekt, der zwischen Franken und Thüringen gesprochen wird, artikulieren die alten Menschen ein Zäpfchen-r, während die jungen das Zungenspitzen-r bevorzugen.

столице) wird Ihnen ganz bestimmt gefallen! Aber achten Sie einmal nicht nur auf die wunderschönen Paläste, Villen und Brücken von Petersburg, sondern auch auf die Firmenschilder. Sie werden etwas lesen, dass Sie ganz sicher nicht im Russischunterricht gelernt haben, nämlich viele normale russische Wörter, die in einem gänzlich "unnormal" sind, sie enden mit einem Härtezeichen: Ресторанъ (*Restaurant*), Рынокъ (*Markt*) oder mir fallen gerade das Юридический центр "Партнеръ" (*Juristisches Zentrum "Partner"*), "Вашъ Дантистъ" (*"Ihr Zahnarzt"*) und das Грандъкафе "Домъ" (*Grand Café "Haus"*) ein.

Das ist so eine neue Mode bei uns. Jeder, der etwas auf sich hält, pflegt die *Nostalgie* (ностальгия, mit der Betonung auf der Endung, oder wie es "neurussisch" da und dort heißt: ностальжия). Noch im 19. Jahrhundert wurden diese männlichen Substantive wirklich mit Härtezeichen geschrieben. Mit der bereits erwähnten Schriftreform von 1918 verloren sie es jedoch. Und heute führen *Geschäftsleute, Manager und Neurussen* (бизнесмены, менеджеры и новые русские) das твердый знак an manchen Stellen wieder ein. Was alt ist, wirkt eben gediegen. Naja, es gibt Schlimmeres! Bis zu unserem nächsten Halt: До скорого свидания! (*Auf ein baldiges Wiedersehen!*) oder wie Sie auf Deutsch sagen: *Bis bald!* (Пока!)

Kapitel 2 – Вторая глава

Ein Wunder führte mich dorthin – Чудо меня туда привело

"Завтра поедем в русский лес!" Mit dieser Ankündigung überraschten mich eines Tages meine Freunde in Woronesh: *"Morgen fahren wir in den Wald!"* Nun stellt sich unter "russischem Wald" vielleicht jeder etwas anderes vor. Einer kennt ihn aus alten Märchen: dunkel, geheimnisvoll und verzaubert. Die andere hat möglicherweise das in russischen Filmen fast stereotyp heraufbeschworene Bild des lichten Birkenhains vor Augen – sich im Winde biegsam neigend und leise gelbe Blätter regnend.

I. Schischkin: Schiffshain. – И. Шишкин: Корабельная роща. 1898

Der Künstler assoziiert damit vielleicht die herrlichen Landschaften von Wassili Schischkin[18] oder Archip Kuindschi[19]. Aber mancher denkt vielleicht auch an die asiatischen Weiten von Tundra und Taiga,

18 *Iwan Iwanowitsch Schischkin* (Иван Иванович Шишкин, 1832–1898) ist unübertroffen in der lebendigen und farbenprächtigen Wiedergabe des russischen Waldes. Wunderschöne Landschaftsbilder von seiner Hand hängen im Russischen Museum in Sankt Petersburg. Am 19. Mai 2007 erlebte Sankt Petersburg übrigens seine erste lange Nacht der Museen, leider – noch – ohne Beteiligung der Eremitage und des Russischen Museums. Schischkin steht gegenwärtig bei den neureichen russischen Kunstsammlern und -spekulanten hoch im Kurs, ebenso wie der armenisch-russische Maler *Iwan Konstantinowitsch Aiwasowski* (Иван Константинович Айвазовский, 1817–1900). Dessen bekanntes Gemälde *"Waräger am Dnjepr"* ("Варяги на Днепре") brachte kürzlich 3,3 Millionen Dollar ein.

19 *Archip Iwanowitsch Kuindschi* (Архип Иванович Куинджи, 1842–1910) war einer der bekanntesten russischen Romantiker, der die Farben intensiver und abstrakter benutzte als die meisten seiner Kollegen. Seine Bilder sind von suggestiver, strahlender Farbenpracht. Als 1897 seine erste Ausstellung in Russland eröffnet wurde, suchten die staunenden Betrachter nach einer heimlichen Beleuchtung hinter den Bildern, weil sie glaubten, sie müssten doch von hinten angestrahlt werden – so leuchteten sie! Man sagt, noch heute schauen Ungläubige hinter den Rahmen.

wie ein Redakteur, der auf die Ankündigung meiner Russlandreise mit der Rückfrage reagierte: "Nach Sibirien?"

Ich hatte den "Russischen Wald" schon gesehen. Und doch sollten meine Erwartungen noch übertroffen werden!

Am nächsten Tag, einem Sonntag, weckte mich der für knappe 50 Cent auf dem Markt erworbene Autowecker schon *um fünf Uhr* (в пять часов). Wir hatten verabredet, dass wir uns *um sechs Uhr* (в шесть часов) treffen würden. Ich wohnte damals *im Hotel* (в отеле, в гостинице) in Woronesh. Sein Name war DeLuxe, das sah man ihm indes nicht an. Nur der sonntäglichen Ruhe hatte ich zu verdanken, dass an diesem Tag kein Baulärm in das kleine Zimmer drang. Das Hotel nahm lediglich den ersten Stock ein (auf Russisch bekanntlich: второй этаж – *das zweite Geschoss*). Die Zimmer im alten Bürgerhaus aus dem 19. Jahrhundert waren dermaßen hoch, dass der Hotelmanager es für nützlich erachtet hatte, eine Art Maisonette darin einzurichten, mit dem geräumigen Bett im Obergeschoss. Alles hübsch eingerichtet, auch die sanitären Anlagen neu und modern. Nur der Hausflur und die Fassade des Gebäudes ließen noch dringenden Erneuerungsbedarf erkennen, wie viele Häuser in der Straße ebenfalls. Doch man sah, dass es überall voranging mit der Instandsetzung der Häuser und Wohnungen. Im Hotel selbst war alles zur Zufriedenheit. Wie der schnoddrige Berliner lakonisch kommentieren würde: *"Da kann ma nich meckern!"* Oder wie der Russe anerkennend zu sagen pflegt: "Ничего!"

Im kleinen Hotel, das eigentlich mehr einer Familienpension glich, war man an so frühes Aufstehen am Sonntag nicht gewöhnt. In Russland beginnt der Tag ohnehin in vielen Familien und Einrichtungen später als bei uns: *auf der Arbeit, in der Schule und auch im Museum* (на работе, в школе, а также в музее). Da ist es nicht ungewöhnlich, wenn die Schüler erst um 9 Uhr in der Schule sein müssen und das Museum erst um 11 Uhr seine Pforten öffnet. Also bemühte ich mich recht leise zu sein. Trotzdem hörte mich anscheinend eine neugierige Mitbewohnerin, schaute schlaftrunken aus der halbgeöffneten Tür heraus und fragte: "Куда вы[20] таким ранним утром?" (*"Wohin denn so früh am Morgen?"*) Ich antwortete leise und abweisend kurz: "В лес." (*"In den Wald."*) Was ging sie das an? Sie schüttelte ungläubig den Kopf:

20 In Briefen, Urkunden und ähnlichen Dokumenten wird die Anrede groß geschrieben, in allen anderen Texten gilt in der Regel die Kleinschreibung.

In den Wald geht man doch nicht allein! Auf keinen Fall aber ohne Rucksack mit Axt und Streichhölzern (wer weiß, ob man sich verläuft) und im Herbst nicht ohne einen Pilzkorb!

Das bereitete mir kein Kopfzerbrechen, denn meine Freunde würden schon für alles sorgen. Ich wusste, dass es nicht nur ein kleiner Spaziergang werden würde. Und so war es auch. Als ich nach fast einer Dreiviertelstunde Fußweg bei ihnen eintraf, hatten *Jewgeni* (Евгений) und *Tamara* (Тамара) den alten Shiguli schon voll gepackt und waren bereit zur Abfahrt. *Los ging's!* Поехали!

Das über 400 Jahre alte Woronesh wies bereits im 19. Jahrhundert ein architektonisch schönes Zentrum auf und bot Künstlern und Dichtern gute Schaffensmöglichkeiten. Nadeshda Mandelstam (1899–1980), die Witwe Ossip Mandelstams, schrieb in ihren "Воспоминания" (*"Erinnerungen"*): "Воронеж был чудом, и чудо нас туда привело." (*"Woronesh war ein Wunder, und ein Wunder hatte uns dorthin geführt."*), wenngleich sie das nicht auf die Schönheit der Stadt bezog.[21]

Zu Zeiten Peters I. war die Stadt ein Zentrum des Handwerks, vor allem des Schiffbaus. Er verschlang Millionen und Abermillionen Festmeter Holz. Nachdem sich in den ersten Jahrzehnten des 18. Jahrhunderts jedoch Petersburg als Hauptstadt und Hafen Russlands etabliert hatte, verlor Woronesh an Bedeutung. Stattdessen entwickelten sich hier im 19. Jahrhundert *viele Be-*

21 *Ossip Emiljewitsch Mandelstam* (Осип Эмильевич Мандельштам, 1891–1938), Sohn eines jüdischen Lederhändlers, Gasthörer an der Universität Heidelberg und späterer Freund Boris Pasternaks, war einer der herausragenden Lyriker seiner Zeit. In Petersburg schloss er sich der Literaturströmung des *Akmeismus* (акмеизм) an, die 1911 in der Wohnung Anna Achmatowas gegründet wurde und trotz ihrer kurzen Wirkungsperiode (bis 1920) maßgeblich die sowjetische und die Exilliteratur beeinflusste. In den 30er Jahren, als das ganze Volk unter dem Stalinschen Terror zu leiden hatte und die Liquidierung von angeblichen Staatsfeinden nach vorgegebenen Quoten erfolgte (Solschenizyn schreibt in seinem "Archipel Gulag" von 40 bis 50 Millionen unter unmenschlichen Bedingungen Inhaftierten; verschiedene andere Quellen sprechen von bis zu 20–40 Millionen Toten während der ein Vierteljahrhundert währenden Schreckensherrschaft Stalins!), geriet auch Mandelstam mit seinen kritischen Gedichten in die Fänge des staatlichen Machtapparats, wurde 1935 das erste Mal verhaftet, nach einem Selbstmordversuch "nur" nach Woronesh verbannt (das meint Nadjeshda Mandelstam mit "Wunder") und starb drei Jahre später nach erneuter Verhaftung in einem Arbeitslager bei Wladiwostok. Das obige Zitat seiner Frau Nadjeshda ist darum einerseits als zynisch-sarkastisch zu verstehen, andererseits aber in der Tat als Erleichterung (es hätte schlimmer kommen können!) und als ein Ausdruck der Hoffnung, ihr Mann würde in Woronesh endlich ungestört arbeiten können. Tatsächlich entstanden zwischen 1935 und 1938 seine *"Woronesher Hefte"* ("Воронежские тетради").

triebe der landwirtschaftlichen Rohstoffverwertung (много заводов переработки сельско-хозяйственного сырья), und die Stadt wurde zu einem kulturellen Zentrum der Region: mit mehreren Theatern, einem Opernhaus, einer Philharmonie und verschiedenen Museen. Im Jahr 1918 wurde die Universität gegründet, der in den Folgejahren mehrere andere Hochschulen folgten. Gegenwärtig leben in der Industrie- und Universitätsstadt fast eine Million Menschen. Ebenen, Äcker und Wiesen *umgeben die im zentralen Schwarzerdegebiet Russlands gelegene Stadt* (окружают город, расположенный в центрально-чернозёмном районе России). Großer, dichter Wald beginnt heute erst weit hinter der Stadt.

Unsere Fahrt in den Wald dauerte aus den oben beschriebenen Gründen eine ganze Weile: teils durch holprige alte Straßen, teils entlang schnurgerader, mehrspuriger neuer Alleen der Stadt, vorbei an hässlichen Wohnblocks aus den fünfziger Jahren, aber auch an vielen Baustellen, ansehnlichen Neubauten und modernen Industrievierteln *auf der grünen Wiese* (за городом). Eine Stadt wie viele in Russland, denen wohl Jahrzehnte eines langsamen, aber hoffentlich beharrlichen Aufschwungs bevorstehen.

Die Landstraße außerhalb der Stadt war breit wie eine Autobahn und bot eigentlich vier Fahrzeugen nebeneinander Platz. Je nachdem, ob uns ein PKW oder ein riesiger LKW entgegen kam, der auf solch kleine Autos wie unseres keine Rücksicht nahm, war die Fahrt mehr oder weniger aufregend. Fahrbahnmarkierungen gab es jedenfalls nicht, dafür Löcher und höllische Geisterfahrer, die dort, wo wegen Bauarbeiten nur 50 km/h erlaubt waren, mindestens 100 fuhren. Erst nach beinahe zwei Stunden Fahrt waren wir mitten im russischen Wald.

Das Auto ließen wir an einer Stelle stehen, die uns gerade gefiel; einen Parkplatz gab es ohnehin nicht. Tamara nahm den großen geflochtenen Korb mit dem – wie sich später herausstellen sollte – stärkenden Picknick, Jewgeni griff sich den schweren Rucksack und einen weiteren Korb, und ich als Gast sollte eigentlich gar nichts tragen. Aber ich konnte die beiden überreden, mir wenigstens den dritten runden Pilzkorb zu überlassen.

Inzwischen war es *gegen acht Uhr* (около восьми часов) geworden. Der fröstelnde Herbstnebel war einer noch zaghaften, aber immer stärker wärmenden Sonne gewichen. Schon wenige Meter von der Straße entfernt empfing uns die beruhigende Stille des Waldes.

Auf den ersten Blick sah alles wie in unseren heimischen Wäldern aus. Im Mischwald sah ich den auch für Russland typischen Weihnachtsbaum, die *Fichte* (ель), sowie immer wieder *Kiefern* (сосны) und *Lärchen* (лиственницы). Die vorherrschenden Baumarten waren jedoch *Eiche* (дуб), *Buche* (бук) und *Birke* (береза, oder wie in Lehrbüchern geschrieben: берёза).

Ich kann die Liebe der Russen zum Birkenwald verstehen. Die biegsamen, schwarzweißen Stämme mit den sich im Wind wiegenden grünen oder herbstlich gefärbten Gipfeln hinterlassen beim geruhsamen Betrachter einen unvergleichlich schönen Eindruck. Auch Zar Peter I. ließ in seinem "russischen Versailles", in *Peterhof* (Петергоф, zwanzig Kilometer außerhalb der von ihm geschaffenen Hauptstadt und auf halbem Weg zur Festung Kronstadt im Finnischen Meerbusen) ursprünglich mehrere Birkenalleen und Birkenhaine pflanzen. Sie schmückten die aus einem ehemaligen "Landhaus" hervorgegangene Sommerresidenz ebenso wie die goldgefassten Figuren rund um die weltberühmte Kaskade von Wasserfällen und Springbrunnen. Heute sind die vergänglichen Birken durch längerlebige Tannen und Laubwald ersetzt worden.

Schloss und Parkanlage Peterhof – Дворцово-парковый ансамбль Петергоф

Lassen Sie mich unseren Waldspaziergang bitte mit einem Lesebeitrag unterbrechen!

Ich habe das *Stichwort* (черное слово oder заглавное слово) "берёза" nachgeschlagen. Diesmal im privaten Internetlexikon

Энциклопедия "Кругосвет" (*Enzyklopädie "Rund um die Welt"*): www.krugosvet.ru. Um darin etwas zu finden, muss man allerdings auf dem PC kyrillisch schreiben können. Bei Windows Vista oder auch bei Windows XP ist die Umstellung unkompliziert: Sie gehen zu "Systemsteuerung", doppelklicken dann auf "Regions- und Sprachoptionen" und können dort unter "Tastaturen und Sprachen" die Sprache "Russisch (Russische Föderation)" einstellen.

Wieder in der Startseite von "Кругосвет", können Sie entscheiden: Entweder *Sie wählen eine Kategorie aus* (вы выбираете категорию), da gibt es zum Beispiel История, Гуманитарные науки, Культура и Образование, Медицина, Наука и Техника и т. д. (*Geschichte, Mensch, Kultur und Bildung, Medizin, Wissenschaft und Technik usw.*) oder Sie tragen das gesuchte Wort in das Fenster *Suchen* (Поиск) ein, und schon wird ein langer wissenschaftlicher Text angezeigt. Er ist nicht sehr schwer zu verstehen. Probieren Sie es! Sie wissen doch: Probieren geht über Studieren.[22] Hier der Text:

БЕРЕЗА (*Betula*), род деревьев и кустарников семейства березовых (Betulaceae), включающего также ольху, граб и лещину. Около 40 видов, произрастающих по всему Северному полушарию от Арктики до Техаса, Южной Европы, Гималаев и Японии. Березы встречаются на северной границе распространения древесных растений. Из-за красивой светло-зеленой листвы, цветной коры и изящной формы кроны их часто разводят в декоративных целях. Садоводами выведено множество их вырезаннолистных и плакучих сортов, высаживаемых в парках и скверах. Древесина некоторых берез – ценный материал для производства мебели, фанерного шпона и других изделий. Известны карликовые формы берез, причем ряд альпийских и арктических видов не сразу различишь среди окружающей травы. Однако в большинстве случаев березы – это стройные деревья высотой до 12–27 м и даже выше.

22 Das Russische drückt diese Weisheit so aus: Попытка не пытка, спрос не беда. Übersetzt etwa: *Ein Versuch kann nicht schaden, Nachfragen ist keine Schande*. Wörtlich ist пытка eigentlich *die Folter, die Qual*, und беда bedeutet so viel wie *Unglück, Not, in der Klemme sein*.

Dieser Artikel eignet sich ausgezeichnet für das so genannte globale Lesen, in der Englischmethodik auch als "skimming" bezeichnet. Dabei entnehmen Sie einem Text in raschem Überfliegen die für Sie wichtigsten Informationen. Das können in einer längeren Abhandlung nur die Überschriften sein oder lediglich die jeweils ersten und letzten Absätze oder – wie bei unserem kurzen Text – nur einzelne Wörter. Doch gehen wir Schritt für Schritt vor.

Wenn Sie sich als Erstes zum Stichwort "береза" ausschließlich die lateinischen Bezeichnungen, die Wendungen mit Internationalismen und dazu die Zahlen ansehen, dann speichert Ihr Gehirn die folgenden Begriffe und setzt sie zueinander in Beziehung:

БЕРЕЗА = Betula, семейство березовых = **Betulaceae, 40** видов, от **Арктики** до **Техаса**, Южной **Европы**, **Гималаев** и **Японии**, в **декоративных** целях, множество **сортов**, в **парках** и **скверах**, **материал** для производства **мебели**, ряд **альпийских** и **арктических** видов, деревья высотой до **12–27 м.**

(Lediglich das ebenfalls als Internationalismus anzusprechende Wort форма – *Form* mit seinen Attributen haben wir ausgelassen, da sich hier der Sinnzusammenhang nicht ohne weiteres offenbart.)
Eigentlich haben Sie dem Text damit die wichtigsten Angaben entnommen:

Birke = Betula, Birken.............. = Betulaceae, 40 .... , Arktis, Texas, ... Europa, Himalaja, Japan, ... dekorative .... , ... Sorten, Parks und Plätze, Material .... Möbel, Alpen.............. , arktische .... , ... 12 bis 27 Meter.

Das könnte etwa zur globalen Erkenntnis verdichtet werden:
Birken werden 12 bis 27 Meter hoch und existieren in 40 Arten. Sie wachsen in Europa, Asien, Amerika, in den Alpen wie in der Arktis, die Bäume werden für die Anlage von Parks und Plätzen verwendet sowie in der Möbelherstellung.

Sie haben mit Sicherheit mehr verstanden! Ich möchte Sie nur auf das aufmerksam machen, was auch schon ohne tiefere Russischkenntnisse verständlich ist. Möchten Sie die mit Punktlinien bezeichneten

Lücken im Kästchen oben selbst weiter ausfüllen? Dann tun Sie das bitte! Ljuba wird mit Ihnen die Lösung dieser Aufgabe vergleichen und wir können unbeirrt unsere Wanderung durch den Wald von Woronesh fortsetzen.

Es schien mir, als hätten wir kein Ziel. Doch Jewgeni und Tamara wussten schon, wohin sie wollten. Wir streiften zwischen großen und kleinen Birkenhainen durch den Wald. Es dauerte nicht sehr lange, bis wir Pilze fanden: *Birkenpilze* (подберёзовики) und *Rotkappen* (подосиновики), die in Symbiose mit den Birken leben und an dieser Stelle förmlich "wie Pilze aus dem Boden schossen"![23] Wir kamen uns vor wie im Märchenland. Buchstäblich unter jedem Baum ein *Pilz* (гриб). Ich sah schon in Gedanken die duftenden *gebratenen Pilze* (жареные грибы) vor mir stehen! Tamara schwärmte von ihrem Lieblingsgericht: грибы с сельдью в маринаде (*Pilze mit Hering in Marinade*)! Oder *mögen Sie lieber eine heiße Pilzsoljanka,* wie Jewgeni? (вы больше любите грибную солянку?)

Wir waren in diesem endlosen Wald bereits *an die drei Stunden* (около трех часов) unterwegs und noch keinem Lebewesen begegnet. Das heißt keinem Menschen, denn hin und wieder huschte ein *Eichhörnchen* (белка[24]) vor uns fort, schimpfte die "Waldpolizei", gemeint ist der *Eichelhäher* (сойка), laut über uns ungebetene Gäste oder schlüpfte ein *Mäuschen* (мышка) in sein Loch.

Die Pilze wollten schier kein Ende nehmen. An dieser Stelle schien überhaupt noch nie ein Pilzsucher vorher sein Glück versucht zu haben. Meine Gastgeber freuten sich wie Kinder über jeden Fund und ich nicht weniger. Solche Pilzerlebnisse sind wie ein Sechser im Lotto oder wie ein zur Strecke gebrachter Sechzehnender. Wir gerieten in ein richtiggehendes Sammler- und Jagdfieber. Jetzt konnte ich verste-

---

23 Diese Redewendung bezieht sich allerdings weniger auf die Menge der Pilze als vielmehr auf ihr schnelles nächtliches Wachstum. Wo am Vortag noch keine stehen, können am nächsten Morgen schon viele kleine und große Pilze zu sehen sein. Auch im Russischen gibt es die *sprichwörtliche Redewendung* (поговорка): расти как грибы (wörtlich: *wie Pilze wachsen*).

24 Der Tiername белка ist etymologisch interessant. Ihm scheint das Adjektiv белый (*weiß*) zu Grunde zu liegen. Tatsächlich wurde der Name einer Albinospezies hier auf die gesamte Art übertragen. Ähnlich überraschend klärt sich das deutsche Wort auf. Es stammt weder von "Eiche" noch von "Horn" ab, sondern bezeichnet, wie die beiden indoeuropäischen Wurzeln des Worts belegen, ein "flinkes Nagetier".

hen, warum Wladimir Solouchin[25] seinem zutiefst poetischen Roman über die russische Natur und das Sammeln und Zubereiten von Pilzen den Titel "Третья охота" (*"Die dritte Jagd"*) gegeben hat.

Tamara und Jewgeni waren keine *Mykologen* (микологи), aber als *Pilzsammler und -liebhaber* (грибники) wussten sie immerhin, dass man Rotkappen nicht roh essen darf. Da ich unfreiwillig diesen Selbstversuch leider schon einmal unternommen hatte, konnte ich das nur bestätigen: Roh genossen verursacht die Rotkappe tatsächlich üble Bauchschmerzen. Aber gebraten steht sie dem Steinpilz kaum nach!

Da wir gerade beim Essen von Pilzen sind, fällt mir ein in Russland berühmter Familienname ein. *Alexander Sergejewitsch Gribojedow* (Александр Сергеевич Грибоедов, 1795–1829), Dramaturg, Dichter und Diplomat, war ein Zeitgenosse Puschkins. Sie erkennen – nach der bisherigen Lektüre – ohne Zweifel die Etymologie seines Namens: гриб ist der Pilz, -ед- kommt vom Verb есть (*essen*) her, deutlicher erkennbar in der dritten Person Plural der Gegenwartsform: едят – *sie essen*. Der Name bedeutet demzufolge "Pilzesser". Eine ganze Gruppe von deutschen Familiennamen nimmt ebenfalls, wie Грибоедов, Bezug auf Pilze: Pilz, Piltz, Piltzer, Pelzer sowie Pils, Pülcz und andere.

Gegen Mittag (в полдень) gerieten wir in einen gespenstischen Laubwald. Steinalte Eichen ragten mit ihren starken Ästen schier bis in den Himmel. Abgestorbene Bäume zeugten von früheren Jahrhunderten. Und unter ihnen ... Steinpilze, Steinpilze, *Steinpilze* (белые грибы). Wenn man so überreichlich die Wahl hat, dann nimmt man nur die besten, wie wir es vorher schon getan hatten. Wir bewunderten zwar die großen, alten, kiloschweren Pilze, ließen sie aber stehen. Nur mittelgroße und einige kleine, besonders feste nahmen wir mit, und ich sollte bald sehen, wozu das gut war.

Doch vorher erwartete uns noch eine weitere Überraschung! Denn plötzlich entdeckte ich gleich an mehreren Bäumen große und kleine dunkelrote Pilze. Ich sah mir einen genauer an und nach Einschneiden des Pilzes wusste ich: Das war eine *Ochsenzunge*, auch

25 *Wladimir Alexejewitsch Solouchin* (Владимир Алексеевич Солоухин, 1924–1997) ist in Deutschland zu Unrecht wenig bekannt. Eine ausführliche Biografie mit einem Werkverzeichnis existiert im Netz nur in russischer Sprache: http://er3ed.qrz.ru/solouhin.htm.

Leberpilz[26] genannt. Ich kannte sie von zu Hause, aus Thüringen. Diese Pilze haben keine Lamellen (wie beispielsweise Reizker) oder Futter (wie Maronen). Sie wachsen an lebenden Eichen und an deren Stümpfen. Sie haben annähernd die Form einer Rinderzunge und die Konsistenz einer Leber. Wenn man sie anschneidet, sondern sie blutroten Saft ab. Ochsenzungen sind jung essbar, deshalb wollte ich einige gern mitnehmen. Meinen Gastgebern waren diese Pilze jedoch nicht geheuer. *"Nein, die sind doch giftig!"* ("Нет, они же ядовитые!") war ihr unbewiesenes Argument. Nach einigem Hin und Her glaubten sie mir zwar, dass *der Pilz essbar ist* (гриб съедобный), aber zum Schluss landete leider trotzdem keines der Pilzwunder im Korb, ganz nach dem Sprichwort: Чего крестьянин не знает, того он не ест. (*Was der Bauer nicht kennt, das frisst er nicht.*) Das Russische drückt sich nur nicht so derb aus; ест bedeutet nämlich *isst*.

Inzwischen stand die Sonne hoch am Himmel. Tamara schaute auf die Uhr und rief erschrocken: "Сколько уже теперь-то? Двадцать минут первого!" (*"Wie spät ist es jetzt schon? 12:20 Uhr!"*) Wir waren alle des Laufens ein wenig überdrüssig geworden und schauten uns nach einer Lichtung zum Ausruhen um. Die war bald gefunden. *Moos* (мох) und *Gras* (трава) boten uns einen weichen Platz zum Hinsetzen, ein frisches *Bächlein* (ручеёк) plätscherte zu unseren müden Füßen. Während Tamara anfing, die Pilze zu putzen und das Picknick vorzubereiten, rief Jewgeni mir zu *"Komm, wir machen ein Lagerfeuer!"* ("Давай, разожжём костёр!"[27]) und sammelte schon eifrig trockene Äste auf. Aus dem Rucksack zog er ein scharf geschliffenes, in Lappen eingewickeltes Beil (jetzt wusste ich, warum er so schwer zu schleppen hatte: на всякий сдучай – *für alle Fälle*) und ließ mich die Äste klein hacken. Undenkbar in Deutschland, ein Lagerfeuer mitten

---

26 Печёночница обыкновенная oder печёночник обыкновенный (Lat. *Fistulina hepatica*), ein weniger bekannter essbarer Pilz aus der Familie der Фистулиновые – *Fistulinaceae*. Das russische Substantiv des Pilznamens ist – wie im Deutschen – von *Leber* (печень) abgeleitet, das Attribut обыкновенный heißt, nicht nur bei botanischen Namen, *gewöhnlich*.

27 Давай, разожжём костёр! In diesem Satz hilft Ihnen das betonte ё in den beiden Wörtern, sie richtig auszusprechen, nämlich als [o]. Im vollendeten Verb разжечь (*entflammen, entzünden, anfachen*) zeigt es darüber hinaus die Endbetonung aller Formen des Futurs an: разожгу, разожжёшь, разожжёт, разожжём, разожжёте, разожгут. Die regelmäßig (wie работать – *arbeiten*) konjugierte unvollendete Verbform lautet разжигать.

im Wald! Kein Problem in Russland. Wir waren ja nur auf einer Tagestour unterwegs. Viele Russen verbringen das ganze Wochenende[28] entweder auf ihrer Datscha oder sie nutzen die Zeit, auch schon im *Frühjahr* (весной), um am *Freitagabend* (в пятницу вечером) oder am *Sonnabendmorgen* (в субботу утром) tief in den Wald hineinzufahren und dort, möglichst an einem Gewässer, zu *picknicken* (устраивать пикник), *zu wandern* (совершать походы), *zu übernachten* (ночевать) und *im Sommer* (летом) oder *Herbst* (осенью) *Pilze zu suchen* (собирать грибы), *zu angeln* (ловить рыбу) oder auch *im Winter* (зимой) *zu jagen* (ходить на охоту). Eine Wanderung durch den hochsommerlichen Ural ist ein Ereignis für die Familie! Wer kann, bricht mindestens einmal im Jahr zu einer экскурсия по реке auf. *Exkursion* ist vielleicht zu viel gesagt. Eher handelt es sich um eine *Fluss-* oder *Wasserwanderung,* ein Wochenende auf und an einem Gewässer.

In meinem Fall war das zum Beispiel eine экскурсия по реке Белая (*Wasserwanderung auf der Belaja*, einem der schönsten Flüsse im Südural). Solche Familienunternehmungen laufen meist gleich ab: Eine lange Fahrt mit dem Auto weit in den Ural hinein, einige Kilometer auf dem Schlauchboot oder Floß mühsam flussaufwärts, Halt an einer offenen Uferstelle, nach dem Zeltaufbauen wunderschöne Waldwanderungen durch unberührte Natur, Pilzesammeln, Angeln, Baden oder Ballspielen, ein romantischer Abend am Lagerfeuer, Übernachten im Gemeinschaftszelt (auf die Gefahr, dass unter den Naturliebhabern auch ein Schnarcher ist) und am Nachmittag des nächsten oder übernächsten Tages Treibenlassen auf dem Fluss, wieder zum Auto zurück und eine ermüdende Fahrt nach Hause. Alle sind erschöpft, aber erholt und glücklich.

Jewgenis Rucksack barg noch manche wunderbaren Dinge. Als ein richtiger Eisentiegel zum Vorschein kam, wusste ich: Jetzt schlug die große Stunde unserer Steinpilze. Tamara[29] schnitt die Pilze längs in

---

28 Das Wochenende wurde schon zu Sowjetzeiten hin und wieder mit dem englischen Lehnwort weekend – уик-энд bezeichnet (beide Wortteile betont), wohl weil sich das Russische hier etwas umständlich ausdrückt: суббота и воскресенье (*Samstag und Sonntag*) bzw. конец недели (*Ende der Woche*).

29 Ich nenne meine Gastgeberin in diesem Buch aus Respekt immer bei ihrem vollen Vornamen, obwohl Jewgeni sie in meiner Gegenwart immer Тама (*Tama*) rief und ich mich dieses Diminutivums auch bald bediente, um Tamara nicht zu kränken. Der Vollname klingt formell und wird unter Freunden oder in der Familie mitunter gebraucht, um Distanz herzustellen, zum Beispiel dann, wenn die oder der Angesprochene kritisiert werden sollen.

zwei, drei Millimeter starke Scheiben, sodass Hut und Stiel noch zu erkennen waren, und *briet die Pilze in Butter* (жарила грибы на масле). Aus ihrem Korb zauberte sie nicht nur die vorsorglich in feuchtes Zeitungspapier eingewickelte Butter hervor, sondern auch Brot und Auberginen (хлеб и баклажаны). Das Feuer war nach dem Braten der Pilze noch heiß genug, um die in Scheiben geschnittenen Eierfrüchte kräftig anzubraten und Brotscheiben zu rösten. Die stark gewürzten Auberginen auf dem Röstbrot schmeckten nicht weniger köstlich als die Steinpilze. *"Das hat aber sehr gut geschmeckt!"* ("Это было очень вкусно!") waren mein Lob und Dank zugleich.

Unser Ausflug, ein wunderschöner Tag im russischen Wald, neigte sich seinem Ende zu. Ohne meine kundigen Führer hätte ich wahrscheinlich nicht so bald aus dem Wald herausgefunden. Mit ihnen war es ein Leichtes. Ich war trotzdem erleichtert, als wir wieder im Auto saßen. Erleichtert war auch unser Gepäck, das heißt der Rucksack. Die vollen Pilzkörbe wogen das von uns Verzehrte allerdings bei weitem wieder auf.

Als wir uns vor dem Haus meiner Freunde verabschiedeten, wusste ich sehr gut, was meine Gastgeber nun erwarten würde: Pilze sortieren, die Pilze noch einmal fein putzen, die Pilze schneiden, waschen oder trocknen, Pilze einkochen, Pilze einlegen, vielleicht gleich zum Abendbrot einige Pilze braten oder Pilzgulasch kochen. Ob sie noch die Kraft hatten, auch einige Pilze zu essen? Ich war jedenfalls froh, dass ich der Pilzschlacht am häuslichen Herd zu entrinnen vermochte, im Hotel ein gemachtes Bett vorfand, mich unter der Dusche entspannen, noch rasch eine kurze Mail an die Lieben absenden und dann ausruhen konnte. Bald tanzten nur noch Pilze vor meinen zufallenden Augen ...

Zweiter Halt – Вторая остановка

Schnelllesen schnell lernen

Liebe Lesereisende, haben Sie Appetit auf ein Pilzgericht bekommen? Ich soll ja eigentlich mit Ihnen die Aufgabe lösen, aber wollen Sie vorher ein ganz leckeres Pilzgericht kennen lernen? Meine Großmutter hat es immer gekocht. Бабушка, бабуля, бабуся – wir gaben ihr viele zärtliche Namen – hat für ihr Leben gern *Kartoffelpiroggen mit Pilzen* (картофельные пироги с грибами) gegessen. Sie hat leider nicht aufgeschrieben, wie sie sie zubereitet. Ich habe deshalb für Sie das Rezept aus einem Buch abgeschrieben.

На 100 г сушеных белых грибов 1 кг картофеля, 2–3 луковицы, 2–3 яйца, 0,5 стакана сухарей, 4 ст. л. сливочного масла; для соуса по 1 ст. л. муки и сливочного масла, 0,5 – 0,8 л бульона

Очищенный картофель сварить в подсоленной воде, размять, добавить сливочное масло, желтки и муку, тщательно перемешать и разделать на лепешки. На каждую положить по 1 ч. л. фарша из тушеных в масле с луком грибов, соединить края и придать изделию форму пирожка. Обвалять пирожки в яйце и сухарях, обжарить до румяной корочки. Подавать с соусом на грибном бульоне.

Wer von Ihnen selbst kocht, wird sich denken können: ст. л. heißt natürlich столовая ложка (*Esslöffel*). Ich bin zuversichtlich, mit Hilfe des Wörterbuchs werden Sie das Nötigste verstehen. Möchten Sie das Gericht einmal probieren? Es schmeckt!!

Bevor es weitergeht ... zu den schönen Wald- und Pilzgeschichten fallen mir zwei Kinderrätsel ein. Welche Bäume sind das?

Зимой и летом
Одним цветом

Das sind natürlich *Fichte und Kiefer* (ель и сосна). Mit одним цветоì (*von ein und derselben Farbe*) ist gemeint, dass sie sommers wie winters grün sind. Ja, Sie haben Recht, es gibt noch mehr Koniferen und auch andere Bäume, die nicht ihre Blätter im Herbst abwerfen, aber Kinder denken eben zuerst an diese.

Das zweite Rätsel ist länger:

Шел я лесом,
Нашел и древо;
Из этого древа
Выходят четыре дела:
Перво дело – слепому посвечение;
Второ дело – нагому потешение;
Третье дело – скрипячему поможение;
Четверто дело – хворому полегчение.

Ich weiß, das ist schwierig zu lesen und zu verstehen, weil es altes, volkstümliches Russisch ist. Wir wollen uns deshalb den Spaß am Raten nicht mit zu viel neuer Lexik und Grammatik verderben. Aber vielleicht hilft Ihnen das.

Der *Baum* (древо, heute дерево), um den es in diesem Rätsel geht, bewirkt *vier "Sachen"* (четыре дела); er hilft (ich übersetze frei):

(1) *dem Blinden oder dem, der im Dunkeln tappt, zu sehen,*
(2) *dem Nackten, Freude und Zufriedenheit zu finden,*
(3) *dem armen Kerl, sein Leben zu fristen,* und
(4) *dem Kranken, wieder gesund zu werden* (indem er den Saft des Baumes trinkt).

Die letzte Hilfestellung hat Sie darauf gebracht? Richtig, es ist die Birke.

1. Der Holzspan erleuchtet die Stube (Vorsicht! Birkenrinde brennt wie Zunder und ist deshalb zum Anzünden geeignet. Aber nicht zu viel auf einmal in den Ofen stecken!).

2. Das gegenseitige Bearbeiten mit dem Birkenreisig verschafft allen in der Sauna Entspannung und wohltuende Zufriedenheit.

3. Aus der Birkenrinde werden – noch heute – Dosen und andere Dinge gefertigt, die sich gut verkaufen lassen.[30]
4. Und schließlich der erwähnte Birkensaft, dem mehrere Heilwirkungen zugeschrieben werden: Entschlacken, Linderung rheumatischer Beschwerden u. a. m.

Wir haben sehr viele solcher gereimten Rätsel in unserer Folklore. Große Sammlungen enthalten zwei- bis dreitausend Rätsel![31] Leider geraten sie immer mehr in Vergessenheit.

Ach ja, fast hätte ich es vergessen. Ich sollte doch noch mit Ihnen die Lösung der Aufgabe besprechen. Итак, займёмся делом! *Machen wir uns also an die Arbeit!*

Mit Hilfe des Wörterbuchs waren Sie doch bestimmt in der Lage alle Lücken zu füllen. Sie sind hier fett und kursiv gedruckt:

*Birke = Betula, Birken**familie*** (das konnten Sie schon erahnen, da семейство den gleichen Stamm hat wie семья – *die Familie*) = *Betulaceae, 40* ***Arten****, Arktis, Texas,* ***südliches*** *Europa* (юг – Süden und южный – südlich, das war ebenfalls leicht zu erschließen), *Himalaja, Japan,* ***sie werden oft angebaut*** (разводить – *anbauen* haben Sie eventuell nachschlagen müssen) ***für*** *dekorative* ***Zwecke*** (wörtlich Ziele, aber auf Deutsch formulieren wir das anders), ***viele*** *Sorten* (die Verwandtschaft von множество und много liegt auf der Hand), *Parks und Plätze* (das Wort сквер kennen Sie aus dem Englischen: square), *Material* ***zur Herstellung von*** *Möbeln* (производство sollten Sie ebenso wie das Verbpaar производить/произвести – *produzieren, herstellen* und производитель – *Produzent* unbedingt in Ihren Wortschatz aufnehmen!), *alpine und arktische* ***Arten*** (das

30 Auch in diesem Buch taucht das Wort "Birke" überdurchschnittlich häufig auf. Ein Fingerzeig auf die große Bedeutung dieses Baums für die Russen. Zur Birkenrinde ist noch hinzuzufügen, dass sie über Jahrhunderte auch zum Schreiben verwendet wurde. Bei Ausgrabungen in Nowgorod am Ilmensee, einer der ältesten Städte Russlands, sind tausende beschriebene Birkenrindenrollen gefunden worden, die ältesten aus dem 11. und die jüngsten aus dem 15. Jahrhundert.

31 Siehe *W. P. Anikin: Russische volkstümliche Sprichwörter, Redewendungen, Redensarten, Rätsel und Kinderreime. Moskau 1957* (В. П. Аникин: Русские народные пословицы, поговорки, загадки и детский фольклор. Москва 1957).

Substantiv вид hat viele Bedeutungen; haben Sie es nachgeschlagen?[32]), ***Höhe** 12 bis 27 Meter* (высокий – высота – высотный (дом) – выше – повышать u. a., das ist eine Wortfamilie mit vielen "Kindern", sprich Ableitungen von der Wurzel -выс-/-выш-).
Drei längere Passagen haben Sie damit noch nicht erschlossen:

- ... семейства березовых, включающего также ольху, граб и лещину ...
- Березы встречаются на северной границе распространения древесных растений.
- Известны карликовые формы берез, причем ряд альпийских и арктических видов не сразу различишь среди окружающей травы.

Im Nebensatz des ersten Beispiels geht es darum, dass die *Familie der Betulaceae* (семейство березовых) auch ольха, граб и лещина (*die Erle*, das russische Wort dafür ist endbetont, *die Hainbuche und die Hasel*) umfasst. Wer soll all diese Wörter kennen? Machen Sie sich nichts daraus! Dazu haben wir die Wörterbücher.

Das zweite Zitat ist durch sein Prädikat interessant. Seit langem kennen Sie встречать/встретить und встречаться/встретиться in der Bedeutung treffen, auch jemanden *abholen* bzw. *sich treffen, sich begegnen*. Das Verb встречать/встретить nimmt in der passivischen Konstruktion aber auch die Bedeutung *antreffen, vorkommen* an. Der Rest des zweiten Satzes bedeutet: *... an der nördlichen Verbreitungsgrenze von Holzgewächsen*. Das allerletzte Substantiv растение erschließen Sie sich aus dem Verb расти (*wachsen*), das Ihnen mit Sicherheit bekannt ist, und das Adjektiv davor mit Hilfe Ihrer Kenntnis des Wortes дерево (*Baum*).

Fühlen Sie sich in der dritten Wendung не сразу различишь среди окружающей травы (*ist nicht leicht in dem sie umgebenden Gras auszumachen*) direkt angesprochen? Schließlich heißt es не сразу различишь (wörtlich: *unterscheidest du nicht so schnell*). Müssen Sie nicht! Das ist nur eine der vielen Möglichkeiten im Russischen,

32 Einige der wichtigsten Bedeutungen von вид sind: *Ansehen, Anblick, Ansicht, Aussicht, Schein, Gattung, Absicht, Aspekt* etc. pp. Fast alle haben mit "Sehen" zu tun, was verständlich ist, denn видеть heißt ja *sehen*. Die verschiedenen Wendungen mit diesem Substantiv sollten Sie wirklich selbst heraussuchen! Sie werden Ihren Wortschatz damit um Vieles bereichern.

die unpersönliche man-Form auszudrücken. Eine weitere steht am Anfang dieses Satzes: Известны, hier zu übersetzen mit *man kennt*.

Ansonsten bietet von den ersten vier Gliedern des dritten Satzes: Известны карликовые формы берез ... eigentlich nur das Adjektiv карликовый eine geringe Schwierigkeit. Um es zu verstehen, müssten Sie das Wort карлик kennen.

Mein Enkel heißt Carl, aber auf Russisch könnte er gut und gern Карлик (*Karlik*) gerufen werden: Erstens, weil das die Koseform, das Diminutivum des Namens Карл (*Karl*) ist, also *Karlchen* bedeutet, und zweitens weil карлик als Substantiv *Zwerg* heißt. Und er ist doch so ein kleiner, süßer Zwerg, eben ein Карлик!

Kapitel 3 – Третья глава

Ein neuer Rasputin? – Новый Распутин?

Wer möchte nicht, dass liebe Tote wieder zum Leben erweckt werden!? In Russland hat sich ein selbst ernannter Messias vermessen, dies tun zu wollen. Seit Anfang dieses Jahrtausends reist ein gewisser *Grigori Petrowitsch Grabowoj* (Григорий Петрович Грабовой) durch die Lande und verspricht, wie das alle Wunderheiler tun, dem Elend verzweifelter Menschen abzuhelfen. Es ist geradezu perfide, dass seit dem tödlich ausgegangenen Geiseldrama von Beslan[33] seine Geschäfte besser denn je laufen. Und um Geschäfte geht es in der Tat. Alexander Dworkin, Präsident des Religiösen Forschungszentrums in Moskau, meint, dass es bei Sekten immer "um Geld und Macht" gehe.

In ausverkauften Sälen hält Grabowoj Vorträge und verkündet seine angebliche Heilslehre. Sie möchten ihm einmal zuhören? Dann nicht, ohne dass Sie sich bei ihm mit Adresse und Telefonnummer anmelden. Werden Sie nicht schon da stutzig? In so einem "Vortrag" werden Ihnen allen Ernstes Konzentrationsübungen abverlangt, die dazu führen sollen, selbst Tote wieder zum Leben zu erwecken. Natürlich müssen Sie ganz fest daran glauben! Wenn das mit dem Wiedererwecken nicht gleich klappt, dann ist es selbstverständlich Ihre Schuld: Sie selbst sind es, die nicht an Grabowoj geglaubt, seine Lehre nicht genug verinnerlicht und vielleicht auch nicht genug Geld dafür "gespendet" haben. Denn für eine solche Prozedur verlangt der Sektenchef umgerechnet etwas über tausend Euro.

Überhaupt ist Grabowoj um Forderungen und Erklärungen nicht verlegen. Wenn die Toten nicht zurückgekehrt sind, dann heißt es zum Beispiel gegenüber den Hinterbliebenen in Beslan, die umgekommenen Geiseln hätten sich geweigert auferweckt zu werden oder sie würden sich an

33 Die Geiselnahme von Beslan bewegte die ganze Welt. Tschetschenische Kämpfer hatten am 1. September 2004 in einem terroristischen Akt mehr als 1 000 Schulkinder und Erwachsene in der Stadt Beslan im russischen Nordossetien in der Turnhalle einer Schule festgehalten und mit Sprengladungen verbunden. Bei der Erstürmung durch russische Sicherheitskräfte kamen mehr als 300 Menschen um. Ein sehr eindringlicher und kritischer politischer Bericht darüber ist nachzulesen im "Russischen Tagebuch" von Anna Politkowskaja (s. Literaturverzeichnis).

einem unbekannten Ort aufhalten. Um den aber heraus zu bekommen, müssten die Angehörigen – na was wohl? – sich noch tiefer in Grabowojs Heilslehre vertiefen und seine Zeitung "Прогресс" (*"Fortschritt"*) abonnieren.

Der Mitte der 60er Jahre geborene Mechaniker aus dem usbekischen Taschkent kann selbstverständlich seine "Befähigung nachweisen". Seine Website (www.status-svoboda.ru/grabovoy.html) verrät neben diversen Angaben über Promotion, Professur, Akademiemitgliedschaften u. a. auch deutlich die pseudowissenschaftlichen Grundlagen seiner Heilslehre: ясновидящий, целитель, автор открытия создающей области информации и спецкурса "Технологии предупреждающего прогнозирования и безопасного развития" (*Hellseher, Heiler, Entdecker der kreativen Information und Autor des Spezialkurses "Technologie der präventiven Prognostik und gefahrlosen Entwicklung"*), was immer man sich darunter vorzustellen hat.

Das Nonplusultra sind Angaben seiner Jünger darüber, dass er wie Jesus Christus von einer Jungfrau geboren und angeblich in den Adelsstand erhoben worden sei. Spätestens jetzt sind Verbindungen zum berühmt-berüchtigten Wunderheiler Rasputin unübersehbar, der Anfang des 20. Jahrhunderts bis in den Kreis der Zarenfamilie vordrang und dort eine nicht unerhebliche Rolle als Berater spielte. Rasputin endete tragisch. Er wurde mit Arsen vergiftet. Es wird berichtet, dass dem Wunderheiler selbst dieses starke Gift nichts antun konnte und deshalb mit blankem Stahl nachgeholfen werden musste.[34]

Wie es mit Grabowoj weitergehen würde, war 2007 noch nicht abzusehen. Wenn es nach ihm gegangen wäre, hätte er sich gern als Kandidaten für den Präsidenten der Russischen Föderation gesehen. Dazu

34 *Grigori Jefimowitsch Rasputin* (Григорий Ефимович Распутин,1869–1916) wurde dadurch berühmt, dass er eine unerklärliche Heilwirkung auf die Bluterkrankheit des Zarensohns Alexej ausübte. Diese Fähigkeit Rasputins machte ihn in den Augen der Zarin Alexandra zu einem Heiligen, wodurch er allmählich großen persönlichen und auch einen gewissen politischen Einfluss am Hof erlangte. Seine "geheimnisvollen Kräfte" und immer wieder vorgebrachte Vorwürfe wegen unmoralischen Lebenswandels, Sexorgien, Alkoholmissbrauch und anderer "dunkler Machenschaften" führten schließlich zu seiner Ermordung, an der enge Verwandte von Zar Nikolaus II. beteiligt waren.

kam es natürlich nicht. Außerdem hatte Präsident Putin[35] schon vor der Wahl andere Weichen gestellt. Potentielle Interessenten lockte Grabowoj mit dem lächerlichen Versprechen an, "den Tod gesetzlich verbieten" zu lassen. Auch so viel Macht hatte er nicht. Grabowoj taucht immer wieder unter, entweder weil er beschuldigt wird Geld zu nehmen für das Versprechen, tote Kinder wieder zum Leben zu erwecken (so geschehen 2006), oder aus anderen Gründen. Er wird auch ab und an verhaftet, ohne dass er bisher einem ordentlichen Prozess zugeführt werden konnte.

Zu Sowjetzeiten wurden Sekten, ja selbst anerkannte Religionen, unterdrückt. Kirchen wurden nicht selten zu Scheunen und Lagerhäusern umfunktioniert. Erst die Perestrojka und vor allem *die Gründung der Russischen Föderation* (основание Русской Федерации) haben bewirkt, dass religiöses Leben wieder erwacht ist. *Die Verfassung* (Конституция[36]) garantierte zum ersten Mal in der russischen Geschichte die Gleichheit aller Religionsgemeinschaften. Im Artikel 28 der Verfassung heißt es:

> Статья 28
> Каждому гарантируется свобода совести, свобода вероисповедания, включая право исповедовать индивидуально или совместно с другими любую религию или не исповедовать никакой, свободно выбирать, иметь и распространять религиозные и иные убеждения и действовать в соответствии с ними.

Hier werden *jedem garantiert* (каждому гарантируется)
- свобода совести – *die Gewissensfreiheit,*
- свобода вероисповедания – *die Glaubensfreiheit*,
- право исповедовать ... любую религию – *das Recht jede Religion auszuüben*,

35 *Wladimir Wladimirowitsch Putin, geb. 1952* (Владимир Владимирович Путин, р. 1952), Präsident von 2000 bis Ende 2007. Die russische Verfassung lässt für dieses Amt nur zwei Legislaturperioden hintereinander zu. Im März 2008 wurde Putins Protegé *D. A. Medwedjew* (Д. А. Медведев) der neue Präsident. Bereits vorher, im Dezember 2007, wurden die Parlamentswahlen mit 64% aller Stimmen und mit der gewünschten verfassunggebenden Zweidrittelmehrheit zugunsten von *Einiges Russland* (Единая Россия) entschieden, die als regierende Partei den scheidenden Präsidenten mit allen Mitteln unterstützt hat, angefangen von der politischen Werbung für ihn, über eiserne Parteidisziplin bis hin zu Handgreiflichkeiten und massiven Repressalien gegenüber den Oppositionsparteien.

36 http://www.constitution.ru (die vollständige Verfassung der Russischen Föderation auf Russisch)

- свободно выбирать, иметь и распространять религиозные и иные убеждения и действовать в соответствии с ними – *religiöse und andere Überzeugungen frei anzunehmen, zu vertreten und zu verbreiten und nach ihnen zu handeln.*

Demokratische Rechte eben, eine in Russland neue Errungenschaft. Nur dass die bürgerlichen Freiheiten noch etwas "anders" als in westlichen Ländern gehandhabt werden.[37] Ein deutsch-russisches Studentenforum der Freien Universität Berlin hielt 2004 eine Tagung zum Thema "Die unsichtbare russische Demokratie" ab. Andere sprechen von "gelenkter" oder "Fassadendemokratie". Wie auch immer, es hat sich viel gewandelt in Russland.

Bereits zwei Jahrzehnte nach der russischen "Wende" gibt es im Lande wieder mehr als sechzig Religionsrichtungen, vor allem die für Russland traditionellen Konfessionen: *russische Orthodoxie, Islam, Buddhismus, Judaismus und Katholizismus* (русское православие, Ислам, Буддизм, Иудаизм и Католицизм). Die russisch-orthodoxe Kirche hat in den letzten Jahren viel Zulauf erhalten. Kirchliche Taufen, Trauungen und Begräbnisse sind wieder ebenso üblich wie die Unterstützung durch kleine Spenden und große Sponsoren. Die Orthodoxen haben ihre eigenen Medien, eine professionelle Website[38] und verkaufen in den Städten hier und da sogar in Kiosken Zeitungen sowie Devotionalien wie *Heiligenbildchen, Ikonen, kleine Kreuze, Rosenkränze u. a.* (образа, иконы, крестики, чётки и др.).

In der russisch-orthodoxen Kirche sind bisweilen gänzlich ungewohnte Töne zu vernehmen. So berichtete die "Mitteldeutsche Zeitung" am 17. Februar 2007 über öffentliche Äußerungen des Oberhaupts der Rechtgläubigen, Alexi II., gegen den Darwinismus und für die – vor allem in den USA starke – Theorie des Kreationismus. Alexi verlangt, in den Schulen solle neben der Evolutionstheorie auch die biblische Schöpfungsgeschichte unterrichtet werden. Proteste russi-

37 Diese vorsichtige Formulierung taucht gelegentlich in den westlichen Medien auf. Sie bezieht sich vor allem auf die eingeschränkte Pressefreiheit sowie auf die mysteriösen Hintergründe und die schleppende Untersuchung der Umstände, unter denen 2006 mehrere Kremlkritiker umkamen, darunter die Journalistin Anna Politkowskaja und der russische Ex-Spion Alexander Litwinienko, die eine vor ihrem Haus erschossen und der andere in London offenbar vom Geheimdienst vergiftet.

38 Internetseite der Russisch-orthodoxen Kirche: www.ortho-rus.ru. *Der Webmaster beantwortet gern Ihre Fragen* (Если есть любые вопросы – пишите!): postmaster@ortho-rus.ru.

scher Wissenschaftler, wie des Nobelpreisträgers für Physik, Witali Ginsburg, gegen die Diskriminierung des darwinschen Weltverständnisses bleiben seltsam zurückhaltend. Die Kirche erscheint bereits zu mächtig, als dass sich jemand mit ihr anlegen möchte.

Daneben – und manchmal hat man den Eindruck, noch massiver – agieren in Russland zahlreiche Sekten.

Es war an einem stimmungsvollen Abend in Sankt Petersburg. Nach einem stundenlangen Spaziergang durch die belebte Stadt waren meine Frau und ich auf dem Heimweg ins Hotel. Der Trolleybus tuckelte holprig von einer Haltstelle zur anderen. Die von der Arbeit gezeichneten Menschen standen wortlos dicht gedrängt. Die erschöpfte *Schaffnerin* (кондуктор) brachte selbst dann kein freundliches Wort heraus, als eine ältere Frau einstieg und sich versehentlich auf den für Schaffner reservierten Platz setzen wollte. Die darüber hängende Warnung hatte ich bereits in meinem Notizbuch festgehalten:

Место кондуктора
не занимать.
Штраф – 500 р.

Schaffnerplatz – nicht benutzen. Strafe: 500 Rubel.[39] Schon die Verwendung des kategorischen Infinitivs занимать (einen Platz *einnehmen*) zeigt an, dass es hier streng zugeht. Und fünfhundert Rubel sind für eine Rentnerin, die vielleicht zwei- oder dreitausend Rubel im Monat erhält, sehr viel Geld.

Beim Weiterfahren auf dem Newski Prospekt sahen wir plötzlich, dass die Большая морская улица (*Große Meeresstraße*), die gegenüber der Eremitage direkt auf den Schlossplatz führt, von Polizei und Sicherheitskräften abgeriegelt war. Dass *Banken* (банки) oder *Bankautomaten* (банкоматы oder кэш-машины) durch schwer bewaffnete Sicherheitsleute geschützt wurden, das hatten wir schon oft gesehen. Selbst in vielen Restaurants und Geschäften, zum Beispiel im nobelsten Buchhaus der Stadt[40], achten adrett gekleidete Sicherheitskräfte darauf, dass alles seine Ordnung hat. Aber was war hier los?

---

39 Im Jahr 2007 lag der Wechselsatz im Durchschnitt bei 1 Euro = 35 Rubel.

40 Gemeint ist das wunderschöne Eckgebäude auf dem Newski Prospekt, am Gribojedow-Kanal. Es wurde 1912–14 von der amerikanischen Nähmaschinenfabrik Singer im russischen Jugendstil errichtet und trägt einen riesigen Globus auf seiner Kuppel.

Auf dem Schlossplatz (на Дворцовой площади) standen ebenfalls Uniformierte. Menschenmassen strömten erwartungsvoll und sichtbar froh gelaunt auf den Platz, wurden nach genauer Taschenkontrolle eingelassen und sammelten sich nach und nach zu Tausenden vor einer großen Bühne. Neben uns rief gerade eine junge Frau ihre Mutter an, natürlich per *Handy* (мобильный телефон oder kurz мобильник bzw. мобильный; junge Leute benutzen oft die englisch klingende Bezeichnung: хенди[41]): "Халло, мам!" (in "perfektem" russischen Englisch). Nachdem sie sich mit "Ciao!" verabschiedet hatte, sprachen wir sie an. Sie wusste immerhin, dass ein Konzert der Gruppe "Машина времени" (*"Zeitmaschine"*) stattfinden würde.

An diese russische Band konnte ich mich noch gut erinnern! Auch eine liebe Kollegin, der ich davon erzählte, sang sofort einige Takte, die sie immer noch im Ohr hatte. Die Band hatte ihre ersten großen Erfolge in den 70er Jahren. Sie ließ sich ursprünglich von den Beatles inspirieren, produzierte jedoch bald eigene Titel und wurde in der Sowjetunion schnell berühmt. Damals waren Aufführungen selbst in Theaterhäusern und Stadien stets ausverkauft. Heute werden ihre Konzerte von allen Generationen besucht: von damals Zwanzigjährigen ebenso wie von heute jungen Leuten. Ihre Fans unterhalten Websites (z. B. www.mv-forum.com) und auch die Gruppe selbst hat eine umfangreiche Homepage ins Netz gestellt (www.mahina.ru/test1000/mashina/index.html)

Inzwischen wurden es mehr und mehr Menschen. Unter ihnen auffällig viele, die mit einem kleinen rosa Büchlein in der Hand gemessenen Schrittes hin- und herliefen. Bereiteten sie sich auf ihren Auftritt vor? Sie lasen ganz konzentriert, blickten ab und zu gen Himmel und repetierten offenbar irgendeinen Text.

Ein älterer Herr, *elegant und mit Schlips* (элегантный, в галстуке), den ich ansprechen wollte, wies mich unwirsch mit einer Handbewegung ab. Der zweite Versuch glückte. Eine zierliche, freundliche Dame mittleren Alters erklärte uns, dass diese Menschen rein gar nichts mit dem bevorstehenden Konzert zu tun hätten. Ihre Anwesenheit und das Konzert stellten sich als ein rein zufälliges Zusammentreffen heraus.

---

41 Das Wort ist eine Entlehnung aus dem Deutschen, denn in der englischen Sprache existiert es als substantiv nicht. Dort heißt es cell phone, mobile phone oder kurz mobile.

Die von mir Angesprochene stellte sich unkompliziert vor: "Меня зовут Ирина. А как вас зовут?" (*"Ich heiße Irina. Und wie heißen Sie?"*) Es schien für uns nichts dagegen zu sprechen wahrheitsgemäß zu antworten: "Гунди." – "А меня зовут Райнер. Мы из Германии." (*"Gundi." – "Und ich heiße Rainer. Wir sind aus Deutschland."*)

Diese Art der gegenseitigen Vorstellung fremder Menschen an diesem Ort hatte auch für Russland etwas Ungewöhnliches an sich. Aber wir hörten Irina gern weiter zu: "Наш мастер дал нам задание встретиться на этой площади и выучить стихотворение." (*"Unser Meister hat uns aufgetragen, uns heute Abend auf diesem Platz zu treffen und ein Gedicht auswendig zu lernen."*) Sie deutete meinen fragenden Blick richtig und fuhr fort: "Все эти люди сегодня принимали участие в курсе ритмологии. Вы знаете ритмологию? У вас в Германии тоже есть такие курсы. Они помогают вам справляться с проблемами и регулировать все события человеческой жизни." (*"Diese Menschen haben alle heute an einem Rhythmologie-Kurs teilgenommen. Kennen Sie die Rhythmologie? Solche Kurse gibt es bei Ihnen in Deutschland auch. Sie helfen Ihnen Probleme zu lösen und alle Lebensabläufe zu steuern."*) Der letzte Satz klang irgendwie auswendig gelernt. Wir waren neugierig geworden und hätten gern mehr über jene Kurse erfahren. Leider hatte sie nicht mehr Zeit für uns; sie musste weiter lernen. Und daran war ihr offensichtlich sehr viel gelegen.

Das Gespräch hinterließ bei uns ein ungutes Gefühl, wir waren skeptisch geworden. Das Ganze erinnerte uns sehr an das, was wir über Scientology gehört hatten. Als wir später im Netz unter dem Stichwort "ритмология" nach mehr Informationen surften, wurden unsere Vermutungen bestätigt, obwohl es sich in diesem Fall um eine andere Sekte handelte.

Rhythmologie ist tatsächlich die Hauptmethode einer als pseudowissenschaftlich kritisierten esoterischen Lehre. Die Радастея (*Radasteja*) genannte Sekte lehrt, dass das rhythmische Vortragen der in Gedichtform gebrachten Lehrsätze des Meisters[42] dazu verhelfen soll, alle Lebensparameter günstig zu beeinflussen und aus dem Rezitieren unbeschränkt Informationen und Energie zu gewinnen.

42 Die Begriffe *Meister* (мастер) und *Lebensparameter* (жизненные параметры) sind der Terminologie der Lehre entnommen.

Die von der Russischen Akademie der Wissenschaften als sehr gefährlich und destruktiv eingestufte Sekte und Heilslehre wurde in den 90er Jahren des 20. Jahrhunderts von der Russin *Jewdokia Martschenko* (Евдокия Марченко) begründet. Sie finanziert sie mit den von ihr und ihren Anhängern durchgeführten Kursen sowie aus ihren Publikationen. Die Sekte hat verschiedene *Institute, internationale Akademien und Zentren* (институты, международные академии и центры) gegründet und versucht auf diese Weise, sich einen wissenschaftlichen Anstrich zu verleihen. Meines Wissens spielt die Rhythmologie in Deutschland – entgegen der Behauptung unserer Straßenbekanntschaft – keine nennenswerte Rolle.

Die Begebenheit zeigt jedoch, wie schnell man in Kontakt mit einer Sekte geraten kann.

Die Kriterien für die Zuordnung zum Begriff "Sekte" sehen in Russland anders aus als zum Beispiel in Deutschland oder in den USA. Während die Scientologybewegung in den USA offiziell zugelassen ist und in Deutschland unter Beobachtung steht, wird sie in Russland eindeutig als Sekte eingestuft. Allerdings gelten hier auch die Mormonen und die Zeugen Jehovas als Sekten.

Der russische Staat wendet sich vehement gegen die zunehmende Indoktrination seiner Bürger durch totalitäre Sekten. Das ist auch dringend erforderlich, denn schon sind Millionen von Russen in Sekten involviert. Mehr als die Hälfte von ihnen sind junge Menschen von 18 bis 27 Jahren. Die Nachrichtenagentur RIA Nowosti berichtete Ende Oktober 2003 über ein Rundtischgespräch von Psychologen, Vertretern der russisch-orthodoxen Kirche, des Russischen Außenministeriums und anderer Institutionen zum Thema "Totalitäre Sekten – Massenvernichtungsmittel". Der Sektenexperte Alexander Dworkin glaubt, dass ausländische Sekten (wie Scientology oder die Moon-Sekte) in Russland ebenso aktiv sind wie einheimische, zum Beispiel das Zentrum gesegneter Jungfrauen in Moskau, die Wissarions-Sekten in der Region Krasnojarsk oder die oben beschriebene "Radasteja". Im nächsten Kapitel wollen wir uns daher diesem Thema etwas ausführlicher widmen.

Dritter Halt – Третья остановка

Großmutter und die Rente

Hier ist Ihre Ljuba. Habe ich Ihnen nicht im vorigen Kapitel von meiner Großmutter erzählt? Ja, richtig, ich habe ihr Leibgericht vorgestellt. Darauf muss ich noch einmal zurückkommen. Бабуля (*Omi*) hat ihr Leben lang gearbeitet, sie hat die neunhundert schweren Tage der Blockade[43] überstanden, Leningrad mit ihren Händen wieder aufgebaut – und jetzt, mit 87 Jahren, *erhält sie eine Rente in Höhe von dreitausend Rubeln* (она получает пенсию в размере трех тысяч рублей). Das sind *nur wenig mehr als 85 Euro* (чуть немножко больше чем 85 евро). Das Sprichwort hat wirklich Recht: Без денег везде худенек. Ebenfalls in Reimform heißt das ungefähr: *Ohne Geld ist's immer schlecht um dich bestellt*. Wörtlich bedeutet es: *Ohne Geld ist es überall ärmlich.*

Sie haben ja Recht! Ich kann das nicht direkt mit Europa vergleichen. Dafür sind viele Preise bei uns noch sehr niedrig. Слава Богу! (*Gott sei Dank!*) Eine Fahrt mit der Straßenbahn kostet bei uns noch 16 Rubel, an die 45 Cent. In Deutschland habe ich 2,30 Euro bezahlt! *Mit dem Minibus* (на маршрутном такси) können Sie nur um die Ecke oder *vom Flughafen bis zur Admiralität* (от аэропорта до Адмиралтейства) fahren – es kostet immer nur 18 Rubel. Nur in Moskau ist es etwas teurer: von Domodjedowo ins Zentrum – 40 bis 50 Rubel. Aber trotzdem sehr preiswert! Auch in den Altbauten *ist die Miete noch sehr niedrig* (квартплата пока еще очень низкая). Aber sobald sie die Häuser modernisieren ... In einer Zeitschrift habe ich diese *Anzeige* (объявление, аннонс) gefunden: *Ein Grundstück* – коттедж, wieder so ein englisches Wort. Es soll 2 500 Dollar im Monat kosten!

---

43 Von September 1941 bis Januar 1944 hat die deutsche Wehrmacht die Stadt Leningrad belagert und über lange Zeit jeglichen Nachschub an Lebensmitteln und Waffen abgeschnitten. Trotzdem gelang es nicht, die Stadt einzunehmen. Bis heute ist die genaue Zahl der *während der Leningrader Blockade* (во время блокады Ленинграда) durch Feindeinwirkung oder vor Hunger und Kälte umgekommenen Menschen nicht genau bekannt, aber es sind wohl ungefähr eine Million.

Коттедж
Красный кирпич, 220 кв. м, 3 уровня, магистральный газ.
Цоколь: сауна.
1 эт.: Каминный зал 30 м, кухня 30 м, со встроенной бытовой техникой, с/у, балкон, гараж.
2 эт.: камин, 2 спальни по 15 м, с/у, зимний сад 15 м, балкон 30 м, кладовка.
Меблирован, посуда, бельё. Участок ухожен, 21 сотка, барбекю, гостевой домик с газом. Удобный подъезд.
Аренда длительный срок, цена 2500 $/мес., торг.

Ничего! (*Nicht schlecht!*) Ich frage Oma, ob sie noch etwas im Sparstrumpf hat ...

Nein, im Ernst. Verstehen Sie die Anzeige? Ich übersetze nur das Nötigste: кирпич (*Ziegel*), кв. м (... квадратных метров – *Quadratmeter*, interessanterweise wird die Maßeinheit im Folgenden nur mit м, also Meter, ausgedrückt, obwohl Quadratmeter gemeint sind), 3 уровня (*3 Geschosse*), магистральный газ (*Stadtgas*), цоколь (eigentlich *Sockel*, hier aber *Kellergeschoss*), эт. (этаж; nicht vergessen, первый этаж ist das ebenerdige *erste Geschoss,* in großen Mehrfamilienhäusern sagen wir auch *Erdgeschoss* dazu), со встроенной бытовой техникой (*mit eingebauter Haushaltstechnik*), с/у (санитарный узел – *die Sanitär- oder Nasszelle*), зимний сад (*der Wintergarten*), кладовка (*Vorratskammer*), участок ухожен (*das Grundstück ist gepflegt*), барбекю (*Barbecue*, ein gemauerter *Grillofen*; auch in russischen Werbetexten finden Sie die Abkürzung BBQ), гостевой домик с газом (*ein Gästehaus mit Gasanschluss*), удобный подъезд (*bequeme Anfahrt*), аренда длительный срок (*Miete bei Langzeitvertrag*), торг. (die Abkürzung bezieht sich auf das Verb торговать – *handeln*, meint also, dass der Preis *verhandelbar* ist). Lesen Sie die Anzeige nun noch einmal! Jetzt werden Sie alles verstehen.

Chic sehen diese Häuschen aus, aber wer kann sie sich leisten?[44] Rentner jedenfalls nicht. Sehen Sie, in der Überschrift der Zeitung von heute[45] steht es:

Как можно прожить на 3 тысячи рублей в месяц?

(*Wie kann man von dreitausend Rubeln im Monat leben?*)

Wissen Sie, wie teuer eine Wohnung bei uns ist? In der Innenstadt von Sankt Petersburg können sich nur Wohlsituierte eine leisten. Vor ein paar Wochen bin ich mit einem jungen Arzt ins Gespräch gekommen. Wie sich herausstellte, war er vor zehn Jahren aus Ägypten eingewandert und immer noch auf Suche nach einer erschwinglichen Unterkunft. "Квартира стоит 900 долларов!" (*"Eine Wohnung kostet 900 Dollar!"*) klagte er, meinte aber eine Komfortwohnung. Da er seinen Worten nach в государственной больнице (*in einem staatlichen Krankenhaus*) arbeitete, wo die Ärzte zwischen 10 000 und 15 000 Rubel (280 bis 420 Euro) im Monat verdienen, befürchte ich, er ist immer noch auf Suche. Richtig verdienen kann man nur *in einer Privatklinik* (в частной клинике), wie er selbst richtig erkannt hatte.

Und hinzu kommt, dass viele Haushaltsgeräte, die ja jeder braucht und die das Leben erleichtern, oder auch die Computer genauso viel kosten wie bei Ihnen in Deutschland. Das ноутбук (*Laptop*) Samsung R 20, das mein Mann für die Arbeit braucht, hat 19 900 Rubel gekostet!

Dabei tut Wladimir Wladimirowitsch[46] so viel für das einfache Volk. Als der Präsident vor der Wahl gefragt wurde, was denn eigentlich sein Ziel sei, hat er wörtlich geantwortet: "всегда хочется

44 Nach einer Umfrage von Comcon Media, einem in Russland ansässigen Marktforschungsinstitut, besaßen im Jahr 2003 lediglich drei Prozent der Moskauer eine Eigentumswohnung bzw. ein eigenes Haus. 15 Prozent der Moskauer zählten zum Mittelstand mit einem Familieneinkommen nicht unter 1000 Dollar für einen Drei-Personen-Haushalt. Ebenso viele (15%) galten in Moskau und 23,4% landesweit als arm.

45 Аргументы и факты – Петербург (*Argumente und Fakten – Petersburg*), Nr. 36, 2007, S. 22. Auch das im Text folgende Zitat ist diesem Artikel entnommen.

46 Das angeführte Zitat hat der Autor während einer im Fernsehen übertragenen Pressekonferenz für russische und ausländische Journalisten mitgeschrieben. Mit "Wladimir Wladimirowitsch" ist hier natürlich Präsident Putin gemeint. In der höflichen Umgangssprache wird der Präsident (wie andere erwachsene Personen auch) mit dem Vor- und Vatersnamen bezeichnet und auch so angesprochen. Господин Путин (*Herr Putin*) entspricht dagegen der formellen Etikette und wird zum Beispiel von den ausländischen Journalisten gebraucht. (Weitere Ausführungen zur Anrede von Personen finden Sie im "Sechsten Halt" sowie im Buch "Von Metros, McDonald's und einer Kuh im Propeller".)

лучшего" (из стенограммы пресс-конференции) – *"man will immer, dass es besser wird"* (*aus der Mitschrift einer Pressekonferenz* im Moskauer Kreml). Die Wahlen waren für Dezember 2007 angesetzt. Если честно, тема выборов меня не очень интересует. (*Ehrlich gesagt, das Thema "Wahl" interessiert mich nicht sehr.*) Вы наверно подумаете, что я безответственная. (*Sie denken sicher, ich bin verantwortungslos.*) Aber ich habe einfach so viel zu tun. Außerdem, я особенно не разбираюсь во всем множестве партий, которые сейчас появились. Голосовать, наверное, буду за Единую Россию Путина. (*..., ich kenne mich in der ganzen Vielzahl der Parteien nicht besonders aus. Wahrscheinlich werde ich die Einheitspartei Putins wählen.*)[47] Schritt für Schritt wird es wirklich besser.[48] Die Regierung hat jetzt ein neues Rentengesetz verabschiedet. Die трудовая пенсия по старости[49] wird aufgestockt.

> Размер базовой части трудовой пенсии по старости устанавливается в сумме 1260 рублей в месяц.

Wohlgemerkt, das ist die *Grundrente* (базовая часть трудовой пенсии). Mehr muss ich nicht übersetzen, oder? Da bekommt Großmutter ja mehr! Страшно! (*Fürchterlich!*) Nur für bestimmte Personengruppen wird es mehr geben: für Invaliden dritten Grades und für Personen, die älter als 80 sind, beträgt die Grundrente 2 520 Rubel und so weiter. Sie haben geschrieben: *Das föderale Gesetz tritt mit dem 1. Oktober 2007 in Kraft* (федеральный закон вступает в силу с 1 октября 2007 года).[50] Ob die *Rentner* (пенсионеры) viel davon haben werden? Вряд ли. За 500 рубликов у нас с трудом можно заказать онлайн семейную пиццу "Капричоза"! (*Wohl kaum. Für*

47 Diese Haltung ist charakteristisch für die Repräsentanten der russischen Mittelschicht. Sie sind ehrgeizig, gebildet und erfolgreich, profitieren vom Aufschwung, sind nicht besonders an politischen Vorgängen und Parteien interessiert und wählen die Partei, unter deren Herrschaft sie ungestört weiter ihren Wohlstand vermehren zu können glauben.

48 Die wirtschaftliche Stabilisierung des Landes seit 2000 ist unübersehbar: "Das Bruttoinlandsprodukt wuchs (2006 – d. Verf.) um 7,4 Prozent. Die Zahlen davor lauten: 2003 – 7,3; 2004 – 7,2; 2005 – 7,0." (zitiert nach Gabriele Krone-Schmalz: Was passiert in Russland.)

49 Dieser terminus technicus entspricht in Deutschland ungefähr der Leibrente aus gesetzlichen Rentenversicherungen.

50 Alle Angaben nach: Российская газета (Russländische Zeitung), 26. September 2007, S. 17.

500 Rubelchen kann man sich bei uns gerade einmal eine große Pizza "Kapriziös" online bestellen!)

Und wenn ich mich schon einmal aufrege, dann will ich gleich noch etwas loswerden.

In Moskau, Pieter[51] oder unseren anderen Millionenstädten sehen Sie nicht selten diese überlangen Autos fahren. Hochzeitspaare fahren zu gern in einer superlangen Limousine am Standesamt vor oder zu einem der beliebten Fotomotive. In Pieter lassen sie sich *am Platz der Börse* (у Биржевой площади) oder *bei den* berühmten *Sphingen* (у сфинксов) an der Ägyptischen Brücke fotografieren. Ich freue mich ja, wenn junge Leute heiraten. *Kolja und ich* (мы с Колей) haben es nie bereut! Aber muss es unbedingt in solch einem суперкар sein? *Supercar* – ich glaube nicht einmal, dass das ein richtiges englisches Substantiv ist, geschweige, ein russisches. Was das kostet! Sie kaufen das Fahrzeug nicht, aber trotzdem ... Честно говоря (*ehrlich gesagt*), mein Kolja wollte für unsere Hochzeit anfangs auch so einen weißen Форд Экскершен (*Ford Excursion*) für zwanzig Personen mieten: 3 TV, видео, CD, аудио-стерео система, эффект дискотеки, два минибара, кондиционер, холодильник, перегородка между водителем и салоном, зеркальный потолок, звездное небо, пять диванов *(3 Fernseher, Videoanlage, CD-Player, Stereoakustik, Diskoeffekt, 2 Minibars, Klimaanlage, Kühlschrank, Sprechanlage zwischen Fahrer und Salon, eine Spiegeldecke, ein Sternenhimmel, fünf Sitzgruppen)*. Zum Schwärmen! Aber sie wollten am Sonnabend 2 500 Rubel pro Stunde! Und fünf oder sechs Stunden brauchst du das Auto mindestens. Ich habe ihn überredet, es lieber zu lassen. Das Gehalt einer Lehrerin liegt in vielen Regionen zwischen 6 000 und 10 000 Rubel, das sind etwa 170 bis 280 Euro. Der Wagen hätte also mehr als ein Monatsgehalt von mir gekostet! Nur in Moskau verdienen sie besser. Средняя зарплата учителя в столице *(das durchschnittliche Gehalt eines Lehrers in der Hauptstadt)* soll immerhin 21 000 Rubel (fast 600 Euro) betragen!

---

51 Manche Menschen nennen die Stadt weiterhin Leningrad. Auch einige Betriebe und Institute führen den Namen von Wladimir Iljitsch Lenin in ihren Bezeichnungen. Im Volksmund heißt die Stadt aber seit ihrer Gründung Питер (*Pieter*).

Vor dem Standesamt – Перед зданием ЗАГСа

Von Alla Pugatschowa[52] habe ich gelesen, dass sie einen *Rolls-Royce* (Роллс-Ройс) fährt, Kosten: *mehr als 300 000 Euro* (более трехсот тысяч евро). Lesen Sie selbst, was sich unsere Neureichen leisten können!

> [...] с 2003 по 2006 год в нашу страну официально завозилось 560 автомашин Bentley (475 тыс. евро), 84 Ferrari (307 тыс. евро), 155 Maserati (166,3 тыс. евро) и 14 Lamborghini (400 тыс. евро).

Das sind die offiziellen Zahlen, deshalb lautet die Formulierung hier: официально завозилось – *wurden offiziell eingeführt*. Weiter heißt es im Zeitungsartikel (s. die nächste Zitatbox), dass jedoch keine geringere Zahl von superteuren Autos die Grenze Russlands "schwarz" passiert hat.[53]

> Однако не меньшее количество супердорогих авто пересекло границу России "серым" способом.

Haben Sie es bemerkt? Die Wendung серым способом (wörtlich: *auf graue Weise*) habe ich übersetzt mit *schwarz*, ich hätte auch *illegal* sa-

52 *Alla Borisowna Pugatschowa, geb. 1949* (Алла Борисовна Пугачева, р. 1949), erste und größte Ikone der russischen Popkultur, Karrierehöhepunkt in den 70er und 80er Jahren, arbeitete unter anderem mit ABBA und Udo Lindenberg zusammen.

53 Angaben nach dem Artikel "Миллионы на колесах" (*"Millionen auf Rädern"*), in: Аргументы и факты – Международное издание (*Argumente und Fakten – Internationale Ausgabe*), September 2007, S. 32.

gen können. Da es im Russischen die Wortbildung *Schwarzmarkt* gibt (черный рынок; mit dem gleichen Farbbezug wie im Deutschen), wird in dieser Wendung durch den Gebrauch von серый (*grau*) die Ungesetzlichkeit ein ganz klein wenig verbal kaschiert. Dieser feine stilistische Gebrauch des Farbadjektivs ist nicht jedem Russen geläufig. Серым способом bedeutet etwa so viel wie *halblegal*. Die Metamorphose des Farbadjektivs zu den unterschiedlichsten Bedeutungsnuancen wird auch in diesen Beispielen deutlich: серая погода (*trübes, regnerisches Wetter*), серый человек (*unkultivierter, unintelligenter Mensch*). Wir besitzen auch in beiden Sprachen die Metapher: серая жизнь (*grauer Alltag*).

Egal, ob die Autos nun legal, halblegal oder ganz illegal ins Land kommen – ich mit meinem geringen Lehrergehalt kann mir nicht einmal einen Фольксваген (*Volkswagen)* leisten. Schul- und Hochschullehrer gehören in unserem Land zu den Geringverdienern. Da beneide ich meinen Kollegen Jurgen aus Deutschland um seinen *Volvo* (Вольво). Überhaupt ist er sehr nett. Er sieht gut aus, hat ein Haus, ein schnelles Auto, ist höflich und zuvorkommend (gestern hat er mir doch die Tür aufgehalten!), er trinkt meist nicht so viel ...

Извините, я забалтываюсь. (*Entschuldigen Sie, ich verplaudere mich.)* Bis zu unserem nächsten Halt, liebe Reisende. Ich darf die Metro nicht verpassen. Jeden Abend das Gleiche: Reindrängeln in den Wagen, dann die vertraute sonore Stimme vom Band: "Осторожно! Двери закрываются." (*"Vorsicht! Die Türen schließen."*) und schon bin ich fast zu Hause bei Kolja. Пока! (*Bis bald!*)

Kapitel 4 – Четвертая глава

Fakten, Fragen, Formen – Факты, вопросы, формы

In diesem Kapitel bleiben wir noch eine Weile beim Thema "Sekten" in Russland. Ein Beitrag in der populärwissenschaftlichen Zeitschrift "Наука и жизнь" (*"Wissenschaft und Leben"*)[54] beschreibt 17 Merkmale, anhand derer man totalitäre Sekten erkennen kann. Diese möchte ich Ihnen vorstellen. Selbstverständlich werde ich wieder Fragen zur russischen Sprache daraus ableiten sowie Formen, Normen und Regeln erläutern.

Wenn Ihnen jemand die Vorteile der Zugehörigkeit zu einer Gruppe, Gemeinschaft oder Sekte schmackhaft machen möchte, dann wird man Ihnen viel versprechen, zum Beispiel:

1. В группе вы найдете именно то, что до сих пор напрасно искали. Она знает абсолютно точно, чего вам не хватает.

(*In der Gruppe finden Sie genau das, was Sie bisher vergebens gesucht haben. Sie weiß ganz genau, was Ihnen fehlt.*) Bei derartigen Versprechungen werde ich doch rasch hellhörig!

Kommen wir zur Sprache: In der Beschreibung oben werden vier Verben verwendet. Die Verben найти (*finden)*, искать (*suchen*) und знать (*wissen, kennen*) verlangen den Akkusativ. Die Wendungen вы найдете именно то (*Sie finden genau das*), что напрасно искали (*was Sie bisher vergebens gesucht haben*) und она знает (*sie weiß*) verhalten sich in unserem Satz syntaktisch ebenso wie im Deutschen, nach ihnen steht ein Substantiv oder Pronomen im 4. Fall oder könnte zumindest da stehen: Она знает то, чего вам не хватает.

Das vierte Verb хватать in der Bedeutung *ausreichen, genügen* dagegen verlangt oder, wie der Sprachlehrer sagt, regiert den Genitiv: *Ich habe nicht genügend Bücher.* – У меня не хватает книг.; *Das Geld reicht noch.* – Денег пока хватает. Auch im übertragenen Sinn kann dieses Verb gebraucht werden: его не хватает на это дело (auf

54 "Наука и жизнь", 6/2006, стр. 46 и след. (*S. 46 ff.*)

Deutsch ungefähr: *er ist unfähig, das zu tun*). Während in diesen Bedeutungen хватать nur in diesem unvollendeten Aspekt verwendet werden kann, hat es in seiner konkreten Bedeutung *greifen, ergreifen* (mit dem Akkusativ) auch die Form des vollendeten Aspekts схватить: Собака схватила кость. (*Der Hund schnappte sich den Knochen.*)

Im zweiten Punkt geht es darum, dass eine Sekte Ihnen meist schon bei der ersten Begegnung klarmacht, dass Sie eigentlich eine ganz falsche Weltsicht haben. Auf dieses Merkmal wollen wir hier allerdings nicht näher eingehen und nehmen uns deshalb gleich den nächsten Punkt vor.

> 2. Трудно составить точную характеристику группы. [...] Ваши новые друзья говорят: "Это невозможно объяснить, вы должны пережить это – пойдемте сейчас с нами в наш Центр."

Der erste Satz lautet: *Es ist schwierig, eine exakte Charakteristik der Gruppe auszumachen.*

In unserer Begegnung waren wir es, die die Inititive ergriffen hatten. Unsere "Bekannte" aus dem Rhythmologiekurs hätte aber auch eines von jenen Sektenmitgliedern gewesen sein können, die Passanten ansprechen, ihnen "kostenlos" ein Buch mitgeben möchten und sie am liebsten gleich in die *Zentrale* (центр) der Sekte einladen wollen.

Hätten wir ihr unsere "Probleme" anvertraut, dann wäre ihre Antwort auf unsere neugierigen Fragen möglicherweise wirklich – wie im Punkt 3 – gewesen: *"Das kann man nicht erklären, Sie müssen da durch – kommen Sie doch gleich mit in unser Zentrum."* Das in unserem Satz und auf Propagandaplakaten stets groß geschriebene Wort Центр suggeriert zwar einen offiziellen Status und institutionelle Größe, das muss aber nicht wirklich so sein. Sprachlich in sich haben es dagegen folgende Passagen.

Die Aufforderung вы должны пережить это (etwa: *da müssen Sie durch* oder *das müssen Sie durchstehen*) bedient sich einer der russischen Vokabeln und Wendungen mit der Bedeutung *müssen*. Das Wort должны ist abgeleitet von dem Substantiv долг, was *Schuld* bedeutet. Sie schulden also angeblich sich selbst oder Ihrem Gegenüber etwas. Eine raffinierte Formulierung zur Erzeugung von Schuldgefühlen.

Das Modalverb *müssen* wird im Russischen auf vielfältige Weise ausgedrückt. Eine davon ist der Gebrauch des Infinitivs des Verbs. Sie haben oben schon die Warnung in der Straßenbahn gelesen; dort wurde ebenfalls der Infinitiv verwendet.[55]

Bereits in den ersten Lernjahren werden die Vokabeln надо und нужно vermittelt. Das hat seinen Grund. Denn die beiden werden häufig gebraucht und sind relativ neutral. Sie bedeuten ganz allgemein *müssen*. Wenn Sie eine Party verlassen wollen, sagen Sie: "Мне надо пойти." (*"Ich muss gehen."*). Falls Sie unterstreichen wollen, dass dies eine Frage der Zeit ist, dann können Sie надо auch ersetzen durch пора: "Мне пора идти." (*"Es wird Zeit, dass ich gehe."*)

Ein stärkerer äußerer Zwang wird in der russischen Sprache durch das Wort необходимо deutlich gemacht. Warum das so ist, erklärt das Wort selbst. Eigentlich bedeutet необходимо nämlich *unumgänglich*. Die Verneinung не meint, dass Sie um etwas *nicht* herumkommen, es nicht *umgehen* (обходить/обойти) können.

Noch zwei weitere Beispiele: Вам надо срочно прийти на завод. (*Sie müssen dringend in den Betrieb kommen.*) Нам необходимо немедленно вызвать врача. (*Wir müssen unverzüglich den Arzt rufen.*) Die Formen des so genannten gemeinsamen Imperativs "Пошли! Поехали! Пойдемте!" (mit dem Sie jemanden zum gemeinsamen Handeln auffordern) haben Sie ja bereits kennen gelernt. Sie kommen dieser Bedeutung ziemlich nahe und können je nach der Situation auch mit dem Verb *müssen* ins Deutsche übersetzt werden, z. B. "Пойдемте!" – *"Wir müssen jetzt aber gehen!"* Eine andere Bezeichnung für diese Art der Befehlsform ist "Imperativ der 3. Person".

---

55 Den Infinitiv mit imperativer Bedeutung finden Sie natürlich im militärischen und paramilitärischen Bereich. Aber er erscheint auch sonst als nachdrückliche Aufforderung im Straßenbild, wenn zum Beispiel *Parken nicht erlaubt* ist: Машины не ставить! *In einem Linientaxi* (в маршрутном такси) hing dieses mit dem PC ausgedruckte Plakat: Водителя руками не трогать! (*Der Fahrer darf nicht mit den Händen berührt werden!*) Das Verbot ist durchaus berechtigt, weil es in diesen Minibussen recht ungezwungen zugeht. Man reicht dem Fahrer das Geld auch während der Fahrt nach vorn. Da ist ein Klaps auf die Schulter oder ein Zupfen am Ärmel des Fahrers nichts Ungewöhnliches.

4. У группы есть учитель, медиум, вождь или гуру. Только он знает всю истину.

Der Inhalt dieses Merkmals wird Ihnen sicher schnell verständlich: Jede totalitäre Gruppierung braucht *einen Lehrer, ein Medium, einen Führer oder einen Guru*. Der erste Satz ist nebenbei gesagt ein Beispiel dafür, wie im Russischen das Verb *haben* ausgedrückt wird, nämlich mit der Präposition у, gefolgt von einem Substantiv oder Pronomen im Genitiv und häufig, aber nicht immer, der Kopula есть. So heißt beispielsweise *ich habe eine Freundin* auf Russisch у меня подруга oder auch у меня есть подруга. Im zweiten Satz wird die Aussage durch das есть besonders betont, so als ob jemand es anzweifelt und ich es ausdrücklich bejahe. Sowohl есть als auch суть (*sind*, dritte Person Plural) sind Reste der ehemals existierenden Konjugation des Verbs быть. Während есть (*ist, sind*) noch relativ häufig verwendet wird, bleibt суть (*sind*; dieses Wort steht ausschließlich für den Plural) der sehr gehobenen Schriftsprache und älteren russischen Dokumenten vorbehalten. Übrigens leben die Konjugationsformen von *sein* in anderen slawischen Sprachen noch munter fort und sind aus ihnen nicht weg zu denken, zum Beispiel poln. jestem, jesteś, s^{1}, (*bin, bist, sind*) usw. sowie tschech. jsem, jsi, jsou (*bin, bist, sind*) und weitere Formen.

Die Verneinung, vor allem die doppelte, ist eine kleine Sprachklippe für Anfänger in der russischen Sprache. Sicher wissen Sie, dass nach нет, не было und не будет der Genitiv des Substantivs oder Pronomens folgt:

У меня нет CD-плеера.[56] – *Ich habe keinen CD-Player.*
У моих знакомых не было никаких книг! – *Meine Bekannten hatten überhaupt keine Bücher!*
Его завтра не будет в фирме. – *Er wird morgen nicht in der Firma sein.*

56 Wortbildungen und Wendungen, die sich aus lateinischen und russischen Wörtern bzw. Schriftzeichen zusammensetzen, sind mit dem Eindringen einer Vielzahl englischer Begriffe in die russische Sprache häufig geworden: DVD-фильм (DVD-Film; die Abkürzung wird manchmal auch klein geschrieben, aber immer [dɛwɛ'd] gesprochen), Кофе-брейк (der Name eines kleinen Cafés in Sankt Petersburg), тест-драйв BMW (*ein BMW-Testfahrzeug*), ноутбук Samsung (*ein Laptop von Samsung*). Auch nur kyrillisch geschriebene Verbindungen von Fremdwort und russischem Wort sind oft zu finden: бизнес-планы (*Geschäftsvorhaben*), копи-центр (*Copyshop*), кофе-хаус (*ein Café*) u.a.

Auch den zweiten Satz von Punkt 4 möchte ich kommentieren. Er beginnt mit den Worten *nur er*, auf Russisch только он. Interessant daran ist die Stellung des Wortes только. Dieses Adverb kann wie in anderen Sprachen vor nahezu jedem Wort in einem Satz stehen, zumindest vor jedem Satzglied. Hier ein Beispiel dafür, wie variabel die syntaktische Stellung von только ist.

Только он ходил с Таней.
Он только ходил с Таней.
Он ходил только с Таней.

Die feinen Unterschiede sind Ihnen bewusst? Im ersten Satz ist er der einzig Glückliche, der mit ihr gehen darf. Im zweiten hat er (leider) nichts mehr getan als *nur mit ihr zu gehen*, während im dritten Satz Tanja seine einzige Freundin war.

Только он знает всю истину. Dieser Satz birgt auch einen lexikalischen Schatz. Es ist das schöne, alte Wort истина (*Wahrheit*). Sie kennen schon правда (*das Rechte, Wahre, Gerade = die Wahrheit*) mit der gleichen Bedeutung. Das Wort истина hat im Laufe der Jahrhunderte jedoch eine Bedeutungseinengung erfahren und wird heute in der russischen Sprache vorwiegend dann verwendet, wenn es um höhere Werte geht.

5. Учение группы считается единственно настоящим, вечно истинным знанием.

Jede Sekte hält ihre Lehre für die einzig wahre und ewig gültige. Das erste und das letzte Wort in diesem Satz (учение und знание) sind substantivierte Verben. Aus einem Verb wird durch Anhängen einer substantivischen Endung ein so genanntes Verbalsubstantiv. Auch die deutsche Sprache besitzt substantivierte Verben und Verbalsubstantive: aus *kennen* werden *das Kennen* oder *die Kennung*, aus *üben* wird *das Üben* oder *die Übung*.

Die russische Morphologie verfügt ebenfalls über mehrere Möglichkeiten, aus Verben Substantive zu machen. Die produktivste Bildungsweise ist das Ersetzen der Verbendung durch -ие, häufig verbunden mit der Einfügung eines Wortbildungssuffixes, zum Beispiel -ние oder -тие, wie in unseren Beispielwörtern учение und открытие.

знать – знание	*wissen – das Wissen*
рисовать – рисование	*zeichnen – die Zeichnung*
читать – чтение	*lesen – das Lesen, die Lektüre*
повторять – повторение	*wiederholen – die Wiederholung*
объять – объятие	*umarmen – Umarmung*

Das Verb считаться aus unserem Satz wird im Wörterbuch übersetzt mit (*miteinander*) *abrechnen; streiten; gelten* (*als* oder *für*), *gehalten werden* (*für*). In speziellen Kontexten kann es noch weitere Bedeutungen haben. Etymologisch gesehen kommt es natürlich von dem Ihnen bekannten Tätigkeitswort читать her. *Lesen* und *rechnen* lagen als Tätigkeiten nahe beieinander, sodass dieses Verb beide Bedeutungen entwickelte und weiter entwickelte. Читать kann heißen *lesen*; (*ein Gedicht*) *vortragen;* (laut) *vorlesen*; *eine Vorlesung halten* u. a. m.

Считать bedeutet (*zusammen-*)*zählen* oder *berechnen* und hat im übertragenen Sinne die oben genannten Bedeutungen angenommen. Mit der Wurzel -счит- wird eine ganze Reihe von Wörtern gebildet, darunter viele aus der modernen Computertechnologie: счет (*Zählen, Rechnen; Zählung; Konto*), счетчик (*Zähler*), счисление (*mathematisches Rechnen*), считалка (*Abzählreim*), считка (*Textvergleich, Leseprobe*).

Das Verb считаться ist noch aus einem anderen Grund interessant. Wenn Sie den Satz 5 noch einmal lesen, dann wird Ihnen auffallen, dass in der Wendung считается единственно настоящим die Satzaussage mit dem fünften Fall, dem Instrumental, gebildet wird. Im Deutschen sagen wir: *wird für die einzig wahre gehalten*, d. h. wir verwenden zur Erweiterung des Prädikats durch das Adjektiv *wahr* die Präposition *für* oder auch *als* (*wird angesehen als …*). Im Russischen steht hier der Instrumental. Sie kennen sicher noch mehr solche Verben, die diesen Kasus verlangen.

интересоваться	– Я интересуюсь теннисом. (*Ich interessiere mich für Tennis.*)
заниматься	– Мы занимаемся компьютерной технологией. (*Wir befassen uns mit Computertechnik.*)
увлекаться	– Она увлекается книгами. (*Sie begeistert sich für Bücher.*)

Wenn Sie zum Ausdruck bringen wollen, dass Sie *einen Vorschlag für vollkommen irreal halten*, dann können Sie also zum Beispiel sagen: Я считаю этот проект совсем нереальным. Derselbe Satz kann aber auch ohne den Instrumental und stattdessen mit einem Nebensatz formuliert werden: Я считаю, что этот проект совсем нереальный. Diese Form ist im mündlichen Gebrauch üblicher, beim Schreiben bedient man sich eher der ersten Wendung. Sie klingt formeller, aber stilvoller.

Sicherlich haben Sie erkannt, dass im Satz 5 unser eben besprochenes Substantiv истина erneut auftaucht: вечно истинным знанием (*ewig wahres Wissen*). Das Adjektiv истинный (*wahr, wahrhaftig; echt*) wird wiederum vorwiegend in der gehobenen Sprache verwendet. Wenn jemand ein *wahrhafter Meister* seines Fachs ist, dann wird er als истинный мастер bezeichnet, und wenn die *aufrichtige Ergebenheit* von jemandem geschildert werden soll, dann handelt es sich auf Russisch um истинная преданность.

6. Традиционная наука, рациональное мышление, разум отвергаются, поскольку они негативные, сатанинские, непросвещенные.

Wenn auch bei den Sekten *rationales Denken* (рациональное мышление) und *Vernunft, Verstand* (разум) abgelehnt werden, wir wollen ganz verständig an das Wort разум herangehen. Erkennen Sie, woraus dieses Substantiv besteht? Aus dem Präfix раз- und der Wurzel -ум-. Diese Wurzel kommt Ihnen doch bestimmt bekannt vor: уметь (*können*), умный (*klug*). Es geht in all diesen Wörtern um den Verstand. Daher auch die Bedeutung des Substantivs. Mit Hilfe der Wurzel -ум- werden noch mehrere Wörter und Wendungen gebildet. Vielleicht kommt Ihnen einmal diese sprichwörtliche Redewendung ganz gelegen, aber Vorsicht damit! У него ум за разум заходит. (*Er hat nicht alle Tassen im Schrank.*) Wenn sich etwas von selbst versteht oder Sie selbstredend etwas so und so verstehen, dann benutzen Sie das Füllwort разумеется (*das versteht sich von selbst*). Zum Beispiel könnten Sie sagen wollen: *Selbstverständlich ist er nicht schuldig*. Das hieße dann: Разумеется, он не виноват. Dieses letzte Adjektiv виноват hat seinen Ursprung im Substantiv вина (*die Schuld*). Es ist ein belustigender

Gedanke, dass dieses Wort in enger Beziehung zu dem Wort вино (*Wein*) stehen könnte, denn wer macht sich nach reichlichem Genuss desselben nicht manchmal schuldig ... Aber dieser etymologische Zusammenhang besteht leider nicht. Eher ist ein Zusammenhang von вина mit dem russischen Substantiv война (*Krieg*) und dem litauischen Wort vaina für *Fehler* anzunehmen. Das ergibt eher einen Sinn!

7. Критика со стороны нечленов группы считается доказательством правоты учения секты.

(*Kritik von Nichtmitgliedern wird als Beweis für die Richtigkeit der Lehre der Sekte angesehen.*) Wir wollen diesen Satz Schritt für Schritt durchgehen. Zunächst das Wort критика. Obwohl eigentlich einfach, wird es vom Lerner der russischen Sprache bisweilen mit dem Wort критик verwechselt. Der Grund dafür ist klar, hier liegt eine Interferenz aus der Muttersprache vor. *Kritik* heißt auf Russisch eben nicht критик, sondern критика. Während *der Kritiker* критик heißt. Wenn Sie diesen Zusammenhang einmal verstanden haben, dann erschließen sich Ihnen viele andere Wörter:[57]

физика – физик,
математика – математик,

oder – mit anderen Endungen – auch solche Wortpaare wie

химия – химик,
биология – биолог.

In unserer Übersetzung haben wir formuliert *Kritik durch Nichtmitglieder*. Wörtlich heißt es aber *von Seiten der Nichtmitglieder*, eine oft gebrauchte russische präpositionale Fügung, die jedoch nicht mit dem Plural des Worts "Seite" ausgedrückt wird (wie im Deutschen), sondern mit dessen Singular: со стороны нечленов.

---

57 Interferenzen bzw. Bedeutungsverwechslungen, die durch Endungen verursacht werden, sind auch den Lernern anderer Sprachen bekannt. Wer Englisch gelernt hat, wird sich erinnern, dass dort critic ebenfalls nicht "die Kritik" heißt, sondern *der Kritiker*, während die Bezeichnung für *die Kritik* criticism lautet. Die Ursache dieses Verwirrspiels ist die Herkunft aller dieser Worte aus dem Französischen, wo der Begriff critique sowohl *die Kritik* als auch *den Kritiker* bzw. *die Kritikerin* bezeichnet.

Das Substantiv сторона wird überhaupt vielseitig verwendet. Natürlich ist da zunächst seine konkrete Bedeutung *Seite, Gegend, Land.* Fällt Ihnen die etymologische Verwandtschaft des Worts mit страна in der Bedeutung *Land* auf? Wenn Sie die Partei Ihrer Geschäftspartner ergreifen wollen, dann sagen Sie "Я беру сторону моих партнеров." Oder Sie sagen einfach: "Я на вашей стороне." (*"Ich stehe auf Ihrer Seite."*) Im schriftsprachlichen Russisch benötigen Sie häufiger die Gegenüberstellung: einerseits …, andererseits. Das wird so wiedergegeben: "С одной стороны вы правы, с другой (стороны) ..." (*"Einerseits haben Sie Recht, andererseits ..."*), wobei aus stilistischen Gründen die Wiederholung des Substantivs стороны oft vermieden wird.

Auffällig ist auch die nicht sehr russisch wirkende Wortverbindung нечлены (*Nichtmitglieder*). In der Tat ist diese sehr förmlich klingende Fügung nicht sehr häufig, aber durchaus Teil der russischen Sprache und wert, vom Lerner wahrgenommen zu werden.

Es folgt die bereits oben besprochene Wendung считается доказательством (*wird als Beweis angesehen*). Wie Sie sehen, ist das Verb считаться nicht so selten, noch viel häufiger jedoch sind Wörter wie доказательство, deren Wurzel -каз- dermaßen produktiv ist, dass mehrere Dutzend Wörter daraus entstanden sind. Einige davon sind Ihnen bestimmt bekannt: показать, заказать, приказать (*zeigen, bestellen, befehlen*).

Wissenschaftliche Untersuchungen zeigen, dass Präfigierungen von Verben dieser Wurzel mit до-, за-, по-, с- und у- besonders häufig vorkommen.[58] Möchten Sie vielleicht herausfinden, welche und wie viele Wörter das sind? *Ein Puzzlespiel, das Ihnen helfen wird, Ihren Wortschatz zu erweitern* (игра-головоломка, которая поможет вам расширить ваш словарный запас). Ljuba wird Ihnen beim nächsten Halt zeigen, was sie herausgefunden hat.

Auch das Wort правота im Satz 7 wird Assoziationen bei Ihnen wecken. Es ist offenkundig verwandt mit правый (*recht; gerecht;*

---

58 Ein ausgezeichnetes Nachschlagewerk hierfür ist das umfangreiche *"Wörterbuch der Morpheme der russischen Sprache" von A. I. Kusnezowa und T. F. Jefremowa* (А. И. Кузнецова и Т. Ф. Ефремова: Словарь морфем русского языка). Es enthält ca. 52 000 Wörter, die nach den Wurzelmorphemen und nach den Präfixen alphabetisch sortiert sind, sodass sehr schnell alle (oder besser: sehr viele) Wörter mit der oben besprochenen Wurzel aufgefunden werden können.

wahr) und правда (dem Synonym von истина). Erinnern Sie sich, was oben über правда und истина gesagt wurde?

8. Мир катится к катастрофе, и только группа знает, как можно его спасти.

(*Die Welt bewegt sich auf eine Katastrophe zu, und nur die Gruppe weiß, wie die Welt zu retten ist.*) Sekten beschwören gern eine allgemeine Weltuntergangsstimmung herauf – das verspricht einen Zulauf der Furchtsamen.

Wir besprechen lieber die folgenden Passagen und Wörter:
Мир – *die Welt; der Frieden*. Das Wort bezeichnete ursprünglich die Dorfgemeinde, eine "friedvolle Gemeinschaft", und erfuhr später eine Bedeutungserweiterung. Für die Bedeutung *Welt* hat die russische Sprache außerdem, ebenso wie andere Slawinen, das Wort свет (tsch. svìt, poln. œwi¹t). *"Rund um die Welt"* heißt deshalb "вокруг света"[59] oder "По свету"[60] – haben Sie diese Zeitschrift für Russischlernende schon einmal gelesen? Es lohnt sich!

Das Wort свет wird auch im übertragenen Sinn gebraucht. Wenn Sie etwas im Licht der neuen Aufgaben betrachten wollen, dann formulieren Sie das so: Давайте посмотрим на это в свете новых задач. Sie können auch *Licht auf ein Problem werfen* – бросить свет на проблему.[61]

Schließlich möchte ich Ihnen noch den Infinitiv спасти (*retten*, abgeleitet von пасти; siehe unten) ans Herz legen. Den Infinitiven mit dieser Endung haftet eine Reihe von Besonderheiten an.

---

59 "Вокруг света" war zum Beispiel der Name jenes Journals, das im Jahr 1891 erstmalig ein Werk von Karl May in russischer Sprache abdruckte. Erst 1991, nach 100 Jahren (!), erschien eine zweite russische Ausgabe. Zu Sowjetzeiten "о Мае вообще ничего не было слышно" (*"war von May überhaupt nichts zu hören"*), wie es im Vorwort zu der 2001 beim Terra Buchclub in Moskau aufgelegten zehnbändigen May-Ausgabe heißt.

60 Die Zeitschrift "По свету" für Russischlerner erscheint vier Mal im Jahr. Sie wird vom Oldenbourg Schulbuchverlag herausgegeben und enthält diverse Texte über Russland und die Russen: Beschreibungen, Berichte, Gedichte, Lieder u.a.m. in vier verschiedenen Schwierigkeitsstufen.

61 Diese Redewendung wird in der russischen Sprache allerdings sehr selten gebraucht. Häufiger sagt man освещать/осветить проблему (*ein Problem beleuchten*), mit demselben Substantiv als Wurzel.

Sie, liebe Leserinnen und Leser, kennen sicher einige Wörter mit der Endung -ти: брести (*schlendern, langsam gehen*), везти (*transportieren*), вести (*führen*), идти (*gehen*), нести (*tragen*). (Diese Tätigkeitsworte gehören übrigens durchweg zur Gruppe der so genannten Verben der Bewegung. Ljuba wird zur Wiederholung eine kleine Übung mit Ihnen dazu durchführen, einverstanden?)

Wie kommt es, dass in den obigen Wörtern das Weichheitszeichen, das wir doch von fast allen Infinitivformen kennen, verschwunden ist? Die Antwort lautet: Es ist gar nicht verschwunden. Vielmehr ist der altrussische Laut [ь], der früher noch gesprochen wurde und die Qualität etwa eines kurzen [i] hatte, in diesen Wörtern betont gewesen. Wenn er nicht betont war, dann schwächte sich seine Aussprache so sehr ab, dass er eines Tages kaum mehr zu hören war und nur deshalb noch geschrieben wurde, damit er die weiche Aussprache des vorangehenden Konsonanten -ть anzeigen konnte. Wenn allerdings die Betonung auf gerade diesem Laut [ь] lag, dann wurde er zu einem deutlich hörbaren [i]. Dies war allerdings nicht in allzu vielen Wörtern der Fall.

Noch einige wenige zu den oben aufgeführten hinzugenommen, erschöpft sich schon die Anzahl der unpräfigierten alten russischen Verben mit der hier erörterten Endung: блюсти (*behüten, beschützen*), грести (*rudern*), мести (*kehren, fegen*), пасти (*weiden, hüten*), плести (*flechten*), ползти (*kriechen*), расти (*wachsen*), трясти (*verschütten, ausstäuben, schütteln, rütteln*), цвести (*blühen*). Doch gerade sie, zumindest die Mehrzahl von ihnen, zählen zu den produktivsten Verben mit einer Vielzahl von Verb-, Substantiv- und Adjektivbildungen. Deshalb sollte der Lerner ihnen besondere Beachtung schenken.

Nehmen wir nur die verschiedenen präfigierten und die reflexiven Verben (auf -ся) hinzu, dann kommen wir bereits auf weit über zweihundert Wörter![62]

---

62 Das "Rückläufige Wörterbuch der russischen Sprache der Gegenwart" von Hans-Holm Bielfeldt ist mehr als 50 Jahre alt und enthält ca. 80 000 Lexeme. Das rückläufige Online-Lexikon http://antonoff.ru/areverse.txt umfasst nahezu 100 000 Wörter, darunter allein mehr als 7500 reflexive Verben! Rückläufige Wörterbücher sind nicht nur für Kreuzworträtselliebhaber nützlich, sondern vor allem für den systematischen Lerner und den Wissenschaftler, weil in ihnen beispielsweise auch grammatische Erscheinungen mit einer bestimmten Endung in der Zusammenschau erfasst, untersucht oder gelernt werden können.

Die Verben mit dem Infinitiv auf -ти haben eine kleine morphologische Eigenheit. Vergleichen Sie die folgenden Beispiele mit der Konjugation von читать!

идти	везти	спасти
я иду	я везу	я спасу
ты идешь	ты везешь	ты спасешь
он, она, оно идет	он, она, оно везет	он, она, оно спасет
мы идем	мы везем	мы спасем
вы идете	вы везете	вы спасете
они идут	они везут	они спасут

Der Konjugationstyp von читать und diesen Verben ist offenbar nahezu identisch. Zwei Unterschiede werden Sie feststellen. Einerseits sind alle unsere Verben auf -ти endbetont. Dieses Betonungsmuster bleibt durchgängig erhalten, weshalb die Endungen -ешь, -ет, -ем, -ете ausgesprochen werden wie -ёшь, -ёт, -ём, -ёте, also durchgängig mit dem Laut [jo]. Andererseits gilt, dass der Stamm von читать auf den Vokal -а- auslautet, weshalb die Endung der dritten Person Plural -ют lauten muss. Demgegenüber ist der letzte Laut im Stamm der Infinitive auf -ти immer ein harter Konsonant (-с-, -з- oder -д-), an den sich die Endung -ут anschließen muss, wie bei den übrigen Verben mit einem Konsonanten im Stammauslaut: могут (*können*).

Wie wäre es mit einer kleinen Übung zu diesem Thema mit Ihrer charmanten Reisebegleiterin? Ljuba wird Ihnen zum anschließenden Halt alles Nötige mitbringen.

Bevor wir zum nächsten Punkt kommen, lassen Sie mich Ihnen zur Abwechslung etwas von anderen "Überirdischen" erzählen!

Glauben Sie an Engel? In Sankt Petersburg können Sie sie treffen. Vor dem Kaufhaus "Гостиный Двор" wurden wir von ihnen angesprochen: "Можем ли вам помочь?" (*"Können wir Ihnen helfen?"*) Da sie in ihren roten Anoraks und weißen Käppis wie Schüler aussahen, die für eine Firma Werbung verteilten, fragten wir, wer sie wären. "Мы ангелы Санкт-Петербурга." (*"Wir sind die Engel von Sankt Petersburg."*) Wir taten ihnen den Gefallen, sie nach dem Haus zu fragen, vor dem wir standen, obwohl wir uns gerade darüber im Baedeker belesen hatten. Der Junge fing an herunterzurasseln, was er alles darüber wusste, immer wieder unterbrochen von dem Mädchen, das alles besser wusste – es war sehr amüsant ihnen zuzuhören. Als wir sie fotografieren wollten, stellten sie sich gleich in Positur, nicht wie jene Verkäuferin auf dem Markt, die auf die Frage: "Вы разрешите сфотографировать вас?" (*"Gestatten Sie, dass ich Sie fotografiere?"*) sich zögerlich zierend antwortete: "Лучше не надо." (*"Lieber nicht."*, wörtlich: *es wäre besser, es muss nicht sein*).

Übrigens waren Кристина и Олег (*Christina und Oleg*) wirklich Studenten und verdienten sich mit 460 Rubeln pro Tag (sechs Arbeitsstunden) ein kleines Zubrot für ... das haben sie uns nicht verraten.

9. Ваша группа – это элита.

In der definitiven Feststellung von Satz 9 fällt auf, dass es kein Verb, kein Bindewort zu der Satzaussage это элита gibt, lediglich die durch den Gedankenstrich ausgedrückte Sprechpause. Diese Art der Satzbildung ist charakteristisch für die russische Sprache. Darin unterscheidet sie sich von ihren slawischen Schwestersprachen. So heißt es auf Bulgarisch[63]: Лилияна е келнерка. (*Liliana ist Kellnerin.*)

Für den Deutsch sprechenden Lerner bedeutet das vereinfacht, dass solche Bindewörter wie *ist* oder *sind* oft überhaupt nicht ins Russische übersetzt werden müssen.

63 Bulgarisch bedient sich ebenso wie Russisch, Ukrainisch, Weißrussisch, Serbisch und Mazedonisch der kyrillischen Buchstaben. Mehr zur Entstehung und Verbreitung der kyrillischen Schriftsprache siehe das erste Kapitel von "Russisch für Besserwisser. Von Metros, McDonald's und einer Kuh im Propeller".

Денис – мой друг.
(Denis ist mein Freund.)
Михайловы – наши друзья.
(Die Michailows sind unsere Freunde.)
Суздаль – один из самых красивых старых городов России.
(Susdal ist eine der schönsten alten Städte Russlands.)

10. Вы должны немедленно стать членом группы.

Das Wort должны in diesem Satz ist Ihnen bekannt. Es gaukelt Ihnen vor, Sie müssten etwas unbedingt tun, es sei ihre Pflicht und Schuldigkeit (hier: *der Gruppe beizutreten*). Es ist jedenfalls ein nützliches Wort, wenn Sie jemandem klarmachen wollen, dass er oder sie eigentlich verpflichtet wären, dies oder jenes zu tun.

Зина, ты должна закончить свою статью для газеты в срок. (*Sina, du musst/solltest endlich deinen Zeitungsartikel fertig schreiben.*) Иностранные бизнесмены в России должны владеть русским языком. (*Ausländische Geschäftsleute in Russland sollten unbedingt die russische Sprache beherrschen.*)

In den Beispielen finden Sie zwei der vier möglichen grammatischen Formen des Worts должен. Je nachdem, welches Geschlecht bzw. welche Zahl das Subjekt des Satzes aufweist, verwenden Sie das maskuline, feminine oder neutrale Genus bzw. den Plural: должен, должна, должно, должны.

11. Группа отграничивает себя от остального мира, например, одеждой, пищей, особым языком, четкой регламентацией.

(*Die Gruppe grenzt sich von der übrigen Welt zum Beispiel durch ihre Kleidung, Nahrung, eine besondere Sprache oder genaue Regeln ab.*) Sie überschreitet damit jene Grenze, die die gesellschaftlichen Normen mit sich bringen. Das Verb отграничивает im Satz 11 enthält etymologisch gesehen die Wurzel "Grenze". Erkennen Sie sie?

Analysieren Sie das Wort morphologisch! Wenn Sie die Präposition от- sowie die Endung -ет und die davorstehende Suffixgruppe -ива- in Gedanken weglassen, dann bleibt -гранич- übrig. Dieses ist relativ leicht zu erkennen als das aus dem Deutschen entlehnte Wort граница (*Grenze*). Da die Präposition от- *weg, ab* bedeutet, heißt das Aspektpaar отграничивать/отграничить – *abgrenzen*. In unserem Beispielsatz zeigt die reflexive Partikel -ся (*sich*) an, dass wir das Prädikat folgendermaßen zu übersetzen haben: *"Die Gruppe grenzt sich ... ab."*

Haben Sie schon einmal bemerkt, dass es sehr spannend sein kann, Übersetzungen mit dem Original zu vergleichen? Zum einen lässt sich dabei vieles lernen. Zum anderen befriedigt diese Tätigkeit, weil man Fehler entdecken kann oder glaubt, man hätte etwas besser übersetzen können. Apropos, erinnern Sie sich, wie man zum einen und zum anderen bzw. einerseits und andererseits übersetzt?[64]

Wenn Sie meine Übersetzung von Satz 11 mit dem Original vergleichen, dann muss Ihnen auffallen, dass im Russischen das Wort например (*zum Beispiel*) in Kommata eingerahmt ist. Das ist es bei uns nicht. Für gutes Russisch gilt jedoch, dass например mitten im Satz immer von Kommata eingeschlossen wird. Auch am Satzanfang folgt dem Wort ein Komma. Nur am Satzende wird es praktisch nie gebraucht. Soweit die Theorie. In der Praxis hält sich freilich nicht jeder russische Muttersprachler an diese Regel.

Und die zweite kleine Abweichung, die Sie zwischen den beiden Texten von Ausgangs- und Zielsprache entdecken können, besteht im Gebrauch der Konjunktion oder zwischen den beiden letzten Gliedern der Aufzählung. Das wäre auch auf Russisch möglich: Группа отграничивает себя от остального мира, например, одеждой, пищей, особым языком или четкой регламентацией. Sie werden aber auch den Unterschied herausspüren, sowohl im Deutschen als auch im Russischen. Verwende ich "*oder*/или", dann kann das eine das andere ausschließen und zum Beispiel nur ein Merkmal zutreffen. Verwende ich keine Konjunktion, ist diese Einschränkung nicht gegeben und sozusagen alles möglich; die Aufzählung könnte beliebig fortgesetzt werden. Ein feiner stilistischer und inhaltlicher Unterschied.

---

64 Als Tipp sei darauf verwiesen, dass diese Wendungen mit dem Substantiv сторона (*Seite*) gebildet werden.

12. Группа желает, чтобы вы разорвали свои "старые" отношения, так как они препятствуют вашему развитию.

(*Die Gruppe will, dass Sie Ihre "alten" Beziehungen abbrechen, weil sie Ihrer Entwicklung im Wege stehen.*) Bei diesem Satz wollen wir uns ein wenig aufhalten. Er beginnt mit einer Konjunktivkonstruktion: Группа желает, чтобы вы разорвали …

Im Deutschen sagen wir: *ich möchte, dass du kommst* und verwenden dabei im Nebensatz das Präsens. Im Russischen folgt nach Verben des Wünschens, Wollens und Verlangens wie желать/пожелать (*wünschen*), просить/попросить (*bitten*) und требовать/потребовать (*verlangen*) der Konjunktiv.

So auch in diesen Sätzen: они требуют, чтобы мы им помогли (*sie verlangen, dass wir ihnen helfen sollen*) oder я хочу, чтобы ты пришла сегодня (*ich will/möchte, dass du heute kommst*). Dieser Typ der Satzkonstruktion ist uns nicht ganz fremd. Den Älteren unter uns ist noch in gutem Deutsch (im Konjunktiv) geläufig: *Ich wünschte, Du kämst heute*. Auch auf Englisch heißt es: *I wish you came today*. In diesem Satz ist *came* ebenfalls eine Konjunktivform.

In den eben angeführten drei russischen Satzbeispielen fallen zwei Dinge auf:

a) dass die Subjekte in Haupt- und Nebensatz unterschiedlich sind (im ersten Satz z. B. я (*ich*) und ты (*du*),
b) dass die Nebensätze jeweils mit чтобы (*dass, damit*) eingeleitet werden.

Bei diesen Sätzen handelt es sich um so genannte Finalsätze, das heißt, es wird etwas zu einem bestimmten Zweck gesagt, gemacht usw. In ihnen folgt auf чтобы der Konjunktiv.

Wenn wir jedoch einen deutschen Satz ins Russische übersetzen wollen, in dem der Nebensatz mit *um zu* (чтобы) eingeleitet wird (ebenfalls ein Finalsatz), dann folgt das Verb danach im Infinitiv. Dies ist aber nur dann der Fall, wenn die Subjekte von Haupt- und Nebensatz identisch sind (in den folgenden Beispielen *ich* bzw. *Lisa*).

Я поехал в Санкт-Петербург, чтобы встретиться с другом.
(*Ich bin nach Sankt Petersburg gefahren, um einen Freund zu treffen.*)
Ich wollte meinen Freund treffen.
Лиза пришла, чтобы поговорить со мной.
(*Lisa war gekommen, um mit mir zu sprechen.*)
Lisa wollte mit mir sprechen.

Auch wenn der Hauptsatz eine Notwendigkeit oder einen Zweifel beschreibt, kann der Konjunktiv erforderlich sein:
Необходимо, чтобы договоры вступили в силу.
(*Die Verträge müssen in Kraft treten.* bzw. *Es ist erforderlich, dass die Verträge in Kraft treten.*)

Der russische Konjunktiv ist, bis auf den oben erwähnten einen Typ des Finalsatzes, aus der Vergangenheitsform des Verbs und der Partikel бы zusammengesetzt und erscheint in allen Genus- und Numerusformen. Dafür weitere Beispiele.
Я этого не сказал бы.
(*Das hätte ich nicht gesagt.*)
Я бы пошла в театр, если бы у меня были билеты.
(*Ich würde ins Theater gehen, wenn ich Karten hätte.*)
Если бы у нас был мешок баксов, мы купили бы себе Альфа Ромео.
(*Wenn wir einen Sack Dollars hätten, würden wir uns einen Alfa Romeo kaufen.*)

Der letzte Beispielsatz enthält das Wort баксы für *Dollar* (bucks). Dazu einige Worte. Das Slangwort баксы ist auf die *lässige Umgangssprache* (просторечие) beschränkt. Eckert und Sternin (s. Literaturverzeichnis) führen für Veränderungen im lexikalisch-phraseologischen System der russischen Sprache die folgenden thematischen Gebiete auf und belegen sie mit einer Vielzahl von Beispielen: Marktwirtschaft, Politik, Massenkultur, Erholung und Technik. Zum Teil werden russische Wörter ersetzt durch kürzere englische, die sich international eingebürgert haben, so (a. a. O., S. 44) спикер (*speaker*) anstatt председатель Верховного совета (*Vorsitzender des Obersten*

Sowjets) oder руководитель палаты парламента (*Vorsitzender der Parlamentskammer*). Wie mir Studenten bestätigten, bedienen sie sich in ihrer alltäglichen Kommunikation anglophoner Elemente vor allem dann, wenn sie durch Medien, Werbung und andere für sie wichtige Lebensbereiche wie Informationstechnologie, Kosmetik oder Gastronomie transportiert werden. Wenn das Бистро (*Bistro*) an der Ecke сэндвичи (*Sandwiches*) verkauft, dann verlangen sie eben ein сэндвич (immerhin für 40 Rubel). Wenn хот-дог (*Hot Dog*) und бизнес-ланч (*Business Lunch*) auf der Speisekarte und im Schaufenster angepriesen werden, dann benutzen sie bei der Bestellung deren englische Bezeichnungen, sonst bekommen sie ja nicht das, was sie wollen! Allerdings scheint im Alltagsgespräch die allzu häufige Verwendung englischer Wörter und Wendungen, wie Muttersprachler bestätigen, in den letzten Jahren wieder zurückzugehen. Diese Beobachtung steht nicht im Widerspruch zur wissenschaftlichen Erkenntnis, dass zu Anfang des 21. Jahrhunderts deutliche "Tendenzen zur Liberalisierung der Sprachnormen, zu einem Verfall der Sprachkultur und zur Jargonisierung der Zeitungssprache"[65] die markantesten Veränderungen in der russischen Sprache darstellen.

Ein typisches Merkmal des russischen Konjunktivs wird in den folgenden Beispielen deutlich: Er drückt kein bestimmtes Tempus aus.
Была бы вчера хорошая погода!
(*Wenn nur gestern schönes Wetter gewesen wäre!*)
Была бы сегодня хорошая погода!
(*Wenn nur heute schönes Wetter wäre!*)
Была бы завтра хорошая погода!
(*Wenn nur morgen schönes Wetter wäre!*)

Die Zeitlosigkeit ist allen Konjunktivformen im Russischen eigen. Während die deutsche Sprache vier Zeitformen des Konjunktivs kennt (*ich ginge, ich würde gehen, ich wäre gegangen, ich würde gegangen sein*), existiert nur ein einziger russischer Ausdruck dafür: я пошел бы (zusammen mit der – eine weitere Eigenheit des Russischen – femininen Form пошла bzw. deren Pluralform пощли).

65 Zitiert nach einem Vortrag von Hellmut Eckert (Martin-Luther-Universität Halle-Wittenberg) am 11. April 2006.

Die Konjunktivpartikel бы wird manchmal auch mit dem Infinitiv gebraucht.
Тебе бы пойти к врачу!
(*ein eindringlicher Rat: Du solltest mal zum Arzt gehen!*)
Поехать бы в Германию!
(ein sehnlicher Wunsch: *Wenn ich nur nach Deutschland fahren könnte!*)

Das letzte Beispiel erinnert mich an ein trauriges Erlebnis in Moskau. Darüber werde ich Ihnen in einem der nächsten Kapitel berichten. Wir wollen erst noch den oben wiedergegebenen zwölften Merksatz zur Bestimmung einer Sekte zu Ende lesen!

Die Übersetzung des Satzes bedient sich im Nebensatz der Konjunktion *weil*. Nun haben Sie bestimmt gelernt, dass dieses Bindewort mit потому что übersetzt wird, wie in den folgenden Beispielen:
Он изучает русский язык, потому что скоро откроет фирму в Москве.
(*Er lernt Russisch, weil er bald eine Firma in Moskau eröffnet.*)
Она сказала это потому, что она любила его.
(*Sie hat das deshalb gesagt, weil sie ihn liebt.*)

Wie der Satz 12 uns zeigt, gibt es noch weitere Sprachmittel, einen kausalen Zusammenhang zu begründen: die Konjunktion так как.
Концерт не состоялся, так как дирижер заболел.
(*Das Konzert fand nicht statt, weil der Dirigent erkrankt ist.*)

Die zweigliedrige Konjunktion так как darf allerdings nicht wie потому, что im zweiten der obigen Sätze durch ein Komma getrennt werden. Dann nähme sie eine andere Bedeutung an:
Мальчик делает это так, как его отец.
(*Der Junge macht das so wie sein Vater.*)

Das wird umso verständlicher, wenn das Wörtchen так (*so*) durch ein Adjektiv oder Adverb erweitert wird: Дочка поет так же красиво, как ее мама. (*Die Tochter singt genauso schön wie ihre Mutter.*)

Die letzte Anmerkung zu Satz 12 gilt dem Verb препятствовать (*verhindern, behindern*), dessen Konjugation einfach ist. Wie alle Verben, die auf -овать (und -евать) enden, weist es geradezu langweilig einfache Konjugationsformen im Präsens wie auch im Futur und Präteritum auf:

препятствовать	
я препятствую	мы препятствуем
ты препятствуешь	вы препятствуете
он, она, оно препятствует	они препятствуют
препятствовал, -ла, -ло, -ли	буду, будешь ... препятствовать

Ein weitaus interessanteres Merkmal des Verbs препятствовать ist die Tatsache, dass nach ihm ... Doch schauen Sie sich den Satz erst noch einmal an: Welcher Fall ist вашему развитию? Richtig! Der Dativ. Das Objekt nach dem Verb препятствовать steht im Dativ.

Hier haben wir einen klaren Unterschied zwischen der russischen und der deutschen Sprache, aber auch im Vergleich mit anderen Sprachen. Es ist häufig so, dass die Verben der verschiedenen Sprachen mit unterschiedlichen Kasus verbunden werden. Lehrbücher, Grammatiken und gute Wörterbücher halten Erläuterungen und ganze Listen von Verben mit vom Deutschen abweichenden Rektionen bereit. Ich möchte Ihnen deshalb nur wenige Beispiele geben.

желать кому чего – Я желаю тебе всего хорошего.
(*jemandem etwas wünschen – Ich wünsche dir alles Gute.*)
мешать кому/чему – Ты мешаешь мне. / Они мешают транспорту.
(*jemanden/etwas stören – Du störst mich. / Sie stören den Verkehr.*)
благодарить кого – Я благодарю вас за подарок.
(*jemandem danken – Ich danke Ihnen für das Geschenk.*)
пользоваться чем – Президент пользуется большим авторитетом.
(*etwas benutzen, genießen – Der Präsident genießt großes Ansehen.*)

Beim Vergleich der deutschen Konstruktionen mit den russischen werden die unterschiedlichen Kasus augenfällig. Wenn man den Gebrauch bzw. Nichtgebrauch von Präpositionen nach Verben noch hinzunimmt, werden weitere Differenzen zwischen den beiden Sprachen sichtbar.

Мы интересуемся Россией.
(*Wir interessieren uns für Russland.*)
Она очень обрадовалась цветам.
(*Sie freute sich sehr über die Blumen.*)

In beiden Beispielen benötigt die deutsche Sprache Präpositionen. Die russische Sprache drückt den jeweiligen Sachverhalt in diesen Sätzen durch den Instrumental bzw. den Dativ aus. In den folgenden Wendungen ist es genau umgekehrt:

играть в шахматы – *Schach spielen*
нуждаться в деньгах – *Geld benötigen*
сознаваться в убийстве – *den Mord gestehen*

So lang die Listen von russischen Verben mit und ohne Präposition auch sein mögen, Sie, liebe Leserin und lieber Leser, kommen einfach nicht darum herum, beim Nachschlagen eines Verbs hinzusehen, ob es eine vom Deutschen abweichende Rektion aufweist oder nicht. Dazu wollte ich Sie hiermit anregen.

13. Ваши сексуальные отношения регламентируются извне. Например, руководство подбирает партнеров, предписывает групповой секс или, наоборот, полное воздержание.

(*Ihre sexuellen Beziehungen werden von anderen reglementiert. Zum Beispiel wählt die Führung die Partner aus, schreibt Gruppensex vor oder umgekehrt die vollständige Enthaltung.*) Uns sollen in dieser Äußerung zwei Wörter beschäftigen. Vielleicht sind Ihre Augen bereits "gestolpert" über das letzte Wort im ersten Satz: извне. Eine interessante Wortbildung! Es wird auf der zweiten Silbe betont. Die erste Silbe из- bedeutet selbstverständlich *aus, von*. Sie kennen sie aus solchen Wendungen wie из Москвы, из Китая (*aus Moskau, von China*). Der zweite Teil -вне existiert auch als selbstständiges russisches Wort, nämlich die Präposition вне mit dem Genitiv, oder als Präfix вне- mit der Bedeutung *außer, außerhalb*. Als Präposition formuliert das Wort konkrete Ortsangaben wie вне города, вне дома, вне очереди (*au-*

ßerhalb der Stadt, außer Haus, außer der Reihe) oder wird in übertragener Bedeutung verwendet: Он был вне себя. (*Er war ganz außer sich.*) Als Präfix вне- tritt es zu Adjektiven, die es näher erläutert, wie in внешкольный (*außerschulisch*) und внебрачный (*außerehelich*).

Die morphologische Geschichte von вне ist damit noch nicht zu Ende. Es bildet als Wurzel auch noch das Adjektiv внешний (*äußerer, Außen-*) und das Adverb внешне (*äußerlich, außen*) und diese erneut solche zusammengesetzten Wörter wie внешнеполитический (*außenpolitisch*) oder внешнеторговый (*Außenhandels-*). Wer im Handel zu tun hat, kennt Внешторг, die Abkürzung für das *Ministerium für Außenhandel in Russland* (Министерство внешней торговли). So viel zum Wörtchen извне und seiner weitläufigen Verwandtschaft.

Dringen wir weiter in das Wörtchen вне ein, werden wir merken, dass es seinerseits aus zwei Teilen besteht: в und не, es bedeutet demnach eigentlich *nicht* (не) *in* (в) und somit tatsächlich *außen, außerhalb*.

Das zweite uns interessierende Wort ist das Substantiv воздержание (*Enthaltung*). An ihm ist auffällig, dass es sich derselben Metapher oder desselben Bilds bedient wie in der deutschen Sprache, nämlich der konkreten Bedeutung des Verbs *halten* – держать.

Eine solche metaphorische Verwandtschaft erleichtert das Lernen dieser Vokabel. Das ist aber durchaus nicht in jeder Sprache so. Neben den vom Lateinischen herkommenden Worten in verschiedenen Sprachen, deren Herkunft sich von abstineo (*ich enthalte mich*; vergleiche "Abstinenz") oder contineo (*ich halte zusammen, ich halte fest*; vergleiche "Kontinenz") ableiten lässt, existiert beispielsweise in der englischen Sprache außer *abstinence* das uns nicht so eingängige Wort chastity, das ebenfalls vom Lateinischen abstammt (castitās) und übrigens ein beliebter Vorname bei den Puritanern in den USA ist. Noch schwerer zu erlernen, weil ohne sichtbare etymologische Querverbindung für uns, sind freilich solche Wörter wie indonesisch *berpantang* (*sich enthalten*) oder isländisch *hófsamur* (*enthaltsam*). Seien wir also froh, dass die Verwandschaft unserer Muttersprache mit der Zielsprache Russisch relativ eng ist!

14. Группа наполняет все ваше время заданиями: продажей книг или газет, вербовкой новых членов, посещением курсов, медитациями [...].

Wer sich auf eine Sekte einlässt, wird nach dem hier beschriebenen Kriterium mit Aufgaben eingedeckt: ... *Bücher- und Zeitungsverkauf, Mitgliederwerbung, Kursbesuche, Meditationen* ... Diese Aufzählung steht in meiner Übersetzung im Nominativ, im russischen Original wird aber durchweg der Instrumental benutzt. Der Grund hierfür ist, dass diese Substantive denselben Kasus haben müssen wie ihr Bezugswort, und das steht nach dem Verb наполнять/наполнить (*füllen, auffüllen*) im fünften Fall: *Sie füllt ihre Zeit mit Aufgaben* (она наполняет свое время заданиями).

Die Häufung der Instrumentalformen in diesem Satz liest sich wie eine Grammatikübung. Da die Deklination der Substantive aller drei Geschlechter im ersten Teil von "Russisch für Besserwisser" ausführlich beschrieben worden ist, beschränke ich mich hier auf die kurze Wiederholung einer nützlichen Regel für die Bildung des Plurals: Bei fast allen Substantiven enden der Dativ, der Instrumental und der Präpositiv auf -ам/-ям, -ами/-ями bzw. -ах/-ях. Ich sage "fast" alle Substantive, weil es einige wenige gibt, die – und auch das nur im 5. Fall – ein wenig davon abweichen, z. B. люди – людьми (Menschen) und дети – детьми (Kinder).

15. Очень сложно остаться одному, кто-то из группы всегда рядом с вами.

(*Es ist sehr schwer sich einmal zurückzuziehen, irgendjemand aus der Gruppe ist immer bei Ihnen.*) Was in einer Partnerbeziehung sicherlich sehr schön ist, kann in einer Sekte sehr lästig werden: Man hat immer jemanden neben sich.

Der Satz enthält einige Lexeme, die der Erörterung würdig sind. Zunächst ist da die Wendung остаться одному. Interessant daran ist die Rektion. Wir sagen *"allein bleiben"*, im Russischen steht das Wort один (ursprünglich das Zahlwort *eins*, aber auch in der Bedeutung *allein* gebraucht) nach dem Verb оставаться/остаться im Dativ. Dieses

Verb ist überhaupt bemerkenswert. Die Grundbedeutung *bleiben* nimmt je nach dem sprachlichen Kontext verschiedene Nuancen an.

Они остались дома. – *Sie blieben zu Hause.*
Мальчик остался сиротой. – *Der Junge blieb als Waise zurück.*
Девочка осталась на второй год. – *Das Mädchen blieb sitzen.*
От обеда остались котлеты. – *Vom Mittagessen sind Bouletten übrig geblieben.*
Ему осталось только согласиться. – *Es blieb ihm nichts anderes übrig als zuzustimmen.*

Der zweite Teil des Satzes beginnt mit dem unbestimmten Fürwort кто-то (*jemand, irgendjemand*). Für den Begriff *jemand* gibt es im Russischen zwei Wörter, die man nicht verwechseln sollte: кто-то und кто-нибудь. Das erste heißt *jemand Bestimmtes*, das zweite – *wer auch immer* (wörtlich: *wer es auch sei*; denn будь ist der Imperativ des Verbs *sein* – быть). Beispielsweise klopft es im Studentenwohnheim an Ihre Tür, eine Kommilitonin schaut herein und ruft Ihnen zu: "Кто-то из твоей группы пришел к тебе." (*"Da ist jemand aus deiner Seminargruppe für dich da."*) Sie wissen damit, dass *jemand* (кто-то) für Sie da ist, Sie kennen nur noch nicht seinen oder ihren Namen.

Das indefinite Pronomen кто-нибудь hingegen bezeichnet eine beliebige, nicht bekannte und möglicherweise auch nicht existente Person. Ein angehender Student, der sich für seine Fachrichtung einschreiben will, aber nicht weiß wo, könnte sich zum Beispiel selbst Mut machen: "Кто-нибудь наверно покажет, где регистрация." (*"Irgendjemand wird mir schon zeigen, wo man sich einschreiben muss."*). Nur leider kann er nicht wissen, ob er tatsächlich jemanden findet, der es ihm sagt. Deshalb benutzt er das unbestimmte Personalpronomen кто-нибудь (*irgendjemand*).

Das dritte Lexem aus Satz 15, das ich erörtern möchte, ist die präpositionale Gruppe рядом с. Sie bedeutet ursprünglich *in einer Reihe mit*, denn ряд heißt *die Reihe*. Im Deutschen kennen wir solche von Substantiven abgeleiteten Präpositionen ebenfalls, zum Beispiel "in Folge", "auf Grund" u. a. Der Kasus der nach ihnen folgenden Substantive oder Pronomen richtet sich nach dem letzten Glied der Gruppe. Nach рядом с steht darum der Instrumental[66], wie hier an drei Beispielen aus der ersten Google-Seite unter dem Suchbegriff рядом с gezeigt: рядом с Выставочным Центром, рядом со мной, рядом с метро (*neben dem Ausstellungsgebäude, neben mir, neben der Metro*). Hilfreich in manchen Situationen sind auch: во время (*während*), в результате (*in Folge*), с помощью (*mit Hilfe*), путем (*durch, auf dem Weg*), вместе с (*zusammen mit*), вслед за (*nach*), наряду с (*gemeinsam mit*), в связи с (*im Zusammenhang mit*), несмотря на (*ungeachtet, trotz*).

16. Если вы начинаете сомневаться, если обещанный успех не приходит, то виноваты всегда окажетесь вы сами, [...].

(*Wenn Sie zu zweifeln beginnen, wenn sich der versprochene Erfolg nicht einstellt, dann erweisen immer Sie selbst sich als schuldig, ...*) Ich habe den Satz hier abgebrochen, denn der Grund ist natürlich, dass Sie "nicht genug an sich arbeiten" oder "Ihr Glaube zu schwach ist". Sprachlich genügen uns die ersten Wendungen.

Das Wort *zweifeln* aus dem obigen Satz gehört zur Gruppe der schon erwähnten Verben, die eine vom Deutschen abweichende Rektion haben. *"Ich bezweifle, dass er Recht hat."* heißt auf Russisch "Сомневаюсь, что он прав." Dieser Satz weist im Deutschen die gleiche Struktur auf, auch das Verb wird in derselben Weise gebraucht: *"Ich zweifle (daran), dass ..."*. So wird das Verb auch im Satz 16 verwendet. Im folgenden Satz verwendet der Russe dagegen nach dem Verb eine andere Konstruktion: *"Sie zweifelt an seiner Aufrichtigkeit."* Auf Russisch: "Она сомневается в его искренности." Mit anderen Worten, nach dem Verb folgt die Präposition в mit dem Präpositiv, während im Deutschen *zweifeln* die Präposition *an* mit dem Dativ verlangt oder die Wendung etwas *bezweifeln/anzweifeln* verwendet wird.

66 Die anderen Rektionen können hier außer Acht gelassen werden. Die russische Präposition с kann die Bedeutung *seit* (*einer bestimmten Zeit*), *ab* (*einem bestimmten Ort*) ausdrücken und zieht dann den Genitiv nach sich: с шестого января 1967 г. (*seit dem 6. Januar 1967*), ветер с юга (*Wind aus dem Süden*). Seltener ist der Gebrauch mit dem Akkusativ, der ein ungefähres Maß angibt: величиной с орех (*etwa so groß wie eine Nuss*), он прожил там с месяц (*er verbrachte dort zirka einen Monat*).

Das Wort *schuldig, schuld* wird im Prädikat des Nebensatzes виноваты всегда окажетесь вы (*schuld sind immer Sie*) in der Kurzform ausgedrückt. Die Bedeutung ist leicht zu erschließen, weil dieses Wort vom Substantiv вина (*Schuld*) abgeleitet ist. Die grammatische Form ist schon interessanter. Im Deutschen macht es grammatisch nur einen kleinen Unterschied, ob wir formulieren: *der schuldige Mann* (attributive Form des Adjektivs) oder *der Mann ist schuld* (prädikative Form). In der deutschen Sprache wird das Prädikatsnomen unverändert für alle drei Geschlechter und für den Plural verwendet: *er, sie, es ist schuld, sie sind schuld*. Im Russischen ist das anders! Im prädikativen Gebrauch ist die russische Kurzform variabler, sie richtet sich in ihrer Form nach dem Subjekt des Satzes.

виноват: Он виноват в проступке.
(*Er ist der Tat schuldig.*)
виновата: Она виновата перед ним.
(*Sie hat sich ihm gegenüber schuldig gemacht.*)
виновато: Государство виновато в трагедии.
(*Der Staat ist schuld an der Tragödie.*)
виноваты: Они не были виноваты.
(*Sie trugen keine Schuld.*)

Die Beispiele lassen erkennen, wie sich das Prädikat in Abhängigkeit vom Subjekt des Satzes verändert, und die Übersetzungen machen deutlich, wie unterschiedlich das russische Adjektiv ausgedrückt werden kann.

Noch ein letztes Wort zur Langform des Adjektivs виноватый. Es verfügt wie jedes russische Eigenschaftswort selbstverständlich nicht nur über die Formen der Einzahl (виноватый, виноватая, виноватое) und der Mehrzahl (виноватые), sondern jede dieser Formen auch über die sechs Kasus. Das ist, wie oben gezeigt, im Prädikatsnomen anders. Da es nur im Nominativ existiert, gibt es nur die vier eben erst angeführten Formen.

Sollten Sie sich einmal *mea culpa*, also *schuldig* bekennen müssen, dann genügt es, auf Russisch zu sagen: Виноват! (Nicht vergessen, das sagt natürlich nur ein Mann! Und wie sagt die Frau? – Виновата.) Eine "besondere" Form, die im Satz 16 enthalten ist, darf ich nicht übergehen, das Wort обещанный. Wer von Ihnen, liebe Leserinnen und Leser, schon etwas weiter fortgeschritten ist, wird bestimmt vermuten: das kann nur ein Partizip sein. Ihre Vermutung stimmt. Aber welches? Mit welcher Bedeutung? Wollen Sie vielleicht schon etwas vorauseilen und es mit Hilfe der Tabelle im Kapitel 1 bestimmen? Die Lösung wird Ihnen Ljuba verraten. Doch zunächst das letzte Kriterium, an dem eine Sekte zu erkennen ist.

17. Группа требует абсолютного и беспрекословного соблюдения своих правил и дисциплины, поскольку это единственный путь к спасению.

Die Internationalismen группа und дисциплина sind ohne Schwierigkeiten zu erschließen: *die Gruppe verlangt Disziplin*, also *das strikte und bedingungslose Befolgen ihrer Regeln*. Dies wäre angeblich *der einzige Weg zur Rettung*. Sehen Sie sich bitte den Nebensatz noch einmal an, hier wird ein drittes Bindewort mit kausaler Bedeutung verwendet: поскольку (*da, weil, insofern*), bisher waren uns in dieser Funktion und Bedeutung nur die Wörter потому что und так как begegnet.

Auch zu den Internationalismen ein Wort: Sie lassen sich häufig ohne weiteres übernehmen (демонстрация – *Demonstration*, католицизм – *Katholizismus*). Aber seien Sie vorsichtig! Manchmal sind die homophonen Wortpaare trotz ihrer gleichen Lautung von ungleicher Bedeutung oder Stilebene. Das ist der Grund, weshalb ich oben абсолютное соблюдение mit *das strikte Befolgen* übersetzt habe, "absolut" ist etwas anderes.

Eine weitere Fehlerquelle sind die *"falschen Freunde"* ("ложные друзья"). Davon gibt es im Russischen nicht so sehr viele, doch trotzdem können alle herzhaft miteinander lachen, wenn – natürlich ohne Namen! – solche "Missgriffe"[67] zum Besten gegeben werden:

67 Das Wort *Missgriff* enthält dieselbe Metapher wie das englische Wort *mistake*, dem in Schule und Universität üblichen Terminus für *Fehler*. Ein irrtümlicher Gebrauch der Sprache (Errare humanum est!), d. h. wenn der Sprecher oder Schreiber etwas falsch formuliert, obwohl er es "eigentlich weiß", wird in der Methodik von EFL (English as a Foreign Language) als error bezeichnet, spielt aber nur in wissenschaftlichen Disputen eine Rolle. In der Schule wird ein Fehler leider nicht als error und deshalb auch nicht mit geringerem Punktabzug bewertet. Auch in der Russischmethodik gibt es diese Unterscheidung nicht. Das russische Wort für *Fehler* – ошибка, das in den Wörterbüchern des 18. Jahrhunderts erstmalig auftaucht, enthält die Metapher "neben das Ziel treffen", umgangssprachlich "daneben hauen", eben "fehl gehen".

Где живет ваша фамилия?
(Wo wohnt ihr ***Familienname****?* – Verwechslung mit семья)
Татьяна и Князь Гремин сидели на банке.
(Tatjana und Fürst Gremin saßen auf einem ***Geldinstitut****.* – nur diese Bedeutung hat банк – *Bank*; worauf Verliebte wie jene aus Puschkins "Eugen Onegin" normalerweise sitzen, das ist eine скамейка)
Он купил ей страус прекрасных роз.
(*Er kaufte ihr einen* ***Vogel Strauß*** *wundervoller Rosen.* – der *Blumenstrauß* ist im Russischen französischer Herkunft: букет)
У вас есть лексика русского языка?
(*Haben Sie* ***den Wortschatz*** *der russischen Sprache?* – das ist von der russischen Verkäuferin anzunehmen; gemeint hat der sprachlich unsichere Kunde aber энциклопедия – *Lexikon, Enzyklopädie*)

Die Beispiele haben illustriert, dass wir unter "falschen Freunden" solche Wörter zu verstehen haben, die zwar gleich aussehen bzw. ausgesprochen werden, aber Unterschiedliches meinen.

Im Satz 8 war schon einmal das Wort *retten* (спасать/спасти) vorgekommen; hier tritt uns nun das davon abgeleitete Substantiv entgegen: спасение (*Rettung*). Vom Tätigkeitswort leitet sich auch спаситель (*der Retter, der Erlöser*) ab. Mit dieser lexikalischen Bezugnahme auf das Christentum will eine Sekte religiöse Seriosität vortäuschen.

Betrachten wir noch eine Besonderheit im Vergleich zur deutschen Sprache. In der Wendung группа требует абсолютного [...] соблюдения своих правил übersetzten wir своих mit *ihrer*. Wenn Sie über die Bedeutung des Possessivpronomens "ihr" im Deutschen nachdenken, dann fallen Ihnen sicher vier verschiedene Anwendungsmöglichkeiten ein:

1. Beispiel: *Die Frau zieht <u>ihre</u> Bluse an.* (*Die Bluse gehört ihr*)
– "ihr" ist eine Form der dritten Person Singular

2. Beispiel: *Können Sie mir <u>Ihr</u> Handy leihen?*
– "ihr" ist eine Form der zweiten Person Singular oder Plural, d. h. ich spreche eine oder mehrere Personen an

3. Beispiel: *Er fährt <u>ihr</u> Auto.* (*Das Auto gehört seiner Freundin.*)
– "ihr" ist eine Form der dritten Person Singular

4. Beispiel: *Er erklärt ihnen ihre Pflichten.*
– "ihr" ist eine Form der dritten Person Plural, d. h. er spricht zu mehreren Personen

Das Wort "ihr" ist – wie der Sprachwissenschaftler sagt – polysem, es hat mehrere Bedeutungen und Funktionen. Das kann ohne den klärenden Kontext zu Missverständnissen führen. Wenn Sie nur hören (nicht geschrieben sehen): *"Meine Tochter hat ihr/Ihr Handy gefunden."*, dann wissen Sie nicht, wer mit "ihr/Ihr" eigentlich gemeint ist: das Handy Ihrer Frau, das der Nachbarin, Ihres? Oder hat die Tochter des Sprechers ihr eigenes Handy wiedergefunden?

In der russischen Sprache werden diese Bedeutungen deutlich unterschieden. Hier die Übersetzung der obigen vier Beispielsätze:
1. Женщина надевает свою блузку.
2. Вы мне можете дать ваш мобильник?
3. Он едет на ее машине.
4. Он объясняет им их обязанности.

Der erste dieser vier Sätze verwendet dasselbe Possessivpronomen wie unser Satz 17. Es handelt sich um das sogenannte Reflexivpronomen свой. Die Dame zieht – wie wir dem Satz entnehmen – ihre eigene Bluse an. In Sätzen mit свой bezieht sich dieses Pronomen stets auf das Subjekt des Satzes.

Das "universelle" Possessivpronomen свой nimmt also je nach dem Substantiv, dessen Attribut es ist, einen bestimmten Fall im Singular oder Plural an und je nach dem Subjekt des Satzes die Bedeutung *mein, dein, sein, ihr, unser, euer, ihr*. Weitere Beispiele:
Каждое утро я читаю свою газету.
(*Jeden Morgen lese ich meine Zeitung.*)
Писатель закончил свой новый роман.
(*Der Schriftsteller hat seinen neuen Roman vollendet.*)
Они поблагодарили своих родителей за подарок.
(*Sie bedankten sich bei ihren Eltern für das Geschenk.*)
Das gilt auch für die Schwiegereltern, denn schließlich sind sie ebenfalls "ihre eigenen", wenn auch angeheirateten Eltern.

Wenn es aber die Eltern von Freunden gewesen wären, hätte es heißen müssen: Они поблагодарили их родителей за подарок (mit derselben Übersetzung wie oben, was zeigt, dass wir im Deutschen hier ohne Erläuterungen nicht auskommen, wenn wir genau sein wollen).

Damit kommen wir noch einmal auf die beiden letzten Beispiele zurück.
3. Он едет на ее машине.
4. Он объясняет им их обязанности.

Die drei bei Lernern beliebtesten Possessivpronomen sind его (*sein*), ее (*ihr*) und их (*ihre*). Diese drei sind nämlich unveränderlich, werden nicht dekliniert. Allerdings können sie – wie die folgenden Sätze zeigen – nur dann verwendet werden, wenn es sich bei dem damit bezeichneten Substantiv um Personen handelt, die nicht mit dem Subjekt des Satzes identisch sind.

Учитель говорил с его отцом.
(*Der Lehrer sprach mit seinem Vater.*)
Hier sprach der Lehrer (Person 1) mit dem Vater (Person 2) über dessen Sohn (Person 3).

Дети играли на ее компьютере.
(*Die Kinder spielten auf ihrem PC.*)
Der PC gehört z. B. der Mutter.

Мы видели их новую машину.
(*Wir haben ihr neues Auto gesehen.*)
Unsere Freunde haben ein neues Auto.

Klappen Sie Ihr Buch nun zu? (Wie würden Sie "Ihr" hier übersetzen?)
Sie haben doch eine CD von Ihrer Bekannten erhalten, möchten Sie lieber ihre CD auflegen. (Und hier?)

Lassen Sie sich die vielen Dinge ruhig erst einmal durch den Kopf gehen! Ljuba wartet schon auf Sie!

Denn wir sind mit den Sekten jetzt fertig. Das waren die siebzehn Merkmale einer Sekte. Ich hoffe, ihre Besprechung war für Sie – zumindest in sprachlicher Hinsicht – nicht uninteressant. Der letzte Satz dieses Artikels der Zeitschrift "Наука и жизнь" unter der Rubrik

Факты для размышления

(*Fakten zum Nachdenken*) lautet übrigens:

Если хотя бы один признак кажется вам знакомым, будьте осторожны!

(Wenn Ihnen nur ein Merkmal bekannt vorkommt, seien Sie auf der Hut!)
Da wir fast alle siebzehn Sätze analysiert haben, wollen wir den letzten nicht auslassen. Ein Hinweis auf die einleitende Konjunktion *wenn.*

"Wenn" Sie dieses Wörtchen lesen, sollten Sie sich fragen, was wirklich gemeint ist. Falls Sie *"falls"* dafür einsetzen können, also eine Bedingung daran geknüpft ist, dann handelt es sich tatsächlich um die konditionale Konjunktion, und die muss mit если übersetzt werden. Falls es sich jedoch um eine rein zeitliche Beziehung handelt, dann heißt das auf Russisch когда.[68]
Если он приедет поездом, мы встретим его на вокзале.
(*Falls er mit dem Zug kommt, werden wir ihn auf dem Bahnhof abholen.*)
Всегда, когда он приезжает домой, она готовит пельмени.
(*Immer wenn er nach Hause kommt, macht sie Pelmeni.*)

Das wirklich letzte hier zu besprechende Verb mit einer besonderen Rektion ist казаться/показаться aus dem obigen Satz. Es bedeutet *zu sein scheinen, erscheinen, so vorkommen als ob* und wird mit dem Instrumental gebraucht.

Это мне кажется странным. – *Das erscheint mir seltsam.*
Она всегда кажется веселой.– *Sie scheint immer lustig zu sein.*

Die folgenden häufigen Wendungen könnten Ihnen einmal von Nutzen sein:
Мне кажется, что ... – *Mir scheint, dass ...*
Она умнее, чем кажется. – *Sie ist klüger, als es scheint.*

Die Aufforderung будьте осторожны schließlich enthält – abgesehen von wieder einer Kurzform des Adjektivs осторожный (*vorsichtig*) – den Imperativ des Verbs быть. Die Bildung der Befehlsform ist ein Kapitel für sich. Aus diesem Grund möchte ich Sie damit auf den Halt nach dem nächsten Kapitel vertrösten. Aber wichtig ist die Kenntnis der Imperative schon, und nicht nur wegen des Sprichworts: "Не имей сто рублей, а имей сто друзей!" (*"Nicht hundert Rubel sollst du haben, sondern hundert Freunde!"*)

---

68 Wem Englisch geläufig ist, der weiß, dass diese Sprache dieselbe Unterscheidung trifft. Hier ist die Frage nicht to be or not to be, sondern *if* – если oder *when* – когда.

Vierter Halt – Четвертая остановка

Russisch sprechen wie die Russen

"Алло! Как дела?" (*"Hallo! Wie geht es Ihnen?"*) Das vierte Kapitel war sicher schwere Kost für Sie! Ich werde mir Mühe geben, es Ihnen fortan leichter zu machen.

Erst zeige ich Ihnen meine Ergebnisse bei der Suche nach Wörtern mit der Wurzel -каз-, dann schauen wir uns die Verben mit der Endung -ти im Infinitiv noch einmal an. Zum Schluss möchte ich Sie unterhalten mit den Koseformen der bekanntesten russischen Vornamen – nicht ohne Ihnen noch rasch zu verraten, um welches Partizip es sich bei обещанный handelte. Давайте начнем! (*Fangen wir also an!*)

Haben Sie versucht, Wörter mit der Wurzel -каз- im Wörterbuch zu entdecken? Ohne ein Morphemwörterbuch[69] (oder ohne ein elektronisches Wörterbuch, in dem nach Buchstabengruppen gesucht werden kann) kommt man zugegeben nicht weit. Seien Sie darum bitte nicht enttäuscht, wenn Sie in meiner Liste mehr Wörter finden sollten als Sie herausbekommen haben!

доказательный	*beweiskräftig*
доказательность	*Beweiskraft*
доказательство	*Beweis*
доказуемость	*Beweisbarkeit*
доказывать/доказать	*beweisen*
заказ	*Bestellung, Auftrag*
заказной	*bestellt*
заказчик	*Auftraggeber, Kunde*
заказчица	*Auftraggeberin, Kundin*
заказывать/заказать	*bestellen*
показ	*Schau, Vorführung*
показатель	*Merkmal, Kennzeichen*
показательный	*bezeichnend, typisch*
показной	*als Muster, Schein-*
показывать/показать	*zeigen, vorführen*

69 s. Fußnote 58

сказание	*Sage, Legende*
сказать[70]	*sagen, mitteilen*
сказитель	*Erzähler*
сказка	*Märchen, Lüge*
сказочник	*Märchenerzähler*
сказочница	*Märchenerzählerin*
сказочный	*märchenhaft, Märchen-*
сказуемое	*Prädikat*
указ	*Erlass, Befehl*
указывать/указать	*zeigen, hinweisen*
указание	*Angabe, Instruktion*
указатель	*Anzeiger, Verzeichnis*

Sie sehen, ich habe mich auf die Präfixe до-, за-, по-, с- und у- beschränkt. Außerdem sind nur Wörter aufgeführt, die Sie in einem relativ kleinen Wörterbuch[71] finden können. Wenn wir jene Wörter hinzunähmen, die mit anderen Vorsilben oder mit mehreren Präfixen gebildet werden, wären es noch mehr: без-до-казательный (*unbewiesen*), до-с-казывать (*zu Ende erzählen, ausreden*), рас-с-казать (*erzählen*) und viele andere.

Ein weiteres grammatisches Thema, von dem Sie gerade gelesen haben, sind die Verben mit der immer betonten Infinitivendung -ти. Erinnern Sie sich?

везти (*transportieren)* – везу, везёшь, везут; вёз, везла, везли
вести (*führen*) – веду, ведёшь, ведут; вёл, вела, вели
идти (*gehen*) – иду, идёшь, идут; шёл, шла, шли
нести (*tragen*) – несу, несёшь, несут; нёс, несла, несли
грести (*rudern*) – гребу, гребёшь, гребут; грёб, гребла, гребли
ползти (*kriechen*) – ползу, ползёшь, ползут; полз, ползла, ползли
расти (*wachsen*) – расту, растёшь, растут; рос, росла, росли
цвести (*blühen*) – цвету, цветёшь, цветут; цвёл, цвела, цвели

70 Das Verb сказать ist, auch wenn es auf den ersten Blick nicht zu vermuten ist, ebenso wie die anderen hier aufgeführten Wörter von der Wurzel -каз- abgeleitet, die im Urslawischen die Bedeutungen *sagen* und *zeigen* in sich vereint. Auch in der deutschen Sprache schließt "zeigen" das "Erklären, verbale Verdeutlichen" mit ein, wie solche Wörter wie "Anzeige" es noch heute erkennen lassen.

71 Zum Beispiel im "Schulwörterbuch Russisch" von Edmund Daum und Werner Schenk, erschienen 1999 beim Verlag Langenscheidt. Der bei Slawisten, Schülern und Studenten schon beinahe sprichwörtliche "Daum/Schenk" aus dem Verlag Enzyklopädie Leipzig war in der DDR jahrzehntelang ein bewährtes Hilfsmittel und ist es in den Neuauflagen noch heute.

Bitte beachten Sie, dass alle zweisilbigen Formen endbetont sind!

Wollen Sie sich an einigen Übersetzungen probieren? Die folgenden Sätze habe ich für Sie aus russischen Webseiten herauskopiert:

Русский	*Deutsch*
Самую новую Audi A8 в Россию не везут.	
Грузинские пограничники 62 часа вели погоню за судном с украинцами.	
Единая Россия всегда шла курсом президента.	
"Ну и чего ты несешь?" Лена спросила.	
Она гребла что было сил.	
По стенке ползет таракан.	
Мальчик рос. Он рос, и рос, и рос.	
Растение не цвело каждый год.	

Bei der Übersetzung muss ich Ihnen nicht behilflich sein, oder? Falls doch, im Anhang zum Buch finden Sie einen Übersetzungsvorschlag.

Gefallen Ihnen die Koseformen, die wir Russen für die Vornamen haben? Der volle Vorname ist in unseren Familien selten zu hören. Erst wenn wir älter sind und uns jemand offiziell anredet, "erfahren" wir, dass wir einen Vor- und Vatersnamen besitzen. In Deutschland, habe ich gehört, wird es auch wieder üblich, den Kindern zwei Vornamen zu geben. Карлик, der kleine *Zwerg*, von dem ich Ihnen schon erzählt habe, heißt eigentlich Carl Julius, *wie sein Ururgroßvater* (как его прапрадедушка).

Ich heiße, wie Sie wissen, Любовь Николаевна (*Ljubow Nikolajewna*). Meine Schüler wenden sich immer so an mich, der Direktor nur, wenn er etwas an mir auszusetzen hat. Sonst bin ich für alle einfach Ljuba, für Sie auch. Das ist in Ordnung so. Jurgen, Sie wissen schon, der deutsche Kollege, hat sich doch neulich abends, als wir im "Мамины блины"[72] essen waren, erdreistet, mich mit "Любусик" (*"Ljubusik"*) anzureden. Na wissen Sie, das ist meinem Kolja vorbehalten! Wahrscheinlich hatte er etwas zu viel Бочкарев (*Botschkarjow*) getrunken. Unser russisches Bier ist nämlich ganz passabel, meint Jurgen.

Obwohl, wir Frauen hören so ein Kosewort eigentlich schon gern ... Bevor Sie, liebe Russlandreisende, eines verwenden, ist es aber besser, Sie hören genau hin, wie sich die Russen untereinander ansprechen, oder erkundigen sich vorher, wer wen wie anreden darf.

Lesen Sie sich in Ruhe die Verkleinerungsformen von jeweils fünf der häufigsten Mädchen- und Jungennamen durch. Bedenken Sie dabei, dass die Listen unvollständig sind. Russen haben – wie die anderen slawischen Völker auch – eine Vorliebe für diese Namensformen. Heute wollen viele Menschen wissen, was ihre Namen bedeuten, deshalb wird noch die Bedeutung der Namen erklärt. Meine und Koljas Kosenamen haben Sie ja bereits im ersten Buch erfahren. Ljubow heißt *die Liebe*, Nikolai ist griechisch und bedeutet *Sieg* und *Volk*.

Елена: (*Jelena*) Еленка, Лена, Ленуша, Ленуся, Леся, Еленя, Леня, Лень, Елюша, Елюся, Люся, Алёнка, Лёна, Лёся, Лёля (*das Licht*)

Ирина: (*Irina*) Иринка, Рина, Ириша, Ира, Ируня, Ируся, Ируша, Ирена, Рена, Ина (*die Friedliche*)

Марина: (*Marina*) Маринка, Маринуша, Мариша, Маша, Марися, Маря, Маруся, Муся, Ина (*die vom Meer Stammende*)

Наталия: (*Natalja*) Натальюшка, Наталя, Натаня, Натаха, Наташа, Таша, Наша, Ната, Натуля, Натуня, Натуся, Туся, Наля, Таля, Талюша, Тата, Татуся (*die zu Weihnachten Geborene*)

72 *"Muttis Bliny"*, ein hübsches Kellerrestaurant in Sankt Petersburg mit einem ausgezeichneten, preiswerten Angebot. Natürlich gibt es außer den wirklich schmackhaften Bliny, d. h. gefüllten Teigtaschen, noch viele andere leckere Speisen und Getränke.

Татьяна: (*Tatjana*) Татьянка, Таня, Тань, Танюха, Танюша, Танюра, Танюся, Танюта, Тата, Татуля, Татуня, Татуся, Туся, Таша (*Bestimmerin*)

Александр: (*Alexandr*) Александрушка, Алексаня, Саня, Санюра, Санюта, Санюха, Санюша, Алексаха, Алексаша, Саша, Сашуха, Сашуля, Сашуня, Сашута, Сашура, Шура, Шуруня, Алекся, Алексюха, Алексюша, Аля, Ася (*Verteidiger*)

Иван: (*Iwan*) Иванка, Иваня, Иванюха, Иванюша, Ивася, Ивасик, Иваха, Иваша, Иша, Ваня, Ванюха, Ванюша, Ива (*bedeutet der Herr ist gnädig*)

Никита: (*Nikita*) Никитка, Ника, Никиха, Никиша, Никуся, Никуша, Никеня, Кеня, Никеша, Кеша, Кита (*Sieger*)

Сергей: (*Sergej*) Сергейка, Сергуля, Гуля, Сергуня, Гуня, Сергуся, Гуся, Сергуша, Серёжа, Серж, Серёня (*vom römischen Namen Sergius abstammend, möglicherweise der vom Geschlecht der Sergier Abstammende*)

Юрий: (*Juri*) Юра, Юраня, Юрася, Юраха, Юраша, Юреня, Юка, Юша (*Bauer, Landwirt*)

Die Diminutiva sind nicht nach ihrer Häufigkeit sortiert. Manche sind sehr gebräuchlich, andere weniger, die einen sind zärtlich gemeint, andere nicht so sehr. Sie zu kennen ist aber in jedem Fall nützlich. Wenn Sie sie in einem Buch lesen oder in einem Gespräch hören, dann wissen Sie gleich, wer gemeint ist. Das ist bei der Vielfalt der russischen Kosenamen nicht immer leicht.

Ich habe es nicht vergessen! Ich soll Ihnen noch die Partizipform обещанный erläutern. Es handelt sich um ein страдательное причастие прошедшего времени. Das ist schwierig zu behalten? Für mich als Russin der deutsche Fachbegriff auch: *Partizip Präteritum Passiv*. Während des Studiums in Deutschland haben wir ihn deswegen immer abgekürzt: PPP. Das Wort wird in der Wendung обещанный успех (*der versprochene Erfolg*) als adjektivisches Attribut verwendet. Dieses Partizip gehört zu den häufig verwendeten. Sie sollten auch lernen, wie es gebildet wird. Da hilft Ihnen jede Schulgrammatik.

Die Adverbialpartizipien dagegen – mein Professor möge mir verzeihen – können Sie getrost vernachlässigen. Sie sind in der Umgangssprache äußerst selten, in der Schriftsprache dagegen ausgesprochen häufig. In der Biografie der Schriftstellerin A. Donzowa (Sie werden noch mehr von ihr lesen!) beginnt ein Satz: Вернувшись в Москву, Агриппина Аркадьевна вышла замуж вторично. (*Nach Moskau zurückgekehrt, heiratete Agrippina Arkadjewna ein zweites Mal.*) Aber wer spricht so? Wenn ich sie in meiner Klasse behandle, dann sage ich: "Когда Агриппина Аркадьевна вернулась в Москву, она вышла замуж вторично."

In einer Kurzgeschichte von L. Petruschewskaja kommt dieser Satz vor: "Спасибо вам, молодой человек," сказала Нина вставая из-за стола. (*"Vielen Dank, junger Mann," sagte Nina, vom Tisch aufstehend.*) Hier ein Partizip zu gebrauchen, das ist wunderschöne Sprache! Aber trösten Sie sich! Im Alltag sprechen wir wirklich nicht so. Es ist darum besser, Sie lernen erst einmal, wie wir im täglichen Umgang miteinander reden. Wie russische Literatursprache aussieht, davon erfahren Sie in den nächsten Kapiteln mehr. Viel Spaß morgen in Moskau! До послезавтра! (*Bis übermorgen!*)

Kapitel 5 – Пятая глава

Moskauer Abende – Подмосковные вечера

Wer kennt nicht das russische Lied der Lieder? Man sagt, jeder Russe *kennt die Musik von W. Solowjow-Sedoj*[73] zu *den Worten von M. Matusowski* (знает музыка В. Соловьева-Седого на слова М. Матусовского):

Не слышны в саду даже шорохи,
Все здесь замерло до утра.
Если б знали вы, как мне дороги
Подмосковные вечера.

Hier eine Arbeitsübersetzung:
Im Garten ist auch nicht das leiseste Geräusch zu hören,
Bis zum Morgen ist alles hier wie erstorben.
Wenn ihr nur wüsstet, wie teuer mir
Die Moskauer Abende sind.

Entschuldigung, wenn Sie diese trockene Übersetzung nicht gerade an- oder aufregen kann. Das Lied schon! Der russische Text ist sehr lyrisch und die Melodie voller Romantik. Für uns von Interesse ist in diesem Vierzeiler vor allem der Nebensatz: Если б знали вы, ... (*wenn ihr nur wüsstet, ...*). Die Konjunktivform mit der Partikel бы (hier zu б verkürzt) klingt für mich besonders schön.

"Wenn es Abend wird in der großen Stadt", so der Beginn der deutschen Fassung, ist immer wieder auch in Deutschland zu hören. Am 7. Juli 2000 sang es in Berlin ein rotnasiger Russe mit der Balalaika unter dem Arm für die lange Schlange von Besuchern, die anlässlich der 111. Sitzung des Bundestags in das geschichtsträchtige Gebäude eingelassen werden wollten.

Jeder, der eine Zeit lang in Russland verbracht hat, kann die Melodie mitsummen oder sogar mitsingen. Ich kenne viele junge Menschen, die in Moskau, Petersburg, Woronesh, Iwanowo oder Kasan

73 *Wassili Pawlowitsch Solowjow-Sedoj* (Василий Павлович Соловьев-Седой, 1907–1979); bekannter russischer Komponist; schrieb eine Vielzahl volkstümlich gewordener Lieder; einige Takte aus den "Moskauer Abenden" dienten in der Sowjetunion als Sendezeichen für Radio Moskau.

studiert haben; für alle sind die "Подмосковные вечера" (*"Moskauer Abende"*) ein Begriff. Es war letztes Jahr in Moskau. Ohne ein bestimmtes Ziel schlenderte ich durch die Straßen. Der Sommer 2006 war außergewöhnlich heiß. Wer konnte, blieb lieber im Schatten. Ich hatte Appetit auf ein Moskauer Eis oder etwas anderes Kühlendes, also ging ich Richtung Kreml, denn in seiner Nähe gibt es viele Gelegenheiten, die Zeit in einem Café oder Restaurant zu verbringen und gut zu speisen.

Der schwülwarme Rote Platz war fast menschenleer. Keine lange Schlange vor dem Lenin-Mausoleum, nur einige neugierige Touristen und eine Klasse lärmender Schüler. Im Inneren des kompakten Steinbaus, wo man schweigend und ohne anzuhalten an der wachsartigen Mumie vorüberschreiten muss, war es bestimmt angenehm kühl.[74] In das vollklimatisierte GUM[75] dagegen, dessen Abkürzung heute nicht mehr Государственный (*Staatliches*), sondern Главный Универсальный Магазин (*Hauptkaufhaus*) bedeutet, drängten sich reiche Moskauer und zahlungskräftige Touristen. Sie bringen das große Geld ins Land und auch in dieses russische "Harrods". Auf der untersten Ebene des Kaufhauses sind die großen Ketten der Welt versammelt. Etwas weniger teuer wird es im zweiten Geschoss, und auf der oberen Ebene kann der Mittelstand auch schon einmal einkaufen oder in der russischen Fastfood-Kette etwas essen und trinken. Dort gab es auch einen leckeren Eisshake für mich. Die Bedienung war flott und freundlich. Da war nichts mehr zu spüren vom alten Schlendrian. Die Firmen suchen sich ihre Mitarbeiter sehr genau aus. An anderer

74 Obwohl sich seine Frau, Nadjeshda Krupskaja, energisch gegen die Einbalsamierung Lenins ausgesprochen und sich der Revolutionsführer selbst jeglichen Personenkult um ihn verbeten hatte, wurde sein Körper auf Betreiben Stalins 1924 zunächst in einem aus Eichenholz errichteten und 1930 im heutigen, aus dunkelrotem Granit bestehenden Steinmausoleum bestattet und seither der Öffentlichkeit gezeigt.

75 Das GUM-Gebäude befindet sich im Eigentum der Stadt Moskau und wird seit 1990 von der im selben Jahr gegründeten Aktiengesellschaft Warenhaus GUM betrieben, die die Pachtrechte am Kaufhausgebäude bis 2042 besitzt. 75 Prozent der GUM-Aktien werden gegenwärtig von der russischen Modehaus-Kette Bosco di Ciliegi gehalten, der Rest befindet sich in Streubesitz. Bis 2005 betrieb die Gesellschaft neben dem GUM zusätzlich die Warenhauskette Stilny Gorod sowie einige ehemals staatliche Geschäfte in Moskau. Der Reingewinn der Betreibergesellschaft betrug im Jahre 2006 rund 27,7 Millionen US-Dollar bei einem Umsatz von 97,2 Millionen Dollar. (http://de.wikipedia.org/wiki/Warenhaus_GUM)

Stelle werde ich Ihnen von den vielen Stellenangeboten berichten, die ebenfalls für den Aufschwung in Russland charakteristisch sind.

Im Café saßen keine geschwätzigen Mütterchen, auch keine Männer in schlampigen Trainingshosen mit einer Bierflasche in der Hand, sondern *junge, modisch gekleidete Mädchen* (молодые девушки, одетые модно), unscheinbare junge Männer (alle dem Anschein nach von betuchten Eltern), Geschäftsleute und Touristen.

Die Stadt ist reich geworden! Man sieht es an den Menschen, an den vielen modernen Geschäften, dem rasanten Baugeschehen und nicht zuletzt an diesem Einkaufsparadies: *Moskau ist zur "Welthauptstadt" der Millionäre und Milliardäre geworden.* (Москва стала "мировой столицей" миллионеров и миллиардеров.)[76]

Während ich mit dem Plastik-Trinkröhrchen in meinem erfrischend kühlen Eiskaffee stocherte, dachte ich einen Moment zurück an eine überraschende Begegnung kurz zuvor. In einer kleinen Gasse direkt gegenüber dem Seiteneingang ins GUM war ich an einem winzigen Kiosk der russisch-orthodoxen Kirche stehen geblieben. Der schwarz gekleidete, bärtige Mann hinter dem Fensterchen verkaufte Souvenirs, Zeitungen, Zigaretten und, wie ich vermutete, auch Auskünfte. Noch immer erhält man an bestimmten Kiosken eine Stadtinformation gegen geringes Entgelt. Neben all den kleinen Dingen erblickte ich im Kiosk eine CD mit der Aufschrift "Gregorianische Gesänge". Da ich Musik liebe und Männerchöre mit ihren wohlklingenden Bässen besonders schätze, erkundigte ich mich, *was eine CD kostet*: "Сколько стоит CD?" Ich weiß nicht mehr, wie viel sie gekostet hat. Auf alle Fälle war es nicht viel. Ich nahm sie mit und erfreue mich noch heute daran. Erst auf der Heimfahrt schaute ich mir das billig gedruckte Label genauer an und stellte fest, dass der Tonträger offenbar eine illegale Kopie war.

Das Herstellen von Raubkopien wird natürlich auch in Russland streng geahndet, ist aber ein profitträchtiger Markt. Nun ist nach Mei-

---

76 Die Zeitschrift "Forbes" erwähnt in ihrer Liste der 793 Milliardäre des Jahres 2006 insgesamt 33 Russen und drei Ukrainer. An erster Stelle steht Roman Abramowitsch, der nach dem Verkauf von "Sibneft" an den Erdölkonzern "Gasprom" über 18 Milliarden Dollar sein eigen nennt. Den zweiten Platz nimmt Wagit Alekperow ein, ebenfalls ein Ölmagnat ("Lukoil"). Die einzige Frau unter den Milliardären ist Jelena Baturina, *die Frau des Moskauer Bürgermeisters* (жена мэра Москвы) Juri Lushkow.

nung von Spezialisten häufig nicht einmal legal produzierte Software von guter Qualität. Eine seriös aussehende CD-ROM mit der viel versprechenden Aufschrift "Толковый словарь русского языка – Самый популярный в России словарь" (*"Erklärendes Wörterbuch der russischen Sprache – Das populärste Wörterbuch in Russland"*) erwies sich bei mir zu Hause als ein Flop, mit dem nicht viel anzufangen war.

Als ich im Begriff war, die gerade am Kiosk erstandene CD wegzustecken, tippte mir jemand auf die Schulter: "Was machen Sie denn hier?" Ich drehte mich um, und erblickte ... einen ehemaligen Schüler. Fast gleichzeitig riefen wir aus: "Die Welt ist doch ein Dorf!" "Köpenick", wie seine Mitschüler ihn nach seinem ehemaligen Wohnort genannt hatten, war inzwischen Chef einer deutschen Niederlassung[77] in Moskau geworden und lebte hier mit seiner Familie seit drei Jahren. Verständlicherweise gab es viel Gesprächsstoff. Seine schon in der Schule erkennbare und mit dem Studium weiter gewachsene Liebe zu Russland, zur russischen Sprache und Literatur war ungebrochen. So kam es ihm und mir gelegen, dass wir uns für den nächsten Tag zum gemeinsamen Besuch einer Autorenlesung verabreden konnten. "Die Daschkowa wird lesen!" Mehr brauchte er nicht zu sagen. Ich nahm seine Einladung sofort an, auch wenn ich dadurch mein Vorhaben, mir selbst ein Bild vom Eurasia-Markt im Osten der Stadt zu machen, aufgeben musste. Dort waren vor ein paar Tagen bei einem Anschlag eine Markthalle eingestürzt und vierzehn Menschen umgekommen, ob durch Terroristen oder in einem Bandenkrieg – noch heute weiß es niemand mit Bestimmtheit zu sagen. Jedenfalls waren alle Zeitungen, Rundfunk- und Fernsehkanäle voll davon. Aber die Daschkowa war mir wichtiger! Diese seit ihrem ersten Roman 1995 in kurzer Zeit zu einer der bekanntesten und beliebtesten Autorinnen Russlands avancierte Moskauerin wollte ich unbedingt erleben. Ich konnte ja nicht ahnen, dass ich sie ein Jahr später schon wieder sehen würde. Anlässlich der deutschen Erstauflage ihres jüngsten Romans *"Der falsche Engel"* (in der Originalsprache "Херувим", also *"Cherubim"*) im November 2007 gab sie nämlich unter anderem in Lüneburg eine viel beachtete Lesung.

77 Im Juni 2006 waren 2 700 deutsche Firmen in Moskau niedergelassen. Im Oktober 2007 schätzt ein Online-Artikel der Deutschen Botschaft in Moskau ein, dass rund 3000 deutsche Unternehmen mit Joint Ventures, Tochterunternehmen, Filialen und Repräsentanzen in der Hauptstadt vertreten sind, in der Russischen Föderation insgesamt über 4 000 deutsche Firmen. http://www.moskau.diplo.de/Vertretung/moskau/de/Startseite.html

Kennen Sie diese Schriftstellerin? Ein Kriminalroman von Polina Daschkowa ist immer lesenswert.

Nun sind die Geschmäcker sehr verschieden, wie man sagt. Mancher mag Krimis, mancher nicht. Auch in Russland ist das so. Viele greifen jetzt zu jener Belletristik, die ihnen zu Sowjetzeiten zu lesen verwehrt war, wie etwa dem bereits erwähnten Karl May.[78] Nicht nur bekannte Autoren wie Steven King oder J. K. Rowling werden geradezu verschlungen. Auch Russlands Kinder und Jugendliche hat das weltweit werbewirksam inszenierte Harry-Potter-Fieber gepackt, und die es können, besuchen und benutzen das Форум Хогвартс Нэт (*Hogwarts Internet Forum*): www.hogwartsnet.ru. Allerdings besitzt gegenwärtig selbst unter den Studenten vielleicht nur ein Fünftel einen eigenen Computer. Dafür gibt es in jeder Stadt Internetcafés – die aber auch nicht kostenlos sind.

Russlands *Buchläden* (книжные магазины) führen in ihren Regalen heute *Bestseller* (бестселлеры) jeden Genres, wobei eine für dieses Land neue Abteilung besonders ins Auge fällt: Литература ужасов (*Horrorliteratur*).

In vielen deutschen Buchhandlungen und Bibliotheken ist russische Literatur auch in russischer Sprache zu haben. Russisch ist schließlich eine der Weltsprachen! Statistiken sagen, dass 350 Millionen Menschen auf der Welt Russisch verstehen. Trotz des dramatischen Bevölkerungsrückgangs in Russland[79] gibt es dort immer noch 142 Millionen Muttersprachler, zu denen etwa 30 Millionen im Ausland lebende Russen hinzukommen. In Deutschland wohnen gegenwärtig ungefähr drei Millionen Menschen russischer Abstammung.

So kommt es nicht von ungefähr, dass ich, vor den Regalen der russischsprachigen Abteilung in der Bibliothek meiner Heimatstadt Halle stehend, immer wieder mit Russen ins Gespräch komme. Das Buchan-

---

78 s. Fußnote 59

79 Das Bevölkerungswachstum Russlands wird gemäß den Erwartungen der Demografen auch in den kommenden Jahren negativ sein. Im Jahr 2007 betrug es -0,6 Prozent, das heißt jedes Jahr sinkt die Zahl der Menschen um mehr als ein halbes Prozent. Das entspricht bei derzeit 142 Millionen Menschen (von ursprünglich 147,6 Millionen im Jahr 1995, kurz nach der Gründung der Russischen Föderation) einer jährlichen Verlustrate von 850 000 Menschen. Nur ein Beispiel, wie sich das auswirkt: In Russland wurden am 1. September 2006 etwa 1,23 Millionen Kinder eingeschult. Insgesamt besuchten damit 13,95 Millionen Kinder eine Schule, knapp 600 000 weniger als 2005.

gebot für Muttersprachler (und für Russischinteressierte wie Sie und mich) kann sich sehen lassen. Neigen wir einmal den Kopf und entziffern einige der Autoren und Titel!

1.
Леонов, Леонид: Русский лес
Бондаренко, Светлана: Я принимаю ответственность быть
Тынянов, Юрий: Пушкин
Маринина, Александра: Убийца поневоле
Пушкин, Александр: Поэзия и проза
Улицкая, Людмила: Медея и ее дети
Булгаков, Михаил: Собачье сердце
Акунин, Борис: Смерть Ахиллеса
Чехов, Антон: Дама с собачкой
Куприн, Александр: Олеся
Мандельштам, Осип: Воронежские тетради
Маринина, Александра: Когда боги смеются
Цветаева, Марина: Избранные произведения
Евтушенко, Евгений: Нет лет
Ахмадулина, Белла: Избранное
Копелев, Лев: Святой доктор Федор Петрович
Донцова, Дарья: Любимые забавы папы Карло
Дашкова, Полина: Место под солнцем

2.
Драйзер, Теодор: Американская трагедия
Конан Дойль, Артур: Записки о Шерлоке Холмсе
Кинг, Стивен: Зеленая миля
Ролинг, Джоан К.: Гарри Поттер и узник Азкабана
Зюскинд, Патрик: Парфюмер
Грасс, Гюнтер: Собачьи годы
Воннегат, Курт: Колыбель для кошки

3.
Каминер, Владимир: Руссендиско

Lesen Sie sich die Liste in Ruhe durch! Die ausländischen Autoren in der Rubrik 2 sind aufgeführt, damit Sie selbst versuchen können, die Titel zu übersetzen und mit den Originaltiteln zu vergleichen.

Ich überlasse es Ihnen auch, ob Sie die Titel der russischen Autoren in der Rubrik 1 übersetzen möchten. Um die entsprechende deutsche Ausgabe zu finden, lohnt sich das allerdings meistens nicht. Übersetzer halten sich oft nicht an die ursprünglichen Titel, sondern denken sich je nach der Sprache und Kultur der künftigen Zielgruppe von Lesern einen geeigneteren aus.

Unter den russischsprachigen Autoren finden Sie übrigens moderne und klassische Schriftsteller einträchtig nebeneinander, wie es in einer öffentlichen Bibliothek nun einmal ist. Da steht der Gesellschaftsroman aus dem 19. Jahrhundert von *Anton Tschechow: Die Dame mit dem Hündchen* (Антон Чехов: Дама с собачкой) neben dem 1999 auch auf Deutsch erschienenen Krimi von *Alexandra Marinina: Der Rest war Schweigen* (Александра Маринина: Убийца поневоле). Der erste Titel ist wörtlich übersetzt, während der zweite eigentlich bedeutet: *Mörder wider Willen*. Die deutschen Titel helfen, wie man sieht, tatsächlich nicht immer beim Auffinden der Originaltitel und umgekehrt, quod erat demonstrandum.

Noch ein Wort zu Wladimir Kaminer, der als einziger unter der Rubrik 3 aufgeführt ist, weil er weder zur ersten noch zur zweiten Gruppe von Autoren zu rechnen ist. Der aus Russland nach Deutschland eingewanderte gelernte Toningenieur und Dramaturg lebt seit 1990 mit seiner Familie in Berlin. Mit der von ihm organisierten und inzwischen Kult gewordenen "Russendisco" und mit dem gleichnamigen Erzählband über Russen in Deutschland sowie mit Auftritten in Rundfunk und Fernsehen hat er zumindest in Deutschland Aufmerksamkeit auf sich gezogen. Obwohl sein Buch – wie er selbst meint: schlecht – ins Russische übersetzt worden ist, kennen ihn in seiner ehemaligen Heimat noch nicht sehr viele. Erst in den letzten Jahren kommt es gelegentlich vor, dass ein Rundfunk- oder Fernsehteam eigens aus Russland anreist, um an ihm zu demonstrieren, was aus einem Russen in Deutschland werden kann.

Kommen wir zur *zeitgenössischen russischen Literatur* (современная русская литература). Hier die Äußerung von einem Fachmann über sie:

"Nach wie vor wird die *neuere russische Literatur* – zumindest aus deutscher Perspektive – von einem Trio hyperaktiver Autoren dominiert, deren größte Leistung die literarische Provokation ist: Wiktor Pelewin, Wladimir Sorokin und Wiktor Jerofejew." So leitet Christoph Keller[80] einen interessanten Kurzbeitrag über Jerofejews neuen Erzählband "De profundis" (so auch der Titel in Russisch) in der Literaturbeilage der "ZEIT" zur Eröffnung der Frankfurter Buchmesse 2006 ein. Dem kann ich nur zustimmen. Freilich könnten unzählige weitere Autoren und Autorinnen unterschiedlicher Genres hinzugefügt werden wie Boris Akunin, Waleri Popow, Ludmila Ulitzkaja, Tatjana Tolstaja, Anna Achmatova, Ljudmila Petruschewskaja, Darja Bulatnikowa (die 2007 im Rating der Kriminalromane gleich mit mehreren Titeln vorn lag) und Polina Daschkowa, um nur einige der meistgelesenen aufzuzählen, ohne sie nach Genre oder Niveau unterscheiden zu wollen.

Kriminalromane und Kriminalerzählungen haben in Russland Konjunktur – wie in anderen Ländern auch. In diesem Kapitel möchte ich Ihnen einen spannenden *Kriminalroman* (детективный роман oder kurz детектив bzw. криминальный роман) vorstellen. Er liegt auch in deutscher Übersetzung vor und wurde von der schon mehrfach erwähnten Polina Daschkowa geschrieben. Die viel gelesenene Prosaschriftstellerin hat auch zwei Bücher mit Erzählungen und Gedichten verfasst, welche aber bisher nicht in deutscher Übersetzung erschienen sind. Eine kurze biografische Übersicht über Polina Daschkowa[81] auf der Website www.podruga.net/gzl/0021.html beginnt mit diesen Worten:

---

80 Christoph Keller (geb. 1963) ist studierter Slawist und Amerikanist. Er wurde bekannt durch mehrere Romane und Theaterstücke sowie vor allem durch Reportagen über die russische Literatur und Kultur.

81 *Polina Viktorowna Daschkowa, geb. 1960* (Полина Викторовна Дашкова, р. 1960); ihre bedeutendsten Kriminalgeschichten sind: *"Die leichten Schritte des Wahnsinns"* ("Легкие шаги безумия", 1998), *"Klub Kalaschnikow"* ("Место под солнцем", 1998), *"Russische Orchidee"* ("Эфирное время", 1999). 2007 gibt die Autorin die Gesamtauflage ihrer Bücher in Russland mit etwa 40 Millionen an. Gegenwärtig schreibt sie an einer Romantriologie zur russischen Geschichte im 20. Jahrhundert. Der erste Band über die Jahre 1916 bis 1918 ist 2006 in Russland erschienen.

Полина Дашкова (Дашкова – псевдоним, который писательница взяла в честь своей младшей дочери Даши) – коренная москвичка. Ее родители, деды и прадеды принадлежали к столичной интеллигенции. [...] Словом, совершенно не удивительно, что девочку с детства тянуло к творческой деятельности.

Daschkowa ist, so erfahren wir, *ein Pseudonym, das sie nach ihrer jüngsten Tochter Dascha angenommen hat* (псевдоним, который писательница взяла в честь своей младшей дочери Даши).[82] Während einer ihrer Lesungen habe ich die Erfolgsautorin nach ihrem Pseudonym befragt. Ihre anfängliche Reaktion war Ablehnung; sie habe es satt, immer wieder ihr Pseudonym erklären zu müssen. Dann holte sie jedoch trotzdem etwas weiter aus und machte deutlich, warum sie so reagierte. In den letzten Jahren werde sie immer wieder danach gefragt. Selbst Grenzbeamte, die sie ihrem Gesicht nach sehr wohl erkennen, seien verunsichert, wenn sie im Pass den anderen Namen, nämlich ihren Geburtsnamen lesen, und stellten unnötig viele Fragen. Umständlich und vor allem peinlich für sie sei es dann, stets aufs Neue zu erklären. "Als ich mein erstes Buch veröffentlichen wollte", so erzählte sie, "gab mir der Verlag zu verstehen, dass es ohne ein Pseudonym nicht gehe. Mein eigentlicher Familienname endet nämlich auf -o. An dieser sächlichen Endung erkennt man aber nicht, dass ich eine Frau bin. Das wollte der Verlag auf keinen Fall. Also fragte ich in meiner Familie und bei Freunden herum, ob nicht irgendjemand ein geeignetes Pseudonym wüsste. Nach langer Überlegung entschloss ich mich schließlich, den Namen meiner Tochter in einen Familiennamen umzuwandeln. Aus dem Beginn des in meinem Pass stehenden Familiennamens machte ich den heutigen Vornamen. Inzwischen habe ich mich an 'Polina Daschkowa' wie an eine zweite Haut gewöhnt." (Diese Mitschrift gibt die Äußerungen der Autorin sinngemäß wieder.)

82 Das Annehmen von Pseudonymen ist bekanntlich bei Künstlern und Schriftstellern in aller Welt verbreitet. Es geschieht aus den unterschiedlichsten Gründen. Auch andere russische Schriftsteller haben sich Pseudonyme gegeben. Die bekanntesten sind wohl: Аркадий Гайдар – Аркадий Петрович Голиков; Максим Горький – Алексей Максимович Пешков; И. Ильф и Е.Петров (die häufig nur als Ilf und Petrow bezeichnet werden) – Илья Арнольдович Файзильберг и Евгений Петрович Катаев; Борис Полевой – Борис Николаевич Кампов. Weitere Pseudonyme finden Sie auf der Website www.megarelax.ru/interesnoe/psevdonim2.html.

Ihren ursprünglichen Namen wollte Polina Daschkowa nicht preisgeben, das sei ihr "частная жизнь" (*"Privatleben"*). Ich finde, das ist ihr gutes Recht!

Zur Abrundung der kurzen Analyse des Beginns von Daschkowas Biografie einige Anmerkungen. Da ist zunächst die präpositionale Fügung в честь. Sie bedeutet wörtlich *zu Ehren* und drückt besondere Achtung oder Liebe aus. Die Wendung wird nicht selten gebraucht. Wenn Sie einmal eine *Einladung zum Empfang der Kongressteilnehmer* (приглашение на прием в честь участников конгресса; eigentlich *zu Ehren der Teilnehmer*) erhalten sollten, verpassen Sie ihn nicht! Russische Gastfreundschaft lässt auch hier die Tische unter der Last der Leckereien bersten.

Polina Daschkowa ist *gebürtige Moskauerin* (коренная москвичка). Das Attribut коренной ist von корень (*Wurzel*) abgeleitet. Die wörtliche Bedeutung ist also, dass die Schriftstellerin ihre Wurzeln in Moskau hat. Das wird im nachfolgenden Satz erläutert: Ее родители, деды и прадеды принадлежали к столичной интеллигенции. (*Ihre Eltern, Großeltern und Urgroßeltern gehörten zur Hauptstadtintelligenz.*)

Словом, совершенно не удивительно, что девочку с детства тянуло к творческой деятельности. (*Mit einem Wort, es ist durchaus nicht verwunderlich, dass sich das Mädchen seit seiner Kindheit zur schöpferischen Betätigung hingezogen fühlte.*) Drei Lexeme sind in diesem Satz beachtenswert: Словом, der Instrumental des Substantivs, wird hier als adverbiale Wendung gebraucht. Das Wort слово bildet viele Wendungen und Redensarten. In der Bibel steht geschrieben: "В начале было Слово." (это первая строка книги Нового Завета Евангелия от Иоанна) – *"Am Anfang war das Wort."* (das ist die erste Zeile des Johannes-Evangeliums im Neuen Testament). Beachten Sie im Bibelzitat die Großschreibung des Substantivs mit dem Ziel der literarischen Überhöhung seiner religiösen Bedeutsamkeit! Andere Redewendungen mit unserem Stichwort sind zum Beispiel перейти от слова к делу (*vom Wort zur Tat übergehen*), рассказать своими словами (*mit eigenen Worten erzählen*), у нее дар слова (*sie ist eine begabte Rednerin*; wörtlich: *sie hat die Gabe des Wortes*). Überraschenderweise heißt aber "Слов нет!"

nicht "ohne Worte" (denkbar als Bildunterschrift), sondern *"Da bin ich aber sprachlos!"*

Die Wendung совершенно не удивительно (*es ist durchaus nicht verwunderlich*) enthält zwei Adverbien. Das erste kennen Sie zum Beispiel aus dem grammatischen Terminus совершенный вид (*vollendeter Aspekt*). Es ist vom Verb совершать/совершить (*machen, vollbringen, vollenden*) abgeleitet. Das Adverb ist recht nützlich. Sie verwenden es in solchen Antworten wie "Это совершенно правильно!" oder "Это совершенно не так!" (*"Das ist vollkommen richtig!"* bzw. *"Das ist ganz und gar nicht so!"*).

Dem zweiten Adverb liegt das Verb удивлять(ся)/удивить(ся) – *(sich) wundern* zu Grunde. *Er wunderte sich sehr* heißt auf Russisch он очень удивился oder он был очень удивлён (in dieser Konstruktion ausgedrückt mit dem PPP; erinnern Sie sich an diese Abkürzung?).

Das dritte und letzte hier erörterte Lexem ist das Verb тянуть (*ziehen, sich hingezogen fühlen*). Wenn Sie es im Wörterbuch nachschlagen, werden Sie eine Vielzahl verschiedener Gebrauchssituationen und entsprechend viele Übersetzungen finden, allerdings nicht oft so wortwörtliche wie zum Beispiel in der Objektfügung тянуть разговор (*das Gespräch hinziehen*). Und umgekehrt, "ziehen" kann nicht immer mit тянуть wiedergegeben werden. Wenn *es vom Fenster her zieht*, dann sagen Sie auf Russisch: дует от окна.

Gehen wir weiter in Polina Daschkowas Lebenslauf! Am Moskauer Institut "Maxim Gorki" *studierte sie Literatur* (она училась на литфаке; eigentlich: *Sie studierte an der Fakultät für Literatur*) und arbeitete danach bei der Zeitung, im Rundfunk und sogar in der Staatsduma als Journalistin. Ihre ausgezeichneten Englischkenntnisse befähigten sie, als Synchrondolmetscherin tätig zu sein, wobei sie nebenbei begann, schöngeistige Literatur zu übersetzen.[83] Seit 1995 hat sie bisher zwölf Kriminalromane geschrieben. Einen möchte ich Ihnen in Auszügen vorstellen: "Место

83 Ihre Englischkenntnisse kamen ihr sehr zustatten, als sie das Drehbuch zur Verfilmung eines ihrer Werke in Hollywood und – von anderer Seite – eine Synopse eines ihrer Bücher in englischer Sprache vorgelegt bekam. Sie fand beide so wenig ihrem Stil und dem Inhalt des Buches angemessen, dass sie eine englischsprachige Ausgabe rundweg ablehnte. Das kann sich Polina Daschkowa angesichts ihres überwältigenden Erfolgs in Russland sowie der bereits vorliegenden Übersetzungen ins Deutsche, Französische, Spanische und in andere Sprachen gestatten.

под солнцем" (wörtlich: *"Ein Platz an der Sonne"*, in der deutschen Ausgabe mit "Club Kalaschnikow" wiedergegeben).

Wie machen Sie es, liebe Leserinnen und Leser? Wenn Sie ein Buch zur Hand nehmen, informieren Sie sich dann auch zuerst über seinen Inhalt? Wir wollen es jetzt so machen und lesen als erstes den *Backcovertext*. Tut mir Leid, das ist der gebräuchliche Terminus, ich hätte auch – etwas umständlicher – *Text auf der Rückseite des Buches* sagen können, so wie es in gutem Russisch heißt: текст на задней обложке книги. Aber selbst für diese rein russische Konstruktion finden Sie eine Mischform back-cover текст. Hier der ... (Nennen Sie den Text, wie Sie möchten!) der Ausgabe 2001 des Moskauer Verlags EKSMO-Press:

В центре Москвы у подъезда своего дома, убит выстрелом в голову сын известного киноактера, владелец модного казино, молодой преуспевающий бизнесмен Глеб Калашников. Никаких улик, никаких свидетелей. Загадочное убийство расследуют милиция, бандитская "крыша", опекавшая доходное казино, корреспондент скандальной телевизионной программы. Но не только. Обстоятельства вынуждают вдову бизнесмена, талантливую солистку балета Екатерину Орлову, начать рискованное и почти безнадежное расследование [...].

Wenn Sie die Buchbeschreibung nicht ganz verstanden haben, dann sollen Ihnen die folgenden Ausführungen helfen. Wenn aber doch, dann sind Sie doch bestimmt schon neugierig herauszubekommen, wer den jungen Gleb Kalaschnikow erschossen hat!

Im Text fallen uns zuerst die Namen der beiden Hauptcharaktere auf: Глеб Калашников (*Gleb Kalaschnikow*) mit seinem martialischen Familiennamen[84] und Екатерина Орлова (*Jekaterina Orlowa*[85]), die uns mit ihren künstlerischen Lebensumständen in eine ganz

84 Unter Kalaschnikow wird seit ihrer Entwicklung durch den Namen gebenden Konstrukteur eine automatische Schusswaffe verstanden. Sie ist die weltweit am meisten produzierte Sturmwaffe überhaupt. Das Wort steht nicht nur in Russland sprichwörtlich für den Einsatz von Gewalt.

85 Mit diesem Namen könnten russische Leser je nach Vorstellungsvermögen und Interessenlage Assoziationen mit dem Prunk des russischen Fürstengeschlechts der Orlows oder mit dem Savoir-vivre-Flair der Operette "Die Fledermaus" verbinden.

andere Welt als die des verdächtig geschäftstüchtigen Gleb führt. Wenn Sie über diese Namen nachdenken oder sich von den Fußnoten anregen lassen, dann könnten Sie meinen, das sind doch bestimmt *sprechende Familiennamen* (говорящие фамилии). Auch in Daschkowas anderen Büchern agieren ab und an Charaktere, die allein schon durch ihren Namen charakterisiert zu sein scheinen. Im Roman "Der falsche Engel" hat der bestens verdienende Chefarzt einer privaten Schönheitsklinik den vielsagenden Namen Петр Мамонов (*Pjotr Mamonow*); da fällt dem Leser doch unwillkürlich das Wort *Mammon* ein, das es auch in der russischen Sprache als Fremdwort gibt (мамон, мамона). Danach befragt, antwortet die Schriftstellerin kurz und bündig: "Это совсем не так." (*"Das ist ganz und gar nicht so."*) Sie wähle für die Personen Namen, die gut klingen und zu ihnen passen. Das glaube ich gern. Aber "klingen" dann bei ihr möglicherweise die Assoziationen unterschwellig mit? Sei es wie es sei, jedenfalls passen die Namen der Charaktere bei Polina Daschkowa sehr gut zu ihren Trägern.

Einen Großteil des oben wiedergegebenen Textes können wir auch ohne umfangreiche Vokabelkenntnisse erschließen: В центре Москвы, киноактер, казино, бизнесмен, милиция, бандитская ("крыша"[86]), корреспондент, скандальной, телевизионной программы, талантливую солистку балета, рискованное. Nur zu Ihrer Kontrolle, denn beim Lesen der Wörter wird Ihnen die Bedeutung schon bewusst geworden sein: *im Zentrum Moskaus, Filmschauspieler, Casino, Geschäftsleute, Miliz, Banditen-* (das Adjektiv mit dem Klammerausdruck *"Dach"* danach), die Wörter *Korrespondent, Skandal-, TV-Programm, talentierte Ballettsolistin* und schließlich irgendetwas mit *Risiko*.

Beginnen wir mit der letzten, komplexeren Wortgruppe: рискованное и почти безнадежное расследование – *riskante und fast aussichtslose Nachforschungen*. Die vollständige Gruppe konnten Sie wahrscheinlich nicht erschließen, aber immerhin, dass es um etwas *Riskantes* geht. Doch ist es nicht wirklich so, dass bereits diese Kernwörter Ihnen einen ersten Eindruck davon verschaffen, worum es

86 Das als Slangwort gebrauchte Substantiv крыша (eigentlich: *Dach*) bezeichnet hier die Organisation der *Schutzgelderpresser*, die sich gegenüber den erpressten Firmen als "Beschützer" (daher das Bild vom Dach) ausgeben.

in dem Buch gehen könnte? Adjektive, die mit Substantiven verwandt sind oder umgekehrt, lassen sich ebenfalls unschwer einer Bedeutung zuordnen:

> бандитская – бандит (*Bandit*), скандальной – скандал (*Skandal*), телевизионной – телевизия (*Fernsehen*), талантливую – талант (*Talent*), рискованное – риск (*Risiko*)

Weitere Wörter des Covertextes kennen Sie, wenn Sie Russisch gelernt haben, bereits aus Ihren ersten Lernjahren: дом, голова, сын, не только, начать, почти (*Haus, Kopf, Sohn, nicht nur, beginnen, fast*). Eigentlich ist es doch nicht so schwer, einen Text wenigstens sinngemäß zu erfassen, oder? Auch wenn man nicht jedes einzelne Wort kennt.

Erwarten Sie nun Auszüge aus dem spannenden Roman? Leider muss ich Sie enttäuschen. Ich wollte Sie lediglich neugierig machen und Ihnen den sprachlichen Zugang zum Buch erleichtern. Möchten Sie es nicht einmal lesen? Vielleicht sogar auf Russisch, mit der deutschen Ausgabe daneben? Nein, aus dem Kriminalroman der Daschkowa wollte ich nichts vorwegnehmen. Aber das nächste Kapitel hält Auszüge aus einem anderen Roman für Sie bereit, in dem es um Glück und einen blauen Mops geht. Lassen Sie sich überraschen!

Hier ist Ihre Ljuba:

Fünfter Halt – Пятая остановка

Ganz ohne "Gid"

Heute ist Ljuba nicht bei Ihnen. Aus diesem Grund hat sie sich beim letzten Halt von Ihnen mit "До послезавтра!" (*"Bis übermorgen!"*) verabschiedet. Sie kann nicht mit nach Moskau kommen, weil sie die deutschen Schüler auf ihrem Tagesausflug nach Peterhof begleiten muss. Sie hat Ihnen aber etwas aufgeschrieben.

Ihre *Reisebegleiterin* (гид; das russische Wort bezeichnet wahlweise die weibliche oder die männliche Reisebegleitung) hat lange überlegt, wie sie Sie anreden soll: Дамы и господа! (*Meine Damen und Herren!*; das wäre sehr förmlich, aber korrekt), Уважаемые путешественники! (*Sehr geehrte Reisende*; das wäre ebenfalls sehr höflich und würde Sie als Touristen ansprechen) oder Дорогие читательницы и читатели! (*Liebe Leserinnen und Leser!*; das hätte Ljubas freundlichem Charakter am ehesten entsprochen und trifft ja zu). Dann wollte sie auf die direkte Anrede ganz verzichten und – wie sie es in E-Mails oft tut – mit einer Begrüßung beginnen: Добрый день! (*Guten Tag!*; eine Alltagsformel, die aber doch ein gewisses Maß an distanzierender Höflichkeit ausdrückt), Алло! oder Здравствуйте! Das letzte Wort ist abgeleitet von здоровье (*Gesundheit*), bedeutete ursprünglich also etwa: *"Bleiben Sie gesund!"*[87] Heute entspricht der Gruß ungefähr dem deutschen *"Seien Sie gegrüßt!"* oder – wenn man einander duzt – "Здравствуй!" (*"Sei gegrüßt!"*). Ljuba und Sie kennen sich nun schon seit geraumer Zeit und sie plaudert völlig unbefangen mit Ihnen. "Здравствуйте!" (etwa *"Grüß Sie!"*, obwohl es meist mit *"Guten Tag"* übersetzt wird) oder auch "Алло!" (*"Hallo!"*) sollten darum kein Problem sein.

Weil Ljuba sich nicht entscheiden konnte, hat sie die Anrede schließlich gänzlich weggelassen. Hier deshalb gleich ihr Schreiben an Sie:

---

87 Diese Wendung ist vergleichbar dem englischen "How do you do?", das ursprünglich ebenfalls eine Frage nach dem Befinden darstellte, aber heute nur noch eine vor allem in den USA gebrauchte Begrüßungsfloskel ist und deshalb oft mit demselben Ausdruck beantwortet wird: "How d'you do?"

Hat es Ihnen in Moskau gefallen? Ich liebe die Stadt auch, sie ist wunderschön, wenn auch ganz anders als Pieter. Und die "Moskauer Abende" singen die петербуржцы (*Petersburger*) natürlich genauso gern wie die москвичи (*Moskauer*). Während der weißen Nächte, wenn in Sankt Petersburg die Junisonne nie ganz untergeht, sitzen wir nachts gern an der leise plätschernden Newa oder in einem der herrlichen Parks und singen unsere schönen russischen Volkslieder. Ich singe für mein Leben gern. Als Kind wollte ich Opernsängerin werden, wie es heute Anna Netrebko[88] ist. Мы с ней почти одного возраста. (*Wir beide sind fast gleichaltrig.*) Aber dann begannen wir in der zweiten Klasse Deutsch zu lernen. Galina Petrowna war eine wunderbare Lehrerin! Und als wir das erste Mal mit unserem Schulchor nach Berlin fahren durften ... Sie sehen, jetzt bin ich eine begeisterte Deutschlehrerin.

Weil Sie im vorigen Kapitel von unserem Liebeslied an Moskau und eine Moskauerin leider nur die erste Strophe lesen konnten, habe ich Ihnen die restlichen drei aufgeschrieben und einige Wörter und Wendungen übersetzt. Sie sind im russischen Text unterstrichen. Dann können Sie "Подмосковные вечера" doch wenigstens mitsingen.

Речка движется и не движется,	*Flüsschen*[89]
Вся из лунного серебра.	*des Mondes Silber*
Песня слышится и не слышится	
В эти тихие вечера.	
Что ж ты, милая, смотришь искоса,	*Liebste; von der Seite*
Низко голову наклоня?	*hältst den Kopf gesenkt*
Трудно высказать и не высказать	*schwer zu sagen*
Все, что на сердце у меня.	
А рассвет уже все заметнее.	*Morgendämmerung*
Так, пожалуйста, будь добра,	
Не забудь и ты эти летние	*vergiss nicht*
Подмосковные вечера!	

88 *Anna Jurjewna Netrebko, geb. 1971* (Анна Юрьевна Нетребко, р. 1971) ist die derzeit wohl populärste russische Sopranistin. Sie gastiert auf allen großen Bühnen der Welt.

89 Речка meint hier natürlich die gar nicht so kleine Moskwa. Sie ist immerhin 500 km lang. Das Diminutivum ist als Koseform zu verstehen und drückt mithin die Liebe der Moskauer zu ihrem Fluss aus.

Ist das nicht ein schönes Liebeslied? О любви у нас много песень, стихотворений, пословиц и примет. (*Über die Liebe haben wir viele Lieder, Gedichte, Sprichwörter und Sprüche.*) Многие верят в народные приметы[90]. (*An die volkstümlichen Sprüche glauben viele Menschen.*). Wir haben Tausende davon. So gibt es zum Beispiel bei uns новогодние приметы (*Neujahrssprüche*) und свадебные приметы (*Hochzeitssprüche*). Einen Spruch werde ich nie vergessen: Нельзя стоять на пороге, когда что-нибудь ешь – долго не выйдещь замуж. (*Du darfst nicht mit dem Essen in der Hand auf der Schwelle stehen, sonst bekommst Du lange Zeit keinen Mann.*) Das hat mir meine liebe Mutter oft gesagt, wenn sie wollte, dass ich nicht mit der Schnitte in der Hand in die Schule laufe. Der Spruch trifft tatsächlich zu ...

Lesen Sie sich doch einmal die folgenden приметы durch! Ich habe sie aus einem Kalender:

6. Januar	Какова сегодня погода – таков будет декабрь. – *Wie heute das Wetter ist, so wird's im Dezember.*
24. April	Дождь – к грибному лету. – *Regen verspricht einen pilzreichen Sommer.*
13. Juni	Кукушка – к хорошей погоде. – *Wenn der Kuckuck ruft, bringt er gutes Wetter.*
9. September	Орехов много, а грибов нет – к снежной и суровой зиме. – *Viele Nüsse und keine Pilze, das gibt viel Schnee und einen strengen Winter.*
31. Dezember	Как встретишь Новый год, так его и проведешь. – *Wie du das neue Jahr empfängst, so wird es dir ergehen.*

Я не суеверная (*ich bin nicht abergläubisch*), aber es ist etwas dran. Dieses Jahr hatten wir wenig Pilze, Nüsse gab es reichlich – das wird wohl einen strengen Winter geben. Die Neujahrsregel dagegen ... das wäre ja unerträglich, wenn wir das ganze Jahr über nur feiern, essen und trinken würden!

90 Das Wort примета ist in kleinen Wörterbüchern nicht zu finden. Es heißt *Merkmal* oder *Vorzeichen*, bedeutet aber auch *Bauernregel, Wetterregel, Lebensregel* oder einfach *Spruch*.

Im vorigen Kapitel wurde Ihnen auch versprochen, dass Sie etwas über die Bildung der Befehlsform der Verben erfahren. Dann wollen wir einmal beginnen! Zuerst zwei Beispiele. Die russische Telekommunikationsfirma *MTS* (МТС – Мобильные ТелеСистемы) verbreitet den folgenden Werbeslogan:

Путешествуйте и оставайтесь на связи по всему миру!

(*Reisen Sie und bleiben Sie in Kontakt mit der ganzen Welt!*)
Ein Büchlein für SMS-Freaks[91] enthält einen Reim-dich-oder-ich-fress-dich-Sechszeiler, den Verliebte einander senden können. Er verwendet auf jeder Zeile eine andere Imperativform:

Вставай скорей с своей кроватки	*Steh auf aus deinem Bette schnell*
И к солнцу протяни ты лапки.	*und streck zur Sonne deine Hände.*
Скорее солнышко поймай	*Fang die liebe Sonne auf der Stell*
И никуда не отпускай.	*Und lass sie nicht mehr weg.*
Прижми его к себе	*Drück sie fest an dich*
И вспомни обо мне.	*Und denke immer nur an mich.*

Diese Texte könnten von einem Grammatiker erdacht worden sein, so hübsch demonstrieren sie die Bildung von Imperativen. Wenn Sie sich die betreffenden Wörter näher ansehen, erahnen Sie sicherlich schon, wie die Befehlsform zu bilden ist. Es geht ganz einfach.

Anstatt der Endungen der 3. Person Plural der Präsensform -ут/-ют beziehungsweise -ат/-ят erscheinen die Buchstaben: -й, -и oder -ь, zum Beispiel они чита-ют – читай! (*sie lesen – lies!*). Auf diese Weise erhalten Sie die Singularform des Imperativs der 2. Person. (Sie wissen ja, dass es außerdem den Imperativ der 3. Person und weitere Befehlsformen gibt.)

Zur Bildung der Pluralform hängen Sie immer nur -те daran: читайте! (*lesen Sie!*). Sie werden fragen, ja, aber wann benutze ich welche Endung? Dazu müssen Sie sich drei Dinge merken, diese Mühe kann ich Ihnen leider nicht abnehmen. Sie kennen doch das Sprichwort: *Ohne Fleiß kein Preis.* Bei uns sagt man auch: Без труда

91 М. Драко: "SMS на все случаи". ООО Попурри. Минск 2007. (*M. Drako: "SMS für alle Fälle"*. Verlag Popurri. Minsk 2007.)

не вытащишь и рыбки из пруда. (wörtlich: *Ohne Arbeit ziehst du kein einziges Fischlein aus dem Teich.*)

1. Wenn der Präsensstamm[92] mit einem Vokal aufhört, dann hängen Sie -й an, wie im gerade gegebenen Beispiel: читай! – *lies!* oder im Verb открыть, открою, открой! – *öffnen, ich öffne, öffne!*

2. Wenn der Präsensstamm mit einem Konsonanten aufhört und die Form der 1. Person Singular endbetont ist, dann hängen Sie -и an, das in diesem Fall stets betont ist, zum Beispiel: идти, иду, иди! – *gehen, ich gehe, geh*! Das gleiche tun Sie, wenn der Präsensstamm auf mehrere Konsonanten ausgeht: смотреть, смотрю, смотри! (alle Formen endbetont) – *sehen, ich sehe, sieh!*

Wenn dagegen der Präsensstamm mit einem Konsonanten aufhört und die Form der 1. Person Singular nicht endbetont ist, dann hängen Sie -ь an. Beispiele (die ausnahmsweise gesetzten Betonungszeichen verdeutlichen, dass die Betonung auf dem Stamm liegt, nicht auf der Endung): ве́рить, ве́рю, верь! – *glauben, ich glaube, glaube!*; испра́вить, испра́влю, исправь! – *korrigieren, ich korrigiere, korrigiere!*

Richten Sie sich nach diesen Regeln, dann können Sie die allermeisten Befehlsformen selbst bilden. Nur relativ wenige Verben weichen davon ab. Am besten, Sie merken sich einfach einige dieser unregelmäßigen Formen: давать – давай! (*geben – gib!*), вставать – вставай! (*aufstehen – steh auf!*), дать – дай! (*geben – gib!*), есть – ешь! (*essen – iss!*). Und Sie sollten noch wissen, was bei den reflexiven Verben passiert. Ganz einfach: an ein betontes -и wird -сь angefügt, auf -й oder ь- folgt -ся, beispielsweise берегись! (*nimm dich in Acht!*), мойся! (*wasch dich!*), оденься! (*zieh dich an!*).

Wenn Sie wollen, können Sie ja mit Hilfe dieser Aufgabe die Bildung des Imperativs üben. Diesmal geht es um die Pluralform des Imperativs.

92 Beim russischen Verb unterscheidet man zwei Stämme: den Infinitivstamm (den man nach Abtrennung der Endungen -ть, -ти vom Infinitiv erhält) und den Präsensstamm des unvollendeten Verbs. Der letztere bleibt übrig, wenn von der 3. Person Plural Präsens die Endungen -ут/-ют bzw. -ат/-ят weggelassen werden.

Образуйте формы повелительного наклонения. (*Bilden Sie die Formen des Imperativs.*)

писать	пишу	пишите!
построить		
рисовать		
сидеть		
начать		
продавать		
отдохнуть		
быть		

Falls Sie die Präsens- bzw. Futurformen einiger Verben in der Tabelle nicht kennen, schauen Sie im Wörterbuch nach. Die Lösung können Sie dann mit mir beim nächsten Halt vergleichen. Da werde ich wieder da sein. Договорились? (*Abgemacht?*) Bitte kommen Sie gesund und wohlbehalten nach Petersburg zurück![93] "Счастливого пути!" (*"Gute Reise!"*).

93 Dieser nachdrückliche Wunsch hat einen ernsthaften Hintergrund. Auf die Züge zwischen Moskau und Sankt Petersburg wurden in den letzten Jahren wiederholt Anschläge verübt. Der letzte ereignete sich im August 2007, bei dem durch einen selbst gebastelten Sprengsatz mehr als 60 Menschen verletzt wurden.

Kapitel 6 – Шестая глава

Der blaue Mops – Синий мопс

Jetzt kommen wir zum versprochenen Exkurs über den praktischen Part der Partizipien. Möchten Sie partizipieren? – Zu oft "part" in diesen beiden Sätzen? Das war natürlich Absicht. Ich wollte Sie auf das lateinische Wort "pars" aufmerksam machen, welches *Teil* heißt, bei "partizipieren" wird das sehr deutlich: *teilhaben*. Auf Russisch heißt das *Partizip* причастие. Fällt Ihnen etwas auf? Die Wurzel dieses Worts lautet -част- und heißt ebenfalls *Teil*, wie Sie wissen; nur als Substantiv etwas anders geschrieben: часть. Der Terminus причастие, eine Lehnübersetzung aus dem Griechischen über das Lateinische, bedeutet also *"bei"-gelegtes "Teil"*. Beigelegt ist das Partizip dem Verb, denn es ist eine besondere Form des Verbs, mit den Eigenschaften eines Adjektivs. Alle Partizipien sind von Verben abgeleitet.

Dieser Zusammenhang ist für den Muttersprachler ganz selbstverständlich. Er benutzt Partizipien, ohne sich Gedanken darüber zu machen, wie die Formen zustande kommen. In der deutschen Sprache geht es uns ebenso. Wenn wir von einem "leicht zu lesenden Buch" sprechen, dann ist uns die Verbbedeutung des Worts "lesend" verständlich, gleichgültig welche Form es hat oder ob es, wie hier, zum adjektivischen Attribut geworden ist. Erst wenn wir eine andere Sprache lernen, scheint uns die Formenvielfalt des Verbs zu erdrücken. Denken Sie nur einmal an die Formenvielfalt der französischen Verben! Die russischen Verben stehen ihnen allerdings nicht darin nach. Und trotzdem werden Sie merken, dass auch der Nicht-Muttersprachler ohne allzu große Schwierigkeiten russische Partizipien verstehen kann. Am schnellsten geht das anhand praktischer Beispiele.

Gehen Sie mit mir auf eine "gedankliche" Reise, während derer wir gemeinsam Partizipien finden und übersetzen wollen! Die Reise führt uns – nach russischen Maßstäben – nicht weit weg von Moskau ins

Städtchen Iwanowo.[94] Wenn man es mit Moskau oder Petersburg vergleicht, ist es, wie man so sagt, *ein gottverlorenes Nest*, die Amerikaner nennen so etwas one-horse town, auf Russisch sagt man dazu: захолустье. Außer den altehrwürdigen Bauten aus der Zarenzeit, dem Großen Theater, einigen Museen und den Resten ehemals prachtvoller Fabrikantenvillen aus der Gründerzeit um 1900 gibt es in der Stadt nicht viel zu sehen. Wer sich jedoch für längere Zeit dort aufhält, den nehmen der Charme der alten Stadt und die Freundlichkeit ihrer Menschen gefangen.

Die Stadt ist geprägt von einer reichen handwerklichen Vergangenheit und industriellen Gegenwart. Ein Bericht über die Geschichte der Stadt schließt mit der Feststellung: Иваново продолжает оставаться текстильным центром страны, за что получило название "русский Манчестер".[95] (*Iwanowo ist weiterhin das Textilzentrum des Landes, weswegen es den Namen "russisches Manchester" erhielt.*) Ein junger Mann, der mit seiner Freundin auf der Parkbank neben mir saß, vertraute mir nicht ohne Augenzwinkern an: "Иваново – это город невест." (*"Iwanowo ist die Stadt der Bräute."*) Den Grund nannte er mir ebenfalls. Dort seien so viele Textilbetriebe mit vorwiegend weiblichen Beschäftigten angesiedelt, dass ein großer Frauenüberschuss in der Stadt herrsche.

Das Stadtinnere ist schnell abgelaufen. Schöne alte Kirchen mit Zwiebeltürmen, gepflegte Grünanlagen, einige junge, aufstrebende Unternehmen in Gebäuden, deren Fassaden restauriert sind, aber ein Blick in manche Innenhöfe lässt ahnen, wie viel noch zu tun ist. Und schließlich da und dort ein Schnellrestaurant, in dem die Gäste dem ständigen Lärm eines Video-Bildschirms ausgesetzt sind. Und wenn es ganz modern zugeht, dann zeigt ihnen ein weiteres Display an, wann ihr Essen fertig ist.

Eine Bildungseinrichtung in der Stadt weckte mein besonderes Interesse: Бизнес-школа "ЛИНК" (*Business School "LINK"*), um-

---

94 *Iwanowo* (Иваново), ca. 300 km nordöstlich von Moskau gelegen, ist eine mittelgroße Industrie- und Universitätsstadt mit mehreren großen Kirchen, zwei Klöstern, mehreren Theatern und einem ständigen Zirkus. Die vom Tourismus wenig berührte altrussische Stadt, in der bereits im 13. Jahrhundert Zellstoff produziert wurde und die nach dem Anschluss ans Eisenbahnnetz 1868 zu einer Industriemetropole wurde, zählt heute zum "Goldenen Ring" der Kulturdenkmäler um Moskau. Ihre Einwohnerzahl ist jedoch seit den neunziger Jahren rückläufig. Partnerstadt Iwanowos in Deutschland ist Hannover.

95 Nachzulesen unter: http://www.ivanovo-grad.ru.

gangssprachlich auch школа бизнеса (*Businessschule*) genannt. Einerseits, weil ich aus Profession an Bildungsangeboten interessiert bin, andererseits wegen der drei "Nullen" vor diesem Namen, die ich schon vor vielen anderen Firmenbezeichnungen gesehen hatte. Eine Nachfrage bei der Pförtnerin klärte mich auf. Die Großbuchstaben OOO sind die Abkürzung für общество с ограниченной ответственностью (*Gesellschaft mit beschränkter Haftung*).

Trotz nicht weniger Firmengründungen kommt der Fortschritt der neuen Zeit in Iwanowo augenscheinlich um einiges langsamer voran als anderswo. Lediglich auf dem *Friedrich-Engels-Prospekt* (на проспекте Фридриха Энгельса), mit Blick auf den Fluss Уводь (*Uwod*), steht ein offenbar florierendes modernes, architektonisch interessantes *Hotel* (отель).

Das sechsgeschossige *Hotel "Sojus"* (гостиница "Союз") verfügt über eine *gemütliche Lobby-Bar* (уютный лобби-бар) und ein angenehmes, kleines *Restaurant* (ресторан) mit modern-folkloristischem Ambiente. Im Restaurant erhält man eine dicke *Speisekarte* (меню), und auf dieser Speisekarte findet sich, noch vor den vielen leckeren Gerichten, eine Beschreibung der Räumlichkeiten des Hotels. Darin heißt es unter anderem:

Меню

...

Отель оснащен
системой общего кондиционирования.

Der Satz ist eine gute Demonstration für den Gebrauch eines Partizips. Erkennen Sie, um welches es sich bei оснащен (*ausgestattet*) handelt? Die Tabelle im ersten Kapitel hilft Ihnen bei der Bestimmung. Zum Verständnis der Aussage benötigen Sie freilich die Grammatik nicht, es genügt, wenn Sie den Infinitiv оснащать/оснастить (*ausrüsten, ausstatten*) kennen. Außerdem fiel mir das Substantiv кондиционирование auf. Es bedeutet *Klimatisierung, Klimaanlage*. Jetzt wird die Bedeutung des vollständigen Satzes klar: *Das Hotel ist mit einer zentralen Klimaanlage ausgestattet.*

Es ist meine Angewohnheit, neue oder irgendwie auffällige Wörter und Wendungen zu notieren, um sie nicht zu vergessen. Diesen

Satz habe ich mir auch deshalb aufgeschrieben, weil die Tatsache an sich schon bedeutete, dass wenigstens dieses Hotel in Iwanowo ziemlich gut laufen musste, denn eine Klimaanlage ist teuer!

Und noch ein Wort habe ich in mein Notizbuch aufgenommen. Es gehört zwar nicht hierher, aber es erschien mir für eine Speisekarte als zu ungewöhnlich, als dass ich es vergessen wollte. Unter der Rubrik "Десерты" (*"Nachtisch"*) war aufgeführt: жевательная резинка (*Kaugummi*). Freilich für wenige Rubel, aber ist Ihnen das in einer Speisekarte schon einmal begegnet?

Eine Bekannte, die in dieser kleinen Stadt studiert hatte, dort heiratete und heute als Mitarbeiterin eines Buchverlags in ganz Russland herumkommt, empfahl mir bei einer Tasse Tee den Roman einer weiteren bekannten russischen Schriftstellerin. Etwas zum Entspannen, wie sie sagte, halb Krimi, halb Komödie.

Die Stadt Iwanowo – г. Иваново

An einem Auszug aus diesem Buch möchte ich mir mit Ihnen ansehen, wie die Partizipien in der russischen Schriftsprache funktionieren. Seine Autorin ist Darja Donzowa, eine viel gelesene und sehr geschätzte Schriftstellerin. Sie versteht es, sich ihre Leser zu erhalten. Mit den folgenden Worten begrüßt sie die Nutzer ihrer Homepage:[96]

96 *Darja Donzova, geb. 1952* (Дарья Донцова, р. 1952), ihr Mädchenname war Агриппина Аркадьевна – *Agrippina Arkadjewna*, hat Journalistik studiert. Nach unglücklichen Heiraten und einer schweren Krankheit begann sie Ende der 90er Jahre ihre ersten Romane erfolgreich herauszugeben und führt seither die Bestsellerlisten an. Nach Polina Daschkowa ist sie eine der am besten verkauften russischen Kriminalschriftstellerinnen. Bisherige Gesamtauflage: 15 Millionen Bücher. Offizielle Website: http://www.dontsova.ru/ (auf Russisch).

Мои самые любимые читатели! Как мне жаль, что не могу увидеть ваших лиц! Давайте дружить! Я буду принимать вас в гостях на этом сайте и постараюсь ответить на все вопросы. У меня много животных, детей и куча родственников. Может, кому-нибудь понадобятся житейские или кулинарные советы? Готова поделиться опытом, надеюсь, и вы мне расскажете много интересного.

Ваша Даша – Евлампия – Виола

(Meine sehr geliebten Leser! Wie schade, dass ich nicht Ihre Gesichter sehen kann! Machen wir uns miteinander bekannt! Ich werde Sie auf meiner Website als Gast empfangen und mich bemühen, alle Ihre Fragen zu beantworten. Ich besitze viele Tiere, habe Kinder und eine Menge Verwandte. Braucht jemand von Ihnen vielleicht einen guten Ratschlag fürs Leben oder ein Rezept? Ich gebe Ihnen gern meine Erfahrungen weiter und hoffe, dass auch Sie mir viel Interessantes erzählen werden.

Ihre Dascha – Jewlampia – Viola)

In dieser Begrüßung sind für mich drei Formulierungen auffällig bzw. des Aufschreibens und Merkens wert.

1. Die Nutzer werden begrüßt als самые любимые читатели. Das Adjektiv wird hier im Superlativ gebraucht, heißt also eigentlich *allerliebste*. Aber an dieser Stelle drückt die Form den so genannten Elativ[97] aus. Eine russische Leserin der Website fühlt sich durch die herzliche Freundlichkeit der Frau sicherlich angesprochen, ein deutscher Leser findet sie möglicherweise übertrieben. Bei uns würde sich ein Autor wahrscheinlich etwas kühler ausdrücken: Meine sehr geehrten/verehrten Leser! oder höchstens: Liebe ...!

2. Auch die Wendung как мне жаль, что ... (*es tut mir Leid, dass ...*) drückt viel Gefühl aus (oder gibt dies zumindest vor). Diese Worte sollte man sich merken. Es gibt Gelegenheiten, wo man sie sehr

97 Der Superlativ drückt den absolut höchsten Grad einer Eigenschaft aus, der Elativ dagegen diese Eigenschaft in einem hohen Maße. Wenn wir zum Beispiel von einem "allerliebsten" kleinen Hündchen sprechen, dann meinen wir, dass das Tier ganz besonders niedlich aussieht. Das ist ein Elativ.

passend gebrauchen kann, wenn Sie zum Beispiel eine Einladung ablehnen möchten: "Как мне жаль, что не могу прийти к вам." (*"Wie schade, dass ich nicht zu Ihnen kommen kann." Dazu sollte Ihnen dann eine gute Begründung einfallen.*)

Und noch eine Formulierung, mit der Darja Donzowa das Herz ihrer Leser gewinnen möchte: Давайте дружить! (*Machen wir uns miteinander bekannt!*)[98] Dies ist eine der bereits mehrfach besprochenen Imperativformen, ich habe deshalb in dieses Zitat ein Ausrufezeichen hineingeschummelt. Meine Übersetzung ist zudem nicht wörtlich. In дружить steckt друг (*Freund*), es hat darum die Bedeutung *sich anfreunden* und ist noch herzlicher gemeint als meine Übersetzung: *"uns miteinander bekannt machen"*. Die weniger herzliche Formulierung würde auf Russisch lauten: "Давайте познакомимся!" oder "Давайте познакомиться!", obwohl sie im Deutschen unverändert den gleichen Wortlaut hätte. Auch die ganz kurze, fast geschäftsmäßig geäußerte Aufforderung ist zu hören: "Познакомимся!" (*"Machen wir uns bekannt!"*)

Die Unterschrift unter der Internet-Begrüßung besteht aus Donzowas Vornamen (*Dascha*, also die Koseform von Darja) sowie den Namen zweier weiblicher Charaktere ihrer Bücher. Das "Weiterblättern" auf der Website mag für den Fan interessant sein, viel mehr Freude macht aber das Lesen ihrer Romane.

Ehe wir uns in das erste Kapitel ihres Romans einlesen, noch etwas zu Darja Donzowas schriftstellerischem Werk. Sie hat vor allem so genannte ironische oder humoristische Krimis geschrieben. Ihre детективы[99] tragen zum Beispiel solche lustigen Titel wie "Жена

---

98 Давайте дружить! bedeutet wörtlich: *Lassen Sie uns Freunde sein!* oder *Lassen Sie uns Freundschaft schließen!* Meine Übersetzung ist dem eher üblichen nüchternen deutschen Sprachgebrauch angepasst. Des Elements друг (*Freund*), das im Verb enthalten ist, geht der Satz dabei aber leider verlustig.

99 Das Substantiv детектив hat zwei Bedeutungen. Zu allererst bedeutet es natürlich *Detektiv*. Im Internet bieten zum Beispiel Privatdetekteien ihre Dienste an, eine davon hat die geheimnisvolle Webadresse http://o-db.ru/p. Dahinter verbirgt sich die *Gebiets-Detektei* (Областное детективное бюро – ОДБ) in Sankt Petersburg. Sie wirbt unter anderem damit, dass hier *erfahrene Privatdetektive* (частные детективы) am Werk seien. Wenn man sich die Preise ansieht, muss das unbedingt stimmen: 2 часа наружного наблюдения $100 (*2 Stunden Observation im Außendienst – 100 Dollar*).

моего мужа" (*"Die Frau meines Mannes"*), "Контрольный поцелуй" (*"Der Kontrollkuss"*), "Уха из золотой рыбки" (*"Die Hechtsuppe aus dem goldenen Fischlein"*), "Доллары царя Гороха" (*"Die Dollars des Zaren Goroch"*, горох heißt, nebenbei gesagt, *Erbse*) oder "Синий мопс счастья" (*"Der blaue Glücksmops"*), um nur einige der mehr als vier Dutzend Titel zu nennen.[100] Den zuletzt erwähnten Roman möchte ich mir mit Ihnen näher ansehen. Doch bevor Sie zu lesen anfangen, eine Bitte: Falls Sie des Russischen schon so weit mächtig sind, den Text im Wesentlichen zu erfassen, dann achten Sie bitte besonders auf die unterstrichenen Wörter! Es handelt sich ausschließlich um verschiedene Partizipialformen. Versuchen Sie, die den Partizipien zugrunde liegenden Infinitive zu erkennen! Dann wird es Ihnen nicht schwerfallen, den Satzzusammenhang zu verstehen. Überlegen Sie bitte zum Schluss, wie Sie die betreffenden Satzteile ins Deutsche übertragen würden!

Hier der Beginn des ersten Kapitels von Darja Donzowas Kriminalroman.

> Дарья Донцова: Синий мопс счастья
>
> Если выполнять домашнюю работу по всем правилам, дотошно, то она может убить вас. Ну-ка представьте себе на минуточку, что вы моете пол так, как описано в книге "В помошь молодой хозяйке". Цитирую: "Вначале тщательно пропылесосьте пол. Затем влажной тряпкой обработайте плинтусы, ножки столов, стульев и кресел. Отодвиньте диваны и кровати. Следом пройдитесь по полам веником, даже очень хороший пылесос не способен тщательно собрать всю пыль. Потом протрите поверхности тряпкой, смоченной в дезинфицирующем растворе, тшательно выстирайте мешковину и повторите процедуру. Смойте хлорку, несколько раз меняя чистую воду, протрите полы насухо, проветрите квартиру. Помните, паркет и линолеум нужно обрабатывать не менее двух раз в день."

---

100 Alle Titel sind Arbeitsübersetzungen des Autors und entsprechen nicht eventuellen deutschen Ausgaben.

Я с тоской посмотрела на <u>окружающий</u> меня "пейзаж". Два раза в день мыть полы, <u>переставляя</u> в процессе всю мебель? Это здорово. Наверное, тогда бы даже в нашей квартире воцарилась чистота. Сейчас же, если быть откровенной, жилище выглядит не слишком опрятно.
Впрочем, всему есть оправдание. На дворе слякотный ноябрь. С неба падает снег, который, <u>попав</u> на землю, мигом превращается в кашу, поэтому в прихожей около вешалки остаются черные следы. Да еще Сережка всякий раз, уже <u>натянув</u> куртку, начинает орать:
- Забыл, забыл! – И несется в свою комнату прямо в сапогах.

Gehen wir die Partizipien Schritt für Schritt durch! Da ist zunächst das Wort описано im folgenden Zusammenhang: как описано в книге. Selbstverständlich vermuten oder wissen Sie, dass dies *wie im Buch beschrieben* heißen muss. Denn Sie kennen das Verb писать und haben später auch das präfigierte Verb описывать/описать (*beschreiben*) kennen gelernt.

Die nächsten beiden Partizipien sind die Wörter смоченной und дезинфицирующем in der Wendung тряпкой, смоченной в дезинфицирующем растворе. Das erste Partizip wird vielleicht auch ein Lerner, der sich schon länger mit Russisch befasst, nachschlagen müssen. Das Verb смачивать/смочить[101] heißt *tränken, befeuchten, nass machen*. Sie könnten seine Bedeutung allerdings erschließen, wenn Sie das Adjektiv мокрый (*nass, feucht*) kennen. Somit fehlen nur noch die Lexeme тряпка (*Lappen*) und дезинфицирующий раствор (*Desinfektionslösung*; wörtlich: *desinfizierende Lösung*). Die ganze Wendung тряпкой, смоченной в дезинфицирующем растворе heißt mithin: *mit einem in Desinfektionslösung getränkten Lappen.*

Das vierte Partizip меняя wird in einem Nebensatz verwendet: несколько раз меняя чистую воду. Wer noch in den Anfangsgründen der russischen Sprache steckt, wird sich von der Endung -яя verleiten lassen, an ein weibliches Adjektiv im ersten Fall zu denken. Im Nebensatz несколько раз меняя чистую воду (*das ... Wasser mehrere Male*

101 Das Verb ist selbst dem umfangreichen "Kompaktwörterbuch Russisch" von PONS mit seinen 130 000 Stichwörtern und Wendungen nur die Übersetzung mit *anfeuchten* wert.

wechselnd; zum ausgelassenen Adjektiv чистую folgt unten eine Erläuterung) gibt es jedoch kein Bezugswort, zum Beispiel ein Substantiv gleichen Geschlechts und Kasus. Es kann sich somit nur um ein Partizip handeln. Seine Wurzel ist Ihnen bestimmt vertraut aus solchen Wörtern wie перемена (*Pause*, in der Schule), смена (*Schicht, die Arbeitsschicht*) oder обмен (*Austausch, Wechsel*). Mit diesem Wissen erschließt der Leser auch ohne Kenntnis der Partizipialform die ungefähre Bedeutung des Satzes: *das Wasser mehrmals wechseln*. Interessant ist hierbei, dass Donzowa schreibt: *"sauberes Wasser wechseln"*, wozu wir sagen würden *"das Wasser wechseln"*, nämlich schmutziges gegen sauberes.

Und noch ein Beispiel, das Ihnen zeigen soll, dass zum Verständnis der Partizipien die Kenntnis ihrer grammatischen Form nicht unbedingt erforderlich ist. Da heißt es in einem der nächsten Sätze: Я ... посмотрела на окружающий меня "пейзаж". Das aus dem Französischen stammende Wort пейзаж haben Sie bestimmt schon einmal im Zusammenhang mit einem Artikel über Kunst, vor allem über Malerei, gelesen. Es bedeutet *Landschaft*. Im Zusammenhang mit der Beschreibung ihrer Wohnung meint es die Romanheldin freilich ironisch, daher steht das Wort in Gänsefüßchen. Das im Zitat vorkommende Partizip окружающий weist die Wurzel -круг- (*Kreis*) auf. Das Tätigkeitswort окружать/окружить wird übersetzt mit *einkreisen, umingen, umzingeln*. Sie kennen vielleicht aus ökologischen Texten den Begriff окружающая среда (*Umwelt*, das heißt *das uns umgebende Milieu*). Damit ist klar, was der obige Satz meint: *Ich betrachtete die "Landschaft", die mich umgab.*

Gleich im darauf folgenden Satz fragt sich die in der Einleitung auftretende Hausfrau: Два раза в день мыть полы, переставляя в процессе всю мебель? *Zweimal am Tag den Fußboden wischen, und* ... Auch hier bereitet das Verständnis der Partizipialform переставляя wenig Mühe. Wer das Verb ставить/поставить (*stellen*) und auch die Bedeutung des Präfixes пере- (*über, hinüber*) kennt, der begreift, dass es hier darum geht, *während des Reinigungsprozesses* (im Satz verkürzt процесс genannt) *alle Möbel umzustellen* bzw. *wegzurücken*.

Die Einleitung zu Donzowas Roman enthält außergewöhnlich viele Partizipien. Noch die beiden letzten. Sie weisen gleiche Endungen auf: попав und натянув. Beide drücken dieselbe zeitliche Beziehung aus. Aber darauf kommen wir später zu sprechen. Uns soll es ja hier nur darum gehen zu zeigen, dass auch diese anscheinend komplizierten Formen leicht verstanden werden können. Das erste Verb ist eine Form von пасть (vollendet) bzw. seinem unvollendeten Aspektpartner падать (*fallen*). Da dieses Verb bereits im Hauptsatz: С неба падает снег (*Schnee fällt vom Himmel*) enthalten ist, ist dem Leser auch die Form попав im Nebensatz zumindest inhaltlich verständlich, wenn auch zugegebenermaßen nicht in seinem zeitlichen Bezugsrahmen. Ähnlich ergeht es dem Lerner sicher mit der Wendung натянув куртку. Denn dass das irgendwie die Jacke anziehen heißt, ist schnell erfasst. Das Partizip ist abgeleitet von dem Infinitiv тянуть (*ziehen*).

Vielleicht ist Ihnen ein Wort aufgefallen, von dem Sie auch vermuten, es könnte ein Partizip sein? *Offen gesagt* (откровенно говоря), seine Endung sieht auch ganz danach aus. Ich meine откровенной. Der Satzeinschub если быть откровенной (*wenn ich ehrlich sein soll*) ist unschwer zu verstehen. Aber es handelt sich hier um das Adjektiv откровенный, es ist verwandt mit dem Verb открывать/открыть (*öffnen*). Die grammatische Konstruktion dieser Wendung ist aus zweierlei Gründen der Erwähnung wert. Erstens, weil hier nach быть der fünfte Fall gebraucht wird, wie wir schon früher gesehen haben. Außerdem, wenn nicht kurz zuvor aus dem Satz Я посмотрела ... (weibliche Endung des Präteritums) hervorgegangen wäre, dass hier eine Frau über sich erzählt, spätestens das Adjektiv откровенной mit seiner weiblichen Instrumentalendung -ой hätte es uns verraten.

Haben Sie mitgezählt? In gerade einmal drei kurzen Absätzen verwendet die Schriftstellerin acht Partizipien. Der Gebrauch von Partizipien und Adverbialpartizipien ist für geschriebene und allemal für literarische russische Texte typisch. Nicht jedoch für die gesprochene Sprache. Deshalb keine Bange, wenn Sie das nächste Mal nach Moskau, Archangelsk oder Wladiwostok reisen. Kein Gastgeber erwartet Schriftsprache von Ihnen!

Nach so viel grammatischer Kost gehen wir nun einige Schritte spazieren. In der oben erwähnten Stadt Iwanowo hatte ich einmal, wie schon erwähnt, eine mich sehr anrührende Begegnung, die ich Ihnen nun erzählen will.

Es war auf dem großen Markt *auf der Sarmentowa-Straße* (на улице Сарментовой): Оптово-розничный рынок (*Groß- und Einzelhandelsmarkt*), so seine amtliche Bezeichnung. Im Volksmund wird er meist nur рынок oder крытый рынок (*Markt* bzw. *Hallenmarkt*) genannt. Anfangs machte es mir viel Spaß, zwischen den Ständen mit Bergen von Melonen, frisch geschlachtetem Fleisch, bunten Gewürzen, Weintraubensorten aus Mittelasien und den schmackhaftesten Käsesorten herumzuschlendern. Der Spaß kam vom Schauen schon allein, vor allem aber vom freundlichen Miteinander von Kunde und Verkäufer. Da erhielt ich eine Wurstscheibe angeboten, dort ein paar getrocknete Moosbeeren, ... aber von ausgesuchter Delikatesse waren Käsezöpfe aus dem Kaukasus: millimeterdicke; geräucherte Käsefäden, dutzende zu einem längeren Zopf geflochten. Hmm! Die schmeckten! Das stand zu Recht auch auf dem handgeschriebenen Warenzettel am Stand (s. Foto).

Auf dem Markt – На рынке

Сыр – коса копченная – Очень вкусно! – 1 кг - 200 р

(Käse – Räucherzopf – Sehr schmackhaft! – 1 kg - 200 Rubel)

Ein Riesenpreis für weniger reiche Russen, das ist wahr; für das Produkt jedoch angemessen. Und angesichts des vorzüglichen Geschmacks allemal! Und wieder ein Partizip, haben Sie es erkannt?

Es war auf diesem lebhaften Markt, wo Alt und Jung, Arme und Mittelständler sich einfanden, um preiswert einzukaufen. In einer Ecke, weit ab von den zugelassenen Händlern, hockte eine Frau, die vor sich auf der Erde ein Sammelsurium alten Hausrats ausgebreitet hatte. Es schien, als wollte sie ihn verkaufen, wie man das von Trödelmärkten in Deutschland kennt. Ich fragte sie, ob ich sie fotografieren dürfe: "Вы разрешите сфотографировать вас?" (*"Gestatten Sie, dass ich Sie fotografiere?"*) Das wollte sie um keinen Preis, was ich natürlich akzeptierte, obwohl ich ihre Gründe dafür noch nicht kannte. Bei näherem Hinsehen sah ich Tassen, ein paar Teller, die nicht dazu passten, einen alten Schneebesen mit Holzgriff und noch einiges mehr. Die Frau war etwas über sechzig, trug graue, schäbige Kleidung, sah aber ordentlich und sauber aus. Als sie mein Interesse an ihrem Angebot bemerkte, blickte sie mich fragend an und flehte fast: "Купите-ка что-нибудь! Прошу вас!" (*"Kaufen Sie doch irgendetwas! Ich bitte Sie!"*) Ich wich aus, dass ich doch nur zu Besuch hier wäre, nichts von ihren Dingen bräuchte und überhaupt, ich käme doch aus Deutschland. Als sie das hörte, brach es aus ihr heraus: "Поехать бы в Германию! Возьмите меня с собой в Германию! Я могу работать!" (*"Könnte ich nur nach Deutschland fahren! Nehmen Sie mich mit nach Deutschland! Ich kann arbeiten!"*) Sollte ich ihr erklären, dass es in Deutschland schon genug Arbeitslose gibt, auch arbeitslose Einwanderer aus Russland? Und dass sie in ihrem Alter ...? Ich sah die Nutzlosigkeit eines solchen Unterfangens ein, ahnte, in welch prekärer Lage die Russin mit ihrer höchstwahrscheinlich sehr niedrigen Rente wohl steckte, und kaufte ihr kurzerhand etwas ab, den Schneebesen[102]. Kaufen bzw. verkaufen ist falsch gesagt. Sie gab mir den Besen und ich ihr etwas Geld, zu viel für das alte Gerät, aber nicht so viel, dass es sie als Almosen hätte kränken können – 50 Rubel. Was nun folgte, war mir peinlich und schmerzlich zugleich: Die alte Frau ergriff meine Hand, küsste sie, segnete mich, stammelte immer wieder zu Herzen gehende Dankesworte und schaute und winkte mir noch lange nach. Mit einem dumpfen Gefühl von Beklommenheit setzte ich meinen Weg fort ... Nun wusste ich: Aus Scham hatte sie sich nicht fotografieren lassen wollen.

Unser Aufenthalt in Iwanowo und auch dieses Kapitel nähern sich ihrem Ende. Wenn Sie möchten, können Sie nun meine Übersetzung

102 Als ich mit dem auf dem Markt erstandenen Objekt im Hotel ankam, fragte ich die junge *Frau an der Rezeption* (администратор) nach der russischen Bezeichnung des Geräts. Ihre erste Reaktion war: "Я тоже не знаю." (*"Das weiß ich auch nicht."*) Erst mit Hilfe ihrer Kollegin klärte sich das "Geheimnis" des alten Geräts, das junge Menschen kaum noch in dieser Form kennen, auf: веник (*Schneebesen*).

der Einleitung zu Darja Donzowas Roman im Zusammenhang lesen. Die unterstrichenen Verbformen, Substantive und Wortgruppen werden im russischen Original mit Hilfe von Partizipien ausgedrückt.

Darja Donzowa: Der blaue Glücksmops

Wenn Sie die Hausarbeit nach allen Regeln der Kunst erledigen wollen, bis in alle Einzelheiten, dann kann sie Sie umbringen. Stellen Sie sich nur einmal einen Moment lang vor, Sie würden den Fußboden so wischen, wie es im Buch "Für die junge Hausfrau" beschrieben ist. Ich zitiere: "Zuerst reinigen Sie den Fußboden gründlich mit dem Staubsauger. Dann behandeln Sie die Fußleisten, die Stuhlbeine sowie die Stühle und Sessel mit einem feuchten Tuch. Rücken Sie Sitzecken und Betten von der Wand ab. Danach gehen Sie mit dem Staubwedel über den Fußboden, denn selbst ein sehr guter Staubsauger vermag nicht allen Staub aufzunehmen. Dann waschen Sie alle Oberflächen mit einem in <u>Desinfektions</u>lösung <u>getränkten</u> Leinentuch ab, spülen es sorgfältig aus und wiederholen die Prozedur. Waschen Sie unter mehrfachem <u>Wechseln</u> des Wassers alle Chlorreste aus dem Lappen heraus, reiben Sie die Fußböden trocken und lüften Sie dann die Zimmer. Denken Sie daran, Parkett und Linoleum müssen mindestens zwei Mal am Tag behandelt werden."
Ich betrachtete wehmütig die "Landschaft", die mich <u>umgab</u>. Zwei Mal am Tag die Fußböden wischen und dabei alle Möbel <u>wegrücken</u>? Na, toll. Dann würde vielleicht sogar in unserer Wohnung Sauberkeit herrschen. Denn im Moment, wenn ich <u>ehrlich</u> sein soll, sieht unser Quartier nicht allzu einladend aus.
Obwohl, alles hat seinen Grund. Es ist November, und draußen liegt Matsch.[103] *Vom Himmel fällt Schnee, der sich, <u>kaum liegt er</u> auf dem Boden, in eine matschige Brühe verwandelt; darum im Flur neben der Garderobe die schwarzen Fußspuren. Und dann schreit noch Serjoschka jedes Mal, auch wenn er die Jacke schon <u>anhat</u>:*
"Hab was vergessen, vergessen!" – und rennt doch glatt in Stiefeln in sein Zimmer.

103 Verzeihung, die Übersetzung dieses Satzes weicht besonders weit von der Ausgangssprache ab. Aber ich bemühe mich, möglichst kongenial zu übersetzen. "На дворе слякотный ноябрь" heißt wörtlich *"draußen ist matschiger November"*. Das ist eine Frage von Stil und Geschmack. Was gefällt Ihnen besser?

Gleich unterhält sich wieder Ljuba mit Ihnen. Bei dem, was sie Ihnen erzählen wird, muss ich unwillkürlich an meine Vergangenheit als unfreiwilliger Militärdolmetscher denken. An viel erinnere ich mich nicht mehr, und auch nicht sehr gern. Aber als persönlicher Begleiter des sowjetischen Beraters in der 9. Division der DDR klingt es mir noch heute im Ohr: "Есть, товарищ генерал!" (*"Zu Befehl, Genosse General!"*)

Sechster Halt – Шестая остановка

Lieber, geehrter, verehrter ...?

"Господи, как мне это было стыдно!" (*"Mein Gott, war mir das peinlich!"*) Hier ist wieder Ihre Ljuba. Der *Stellvertreter des Schulamtsleiters* (заместитель председателя Комитета по образованию) hatte unsere deutsche Schülergruppe gestern im Rahmen der Initiativen und Projekte des Petersburger Dialogs[104] empfangen. Erst begrüßte er die Gäste, dann setzte die deutsche Lehrerin zu einer Antwort an, wusste aber nicht, wie sie ihn anreden sollte. Seit der Perestroika haben wir da so ein gewisses Problem. Insofern war es nicht die Unwissenheit meiner Kollegin allein. Jemanden einfach mit "Товарищ!" (*"Genosse!"*) ansprechen, das ist heutzutage selten. Da denkt jeder gleich an die Kommunistische Partei. Obwohl, möglich ist es schon, es klingt eben sehr formell und höflich. Koljas Bruder ist *Oberstleutnant in der Armee* (подполковник в армии), dort ist es üblich zu sagen: "Товарищ подполковник!" (*"Genosse Oberstleutnant!"*) In unserem Fall wäre es möglich gewesen, den *Beamten* (чиновник) mit "Господин такой-то!" (*"Herr Soundso!"*; oder bei einer Dame: "Госпожа такая-то!" (*"Frau Soundso!"*) zu begrüßen, weil wir diese sehr formelle Anrede für Ausländer gebrauchen. Das hätte aber eine unnötige Distanzierung angedeutet, die weder beabsichtigt noch angebracht war. Das Gleiche gilt für die Pluralform "Господа!" (etwa: *"Damen und Herren!"*).[105] Hinzu kommt, dass wir, wenn wir diese Anredeetikette zwischen Russen benutzen, häufig eine Kritik oder gar

---

104 "Der Petersburger Dialog wurde als offenes Diskussionsforum im Jahr 2001 ins Leben gerufen und steht unter der Schirmherrschaft des jeweils amtierenden deutschen Bundeskanzlers bzw. der Bundeskanzlerin und des amtierenden russischen Präsidenten. Er findet einmal jährlich abwechselnd in Deutschland und in Russland statt und soll den deutsch-russischen Beziehungen neue Impulse geben." (http://www.petersburger-dialog.de)

105 In einer Toilette hing einmal die nachdrückliche Aufforderung: "Господа! Не бросайте в унитаз посторонних предметов. Пользуйтесь корзиной!" (wenn ich das in aller Deutlichkeit übersetze, heißt es: *"Herrschaften! Werfen Sie keine fremden Gegenstände ins Becken. Benutzen Sie den Eimer!"* Es war in der Tat ein Eimer, nicht, wie das russische Wort nahelegt, ein Korb).

Missbilligung damit verbinden.[106] Das sollte schon gar nicht zum Ausdruck kommen! Ich dachte ja im Stillen, sie hätte meinen Vorgesetzten korrekt mit einem sehr flüchtig gesprochenen "Товарищ ..." (so etwa wie "Таáищ!") und seinem Familiennamen ansprechen können. Glücklicherweise stand ich neben ihr und konnte ihr seinen Namen zuflüstern. So begann die Kollegin denn ihre Worte ganz der Situation angepasst mit: "Уважаемый Юрий Владимирович!" (*"Verehrter Juri Wladimirowitsch!"*)

Haben Sie im vorigen Kapitel die Geschichte von der alten Straßenhändlerin gelesen? Uns Russen ist so etwas, wie Sie sich vorstellen können, sehr unangenehm. Am liebsten erzählen wir erst gar nicht davon, und noch lieber wäre uns, das würde es gar nicht geben! Deshalb wollen wir auch nicht ständig von den Touristen zu unseren Problemen befragt werden. Wir wissen selbst, wo es noch schlimm aussieht. In unserem Pieter ist es schon besser geworden. Anlässlich der 300-Jahrfeier zur Gründung unserer Stadt im Jahr 2003 beseitigte man viele Dreckecken, und auch die Bettler wurden damals zumindest aus dem Zentrum entfernt. Wo doch so viele hohe Gäste aus dem Ausland zu Besuch gekommen sind, auch бундесканцлер господин Шрёдер (*Bundeskanzler Herr Schröder*), der das berühmte янтарный кабинет (*Bernsteinzimmer*) in seinem Gepäck hatte. So hieß es früher. Heute sagen wir meistens янтарная комната.[107]

Die Geschichte von der Frau auf dem Markt von Iwanowo hat mich ebenfalls bewegt und veranlasst, Ihnen ein wenig über den Arbeitsmarkt bei uns zu erzählen. Das heißt, eigentlich will ich Ihnen nur einige der überall in der Stadt aushängenden Stellenangebote und ein paar Stellengesuche zeigen, damit Sie sehen, wie die Wirtschaft boomt.

---

106 Ausführlicher zu den Veränderungen im Bereich der russischen Anrede siehe Eckert und Sternin im Literaturverzeichnis.

107 Das im 2. Weltkrieg von der deutschen Armee geraubte Kunstwerk, ehemals ein Geschenk von Friedrich Wilhelm I. an Zar Peter I., wurde in mehr als 20 Jahren von russischen Meistern originalgetreu rekonstruiert. Die Rekonstruktion war durch die großzügige Unterstützung der Bundesrepublik Deutschland und durch eine Spende der Ruhrgas AG von 3,5 Millionen Dollar möglich geworden. Pünktlich zum 300-jährigen Jubiläum von Sankt Petersburg wurde das Bernsteinzimmer durch den Bundeskanzler Gerhard Schröder und den russischen Präsidenten Wladimir Putin der Öffentlichkeit übergeben. Heute kann es im Katharinenpalast in Puschkin (früher Zarskoje Selo, 25 km von Petersburg entfernt) besichtigt werden.

Ksjuscha (Ксюша; eigentlich heißt sie Ксения – *Ksenja*), meine kleine Schwester, studiert seit diesem September экономические науки (*Wirtschaftswissenschaften*) в Санкт-Петербургском государственном университете (*an der Staatlichen Universität Sankt Petersburg*). Wissen Sie, wie viel das kostet? 180 000 Rubel im Jahr, das sind 5 000 Euro! Glücklicherweise hat Ksjuscha den конкурс (*Wettbewerb*) um freie Studienplätze mit Auszeichnung bestanden und erhält ein грант экономического факультета (*Stipendium der Ökonomischen Fakultät*) in Höhe von 150 000 Rubeln. Sie war die Allerbeste. *Ich bin sehr stolz auf meine Schwester.* (Я очень горжусь моей сестрой.) Trotzdem muss sie hinzuverdienen; unsere Eltern sind nicht sehr reich. Ksjuscha hält immer Ausschau nach Anzeigen, wo drauf steht "Требуются на работу ..." (*"Eingestellt werden ..."*). Sie arbeitet mal hier, mal dort. Viele kleine Gaststätten und Cafés suchen Aushilfskräfte, am liebsten stellen sie junge Immigranten[108] ein – die sind am billigsten.

Требуется мойщица посуды.
400 р/день

Geschirrwäscherin wollte Ksjuscha nicht werden. Und *400 Rubel* (11 Euro) *pro Tag* gibt es auch nur, wenn du nicht so genau auf den Achtstundentag siehst.

Требуется санитарка.

Auch Toilettenreinigerin ist kein erstrebenswerter Beruf für eine junge Studentin, die mehr vom Leben will und für den Glanz und Glamour ihrer Namensvetterin Ксения Собчак[109] (*Ksenja Sobtschak*) schwärmt – wenn ich ihr das auch auszureden versuche.

108 Allein im Jahr 2005 sind schätzungsweise 10–12 Millionen Menschen, zum großen Teil illegal, nach Russland eingewandert, die meisten aus der Ukraine, China, Vietnam und Moldawien. Nur durch diese Zuwanderung fällt der Bevölkerungsschwund in Russland (vgl. Fußnote 79) nicht ganz so gravierend aus.

109 Das Glamourgirl *Ksenja Anatoljewna Sobtschak, geb. 1981* (Ксения Анатольевна Собчак, р. 1981), Tochter des demokratischen Reformers und ehemaligen Bürgermeisters von Sankt Petersburg Anatoli Sobtschak, ist eine in Russland sehr bekannte *TV-Skandalnudel* (скандальная теледива) und Moderatorin der *Reality-Show "Haus 2"* (реалити-шоу "Дом-2").

Die folgenden *Annoncen* (анонсы) fanden Ksjuschas Interesse:

Официантка – 450 р/день

(*Kellnerin – 450 Rubel pro Tag*)

Требуются: бармен и официантка.

(*Gesucht werden: ein Barmann und eine Kellnerin.*)

Das könnte ein stundenweiser Job für sie werden. Stolpern Sie bitte nicht über das Wort бармен auf dem zweiten Zettel! Es sieht geschrieben wie der englische Plural aus (barmen), die Aussprache des Singulars barman wird aber auf Russisch wie oben wiedergegeben. Bei Bedarf an mehreren Mitarbeitern hätte der Geschäftsführer бармены geschrieben. Das englische Wort ist, wie man hieran sieht, vollständig in die russische Sprache integriert worden. Es erhält die Flektionsendungen russischer Substantive.

Für den folgenden Arbeitsplatz wird ein *Verkäufer mit PC-Kenntnissen* (продавец со знанием компьютера) gesucht:

Требуется продавец со знанием
компьютера.

Das klingt gut, aber nicht nach einer Nebenbeschäftigung. Auch das Angebot einer Schule richtet sich wohl an eine Vollzeitarbeitskraft:

Школе номер 550 срочно требуются
гардеробщицы и уборщицы.
Обращаться по телефону 315-20-24.

(*Die Schule Nr. 550 benötigt dringend/stellt sofort ein: Garderobenfrauen und Reinigerinnen. Telefonische Anfragen: ...*)

Sie sehen, es fehlt bei uns an Arbeitskräften. Ehrlich gesagt, sind das allerdings alles unterbezahlte Jobs. Welcher junge Mensch möchte so einer Arbeit dauerhaft nachgehen? Anders sieht es in meinem letzten Beispiel aus. Hier werden sichere Arbeitsplätze angeboten, sogar für ältere Bürger! Bereits die äußere Form lässt ahnen, dass es um etwas Seriöses geht:

Объявление

Музей приглашает на постоянную работу без ограничения возраста:
1 – Начальника научно-экспозиционного отдела, зар.пл. договорная
2 – Смотрителей экспозиции, ж., 20-60 лет, зар.пл. 4000 руб.

(*Bekanntmachung:*
Das Museum sucht ohne Alterseinschränkung zur festen Anstellung:
1 – einen Abteilungsleiter "Wissenschaftliche Ausstellungen"
2 – Aufsichtspersonen, w., 20–60 Jahre, Lohn 4000 Rubel)

Die Abkürzung ж. ist sicher kein Problem für Sie, sie steht natürlich für женщины (*Frauen*). Bei Ihnen in Deutschland mag ein Stellenangebot anders formuliert sein. Ich wollte Ihnen an dieser Stelle lediglich eine wörtliche Übersetzung anbieten.

Bevor unser Halt mit einer Tabelle der Partizipien zu Ende geht, *möchte ich Ihnen ein Foto vom Sohn meines Schwagers zeigen* (хочу вам показать фотографию сына моего де́веря[110]). *Maxim ist begeisterter Skater* (Максим очень увлекается скейтбордингом). Zu Weihnachten *hat er von uns ein Skateboard geschenkt bekommen* (он от нас получил доску в подарок). Nun geht er jeden Tag in den

110 Das Wort де́верь bezeichnet den Bruder des Ehemanns. Die Bezeichnungen für Verwandte verschiedenen Grads sind in der russischen Sprache noch lebendig, vor allem in der Literatursprache, werden aber im Alltag immer weniger gebraucht, ähnlich wie im Deutschen die Begriffe Oheim, Base, Schwippschwager oder Schwäher, die in der 24. Auflage des Dudens von 2007 noch aufgeführt sind. Anstelle des veraltenden де́верь würden viele Russen, vor allem junge Leute umschreiben: брат моего мужа. Weitere Verwandschaftsbezeichnungen auf dieser genealogischen Ebene: *Schwägerin* – золовка (*Schwester des Ehemanns*) oder невестка (*Ehefrau des Bruders*) oder свояченица (*Schwester der Ehefrau*); *Schwager* – шурин (*Bruder der Ehefrau*) oder зять (*Ehemann der Schwester*) oder свояк (*Ehemann der Schwester der Ehefrau*).

Park und *übt neue Tricks ein* (изучает новые трюки). Er will bald einem Klub beitreten. Ich kenne mich da nicht so aus, aber Maxim sagt: "Фристайл сейчас уже не очень популярен." (*"Freestyle ist jetzt nicht mehr so in."*).

Ich habe bemerkt, dass Ihnen im vorigen Kapitel gar nicht geholfen wurde, die Partizipien zu bestimmen, die Polina Daschkowa in der Einleitung zu ihrem Roman "Der blaue Glücksmops" verwendet. Hier sind sie in der Ihnen bekannten tabellarischen Form zusammengefasst.

Действительное причастие – ***Partizip Aktiv***	**Страдательное причастие –** ***Partizip Passiv***	
дезинфицирующий, -ая, -ее, -ие окружающий, -ая, -ее, -ие		**... настоящего времени –** ***Präsens***
	описано, Kurzform описанный, Langform -ая, -ое, -ые смоченный, -ая, -ое, -ые	**... прошедшего времени –** ***Präteritum***

Деепричастие – ***Adverbialpartizip***	**... несовершенного вида –** ***imperfektiv***	**... совершенного вида –** ***perfektiv***
	меняя переставляя	попав натянув

Wie die Tabelle ausweist, kommen in Daschkowas Text (zumindest in unserem Auszug) weder ein Partizip Präsens Passiv noch ein Partizip Präteritum Aktiv vor. Das ist nicht ganz zufällig. Diese beiden werden in der Tat seltener gebraucht, auch in der Schriftsprache. Lesen Sie bitte die noch folgenden Kapitel aufmerksam durch! Vielleicht entdecken Sie dort eines von ihnen?

Kapitel 7 – Седьмая глава

Wissen ist kein Bier – Наука не пиво

Die Kapitelüberschrift hat etwas mit dem "Nürnberger Trichter" zu tun. Sie werden gleich sehen, warum. Наука не пиво ist der Anfang eines Sprichworts. Es genügt, die ersten drei Worte zu zitieren, und der Russe weiß, was gemeint ist. Denn die Fortsetzung ist allgemein bekannt: в рот не вольешь (*du kannst es nicht die Kehle hinunter gießen*). Dieser volkstümliche Spruch hat "Verwandte" in der deutschen Redensart vom sprichwörtlichen Nürnberger Trichter und im Sprichwort "Ohne Fleiß kein Preis". Das letztere lautet auf Russisch ähnlich: Без муки нет науки (wörtlich: *Ohne Mühe kein Wissen*). Wer von Ihnen, liebe Leserin oder lieber Leser, наука nur in der Bedeutung *Wissenschaft* kennt, dem sei gesagt: на-ук-а heißt ursprünglich das *Angelernte*. Die Wurzel -ук- ist eine lautliche Variante von -уч-, wie sie im Verb учиться (*lernen*) vorkommt. Наука heißt deshalb auch *Wissen*.

In diesem Kapitel soll es ums Lernen gehen, genauer gesagt, um schriftliche Arbeiten. Gehören Sie zu den Glücklichen, die die schulischen Examen hinter sich haben? Wenn nicht, dann ist dieses Kapitel besonders nützlich für Sie. Aber auch jene, die eine Prüfung bereits erfolgreich bestanden haben, werden hier Interessantes finden.

Die schriftliche Abiturprüfung 2007 im Bundesland Sachsen-Anhalt[111] hielt für die Prüflinge auf Leistungskursniveau zwei authentische russische Texte bereit: "В Москву вернутся совы, ежи и зайцы" (*"Eulen, Igel und Hasen kehren nach Moskau zurück"*) und "Почтальонка" (*"Die Briefträgerin"*). Was tut man als gestresster Prüfling, wenn einem diese *Überschriften* (заголовки) ins Auge fallen? Man überlegt, worum es in den Texten gehen könnte. Zum Glück gibt es dreißig Minuten Einlesezeit. Beim ersten Thema wird es sich vermutlich um einen *Bericht* (сообщение), eine *Reportage* (репортаж) oder eine *Beschreibung* (описание) des Zustands von Natur und Umwelt handeln. Wem dieses *Thema* (тема) gefällt, der sieht

111 Einen schnellen Zugang zu den Abituraufgaben in den meisten Bundesländern Deutschlands sowie in Österreich und der Schweiz finden Sie auf der Seite: http://www.abiturloesungen.de.

sich diesen Text genauer an. Der zweite Titel ist nicht eindeutig. Handelt es sich um eine Briefträgerin, über die ein *Zeitungsartikel* (газетная статья) berichtet? Oder ist es eine *Erzählung* (рассказ), also ein narrativer Text?[112] Bestimmt hilft das Lesen der Aufgaben weiter. Im Text über Moskau lautet der erste Satz der Задания к тексту (*Aufgaben zum Text*):

1. Перечислите экологические проблемы, с которыми обращаются жители Москвы к Леониду Бочину.

Tatsächlich, wir haben richtig vermutet, es geht um *ökologische Probleme* (экологические проблемы). Das erste Wort ist ein Verb im Imperativ: Перечислите (*zählen Sie auf …*) bedeutet, wir müssen den Text gründlich lesen, die Umweltprobleme erfassen und zusammenfassend wiedergeben. Das kann als fortlaufender Text *in ganzen Sätzen* (в полных предложениях) geschehen, aber auch *in Form einer kleinen Tabelle* (в форме маленькой таблицы), auf Russisch, *versteht sich* (разумеется). Der Nebensatz с которыми обращаются жители Москвы к Леониду Бочину (*mit denen sich die Einwohner Moskaus an Leonid Botschin*[113] *wenden*) enthält als geringe Schwierigkeit allenfalls das Verb обращаться/обратиться (*sich an jemanden wenden*). Wie deutlich wird, ist es nicht verkehrt, vor der Lektüre des Textes zuerst alle Aufgaben zu lesen. Sehen wir uns deshalb die nächsten Aufgaben an.

---

112 Das narrative Genre wird im Studienprogramm "Russische Sprache und Redekultur" des russischen Bildungsministeriums so definiert (http://www.edu.ru/db/portal/spe/progs/hf.08.htm): "Повествовательные жанры: пересказы, ... , рассказы-рекомендации (покупка квартиры, изучение иностранного языка и т.п.), автобиографии." (*"Narrative Genres: Nacherzählungen, Empfehlungen [zu Wohnungskauf, Fremdsprachenlernen u. a. m.], Autobiografien."*)

113 Леонид Арнольдович Бочин (р. 1949) – министр Правительства Москвы, руководитель Департамента природопользования и охраны окружающей среды города Москвы. (*Leonid Arnoldowitsch Botschin [p. 1949] ist Minister in der Moskauer Stadtregierung, Leiter der Abteilung Naturnutzung und Umweltschutz der Stadt Moskau.*)

2. Напишите, что Вы узнали из текста об экологической милиции Москвы.
3. Подходит ли иллюстрация к данному тексту? Изложите Ваше мнение.
4. Выберите одно из заданий:
а) Чтобы хорошо жить на Земле, нужно заботиться о ней. Напишите, что Вы думаете об этом.
б) Обсудите экологическую ситуацию в Вашем регионе.

Die zweite Aufgabe ist ebenfalls textbezogen. Sie sollen aufschreiben, was Sie aus dem Text über die Umweltpolizei Moskaus erfahren haben. Die weiteren Aufgaben dagegen gehen über den Text hinaus. Zur Beantwortung der Frage Nummer 3: Подходит ли иллюстрация к данному тексту? (*Passt die Illustration zum Text?*) sollen Sie *Ihre Meinung darlegen* (изложите Ваше мнение.). Sie haben sicher gemerkt, dass ich die russisch formulierte Aufgabenstellung nicht ganz wörtlich wiedergegeben habe. Das Adjektiv данному heißt *gegeben, vorgegeben, vorliegend.*

Stimmen Sie mir zu? Im deutschen Satz kann man dieses Attribut weglassen. Es ist kein Beinbruch, wenn Sie das tun. Überhaupt ist es nützlich, wenn Sie in Fragen der Übersetzung Ihre eigene Meinung vertreten. Jeder Mensch drückt sich anders aus. Vielleicht wollen Sie den obigen Satz lieber wiedergeben mit: *Passt die* ***Abbildung*** *zum* ***vorliegenden*** *Text?*

In der dritten Aufgabe ist außerdem für uns das Verb подходить (*passen*) von Interesse, denn es ist von einem sehr produktiven Verb abgeleitet. Es handelt sich um eine der vielen Präfigierungen des Tätigkeitsworts ходить/идти (*gehen*). Das Rückläufige Wörterbuch von Hans Holm Bielfeld[114] weist beinahe fünfzig solche Verben aus (unvollendete und vollendete zusammengenommen). Stellen Sie sich vor, Sie kennen diese! In wie vielen Situationen würde Ihnen das schon weiterhelfen! Eigentlich ist es gar nicht so schwer, sie sich einzuprägen. Möchten Sie aus Ihrer Kenntnis der Präfixe heraus erraten, was diese Verben bedeuten? Wenn das zu schwer ist, schlagen Sie im Wörterbuch nach und versuchen Sie herauszufinden, welche semantische Funktion die einzeln oder auch zusammen gebrauchten Präfixe haben könnten! Im nächsten Halt finden Sie einige Lösungsvorschläge.

114 Siehe das Literaturverzeichnis und die Fußnote 62.

Русский	*Deutsch*	Русский	*Deutsch*
входить		переходить	
восходить		подходить	
всходить		походить	
выходить		превосходить	
доходить		приходить	
заходить		происходить	
исходить		проходить	
находить		снисходить	
обходить		сходить	
отходить		уходить	

Im zweiten Teil der Aufgabe 3 (Изложите Ваше мнение. – *Legen Sie Ihre Meinung dar.*) wird wieder ein Imperativ gebraucht, und zwar jene Form des Imperativs der zweiten Person, mit der vorzugsweise Aufforderungen, Wünsche und Anweisungen ausgedrückt werden: Изложите ... Das Verb излагать/изложить enthält die ebenfalls sehr produktive Wurzel -лаг-/-лог-/-лож-, die Sie zum Beispiel von ложить/положить (*legen*) oder налог (*Steuer*) kennen könnten. Die Metapher ist demnach in unseren beiden Sprachen gleich: etwas dar*legen*, aus*legen*, aus*breiten* (nämlich hier das Thema).

Die vierte Aufgabe lässt Ihnen die Wahl: Выберите одно из заданий. (*Wählen Sie eine der Aufgaben aus.*)

Чтобы хорошо жить на Земле, нужно заботиться о ней. (*Um auf der Erde gut leben zu können, muss man sich um sie kümmern.*) An dieser Stelle habe ich eine wortgetreue Übersetzung geliefert. Deshalb klingt der Satz etwas holprig. In manchen Bundesländern muss im Abitur auch ins Deutsche übersetzt werden. Wie würden Sie diesen Satz kongenial, wie es mit dem Fachausdruck heißt, übersetzen?

Обсудите экологическую ситуацию в Вашем регионе. Auch das stellt ein ökologisches Thema dar. Sie sollten schon ein fundiertes Wissen haben und aktuelle Fakten anführen können, wenn Sie sich darauf einlassen. Die *ökologische Situation in Ihrer Region* sollen Sie hier *beurteilen*. Das Verb обсуждать/обсудить (*beurteilen, einschätzen*) ist abgeleitet vom Substantiv суд (*Urteil*). Woher dieses Wort kommt, *das kann ich nicht beurteilen* (я не могу судить об этом).

Soweit die Fragen zum Thema "В Москву вернутся совы, ежи и зайцы". Haben Sie sich bereits dafür entschieden es zu bearbeiten?

Vielleicht liegt Ihnen aber die *Belletristik* (художественная литература oder, seltener, беллетристика) mehr? Dann sehen Sie sich jetzt die Aufgaben zum Thema "Почтальонка" an.

In Russland habe ich gesehen, dass die *Absolventen der Mittelschulen* (выпускники средних школ) dort, meistens am Ende der 11. Klasse, gleichartige Aufgaben zu bewältigen haben:

1. Передайте основное содержание рассказа своими словами.
2. Опишите на основе текста рабочий день почтальонки.
3. Охарактеризуйте главную героиню.
4. Выберите одно из заданий.
   а) Почтальонка читает чужие письма. Прокомментируйте ее действия.
   б) Напишите продолжение рассказа.

die Hauptgedanken einer Erzählung mit eigenen Worten wiedergeben (Aufgabe 1), die Hauptfigur beschreiben (Aufgabe 3) und die Fortsetzung der Geschichte schreiben (Aufgabe 4b).

Das sind die üblichen, zugegeben nicht sehr einfallsreichen Aufgaben in einer Prüfung. Abgesehen von 4b, werden sie der kommunikativen Zielstellung eines modernen, kreativen Fremdsprachenunterrichts auch nur teilweise gerecht.

Wenn Sie das Original und meine Übersetzung von Aufgabe 3 vergleichen, fällt Ihnen eine lexikalische Differenz auf. Gemäß der deutschen Terminologie schreibe ich Figur statt Charakter, im Russischen steht für beide Begriffe meist der Terminus герой[115] (*Held*) bzw. sein weibliches Pendant: героиня (auf dem Vokal и betont; *Heldin*). Das

115 Neben герой und героиня kennt auch das Russische die Begriffe протагонист und главный характер (*Protagonist; Hauptheld, Hauptfigur*). Die letzteren werden vor allem in der Fachsprache von Kunst und Wissenschaft gebraucht: главный характер романа (*die Hauptfigur des Romans*) oder Протагонист, то есть исполнитель главной роли. (*Der Protagonist, das ist die Person, die die Hauptrolle spielt.*) Aber главный характер taucht auch in solchen Wendungen auf wie главный характер московского общества (*der grundlegende Charakter der Moskauer Gesellschaft*). Ein klassisches Exempel für den Gebrauch dieses Begriffs ist das folgende *Zitat des bekannten russischen Philosophen, Schriftstellers und Publizisten Alexandr Gerzen* (цитата известного философа, писателя и публициста А. Герцена, 1812–1870): "Главный характер нашего языка состоит в чрезвычайной легкости, с которой все выражается на нем ..." (*"Eine der wesentlichen Eigenschaften unserer Sprache besteht in der außerordentlichen Leichtigkeit, mit der alles in ihr ausgedrückt werden kann ..."*).

russische Wort ist ein Lehnwort aus dem Griechischen, das in unserer Muttersprache ebenfalls vorhanden ist und zwar in der Form Heroe. Gebräuchlicher sind im Deutschen, wenn es überhaupt verwendet wird, das englische Wort *hero* und allenfalls noch das Adjektiv *heroisch* (героический). Diese Wortverwandtschaft zwischen dem russischen, dem deutschen und dem englischen Wort kann eine gute Merkhilfe sein.

Noch nicht beschäftigt haben wir uns mit den Aufgaben 2 und 4a. Die zweite Arbeitsanweisung ist eigentlich klar: Опишите на основе текста рабочий день почтальонки. (*Beschreiben Sie den Arbeitstag der Briefträgerin auf der Grundlage des Textes.*) So mancher prüfungsgestresste Abiturient hat da schon zuviel des Guten getan. Man darf nicht die Einschränkung на основе текста (*auf der Grundlage des Textes*) übersehen. Die Aufgabe verlangt demzufolge, nur das in die Beschreibung aufzunehmen, was in der Erzählung geschrieben steht. Alles Mehr bringt nicht mehr Punkte. Gemäß der Aufforderung im zweiten Satz von Aufgabe 4a wird vom Prüfling schließlich erwartet, selbst Stellung zu nehmen. Es soll der Fakt kommentiert werden, dass die Briefträgerin fremde Briefe liest. So etwas kann niemand leiden. Aber wer weiß, was sie dazu treibt? Hat sie Gründe, wird sie vielleicht gezwungen dazu? Der Prüfling wird sich die Antwort gut überlegen müssen.

Fassen wir zusammen! Die fiktionale Textaufgabe verlangt vom Prüfling die Beherrschung der folgenden Textsorten: *Zusammenfassung* (резюме), *Beschreibung* (описание), *Charakterisierung* (характеризация) und *Kommentar* (комментарий) bzw. *kreatives Schreiben/Aufsatz* (сочинение). Wem das liegt, der (oder die) wählt dieses Thema.

Die Sachtextaufgabe umfasst die Aufgaben: *kursorisches Lesen* (просмотровое чтение), um sich einen Überblick über den Inhalt des Textes zu verschaffen, *detailliertes Lesen* (чтение с полным пониманием) *zum vollständigen Verständnis* der Geschichte, sodann *das Herausfinden und Aufzählen ökologischer Problem*e (разыскание и перечисление экологических проблем), *aufsuchendes Lesen* (поисковое чтение) mit dem Ziel, etwas über die Umweltpolizei in Moskau herauszufinden, sowie die *Darlegung und Begründung einer Meinung* (изложение и обоснование мнения), und schließlich *sollen Sie einen Aufsatz zu einem Thema Ihrer Wahl schreiben* (вам надо написать сочинение на тему по вашему выбору).

Die vollständigen Texte beider Prüfungsteile können und sollen nicht abgedruckt werden. Schließlich ist das hier keine Prüfung! Aber möglichst gut vorbereitet sollen Sie auf eine solche Situation schon sein. Deshalb noch die den Textaufgaben angefügten *Worterklärungen* (пояснения к тексту; wörtlich: *Erläuterungen zum Text*), die in russischer bzw. deutscher Sprache gegeben werden. Je nachdem, wie schwierig sie uns erscheinen, kann das ein Hinweis auf den Schwierigkeitsgrad der Texte sein.

In unseren Beispielen werden z. B. solche Vokabeln erklärt wie сова (*Eule*), пятно застройки (hier: *bebaute Fläche*), управа (dieses Wort wird mit dem Synonym администрация erklärt, also *Verwaltung*), форточка[116] (dieses Wort wird sehr ungenau mit часть окна – *Teil des Fensters* umschrieben; siehe das Foto), легкие (*Lunge*), с ведома (с согласия), костер (hier: *Feuer*). Sie sehen schon, sowohl die Qualität der Erläuterungen als auch der Schwierigkeitsgrad sind sehr unterschiedlich. Während Sie die Wörter легкие und костер[117] möglicherweise kennen, das letztere allerdings in der Bedeutung *Lagerfeuer*, hilft Ihnen die Erklärung von с ведома nur dann etwas, wenn Sie wissen, dass с согласия – *mit Zustimmung* heißt. Den Prüflingen steht zwar ein Wörterbuch zur Verfügung, wenn auch in den meisten Bundesländern vorläufig noch ausschließlich (leider!) das einsprachige. Im "Русский толковый словарь" von Lopatin und Lopatina (siehe das Literaturverzeichnis) wird diese Wendung jedoch ebenso erklärt: с согласием. Da wünscht man sich ein zweisprachiges Wörterbuch!

116 Die *Fortotschka* (форточка) ist eine lukenartige Öffnung, die noch bis vor wenigen Jahren in die Fenster eingebaut wurde und bei sehr niedrigen Temperaturen als einzige Luftzufuhr benutzt wird. In jedem Zimmer gibt es nur diese eine kleine Öffnung. Alle anderen Fenster sind mit Papier oder Ähnlichem abgedichtet. Wer das Geld dazu hat, *kauft selbstklebendes Thermoband* (покупает самоклеящуюся теплоленту) zu diesem Zweck. Wer noch mehr Geld hat, besitzt natürlich eine komfortable Heizung. Dann erübrigt sich eine форточка.

117 In beiden Substantiven ist der Stammvokal "e" betont und wird deshalb wie "o" ausgesprochen: лёгкие (*Lunge*), костёр (*Feuer, Lagerfeuer*).

Ein Wort in Sachen Schule: In unserer Wissens- und Informationsgesellschaft, in der die Bildung darauf abzielt, den Gebrauch aller Medien nachhaltig zu vermitteln, ist es schlicht unzeitgemäß, Prüflingen eine Informationsquelle wie das zweisprachige Wörterbuch vorzuenthalten. Das Gegenteil sollte der Fall sein: Auch elektronische Hilfsmittel wie PC oder Laptop sollten in den Prüfungen zugelassen und dafür die Aufgaben entsprechend komplexer formuliert werden. In einigen deutschen Bundesländern gibt es inzwischen Überlegungen und Ansätze, zumindest weitere Wörterbücher zuzulassen. Es gibt also Hoffnung, dass sich die Situation in den nächsten Jahren verbessern wird.

In Russland gibt es seit 2004 eine *Abschlussprüfung* (заключительный экзамен), in der sich das Abitur und die *Aufnahmeprüfung* (вступительный экзамен oder вступительное испытание) für ein Hochschulstudium vereinen: das *Einheitliche Staatsexamen* (Единый государственный экзамен – ЕГЭ). Es stellt sehr hohe Anforderungen an die Prüflinge und wird nach und nach in allen Teilen des Landes eingeführt. Dafür ersparen sich die zu Prüfenden die bisherige Prozedur: *nach einer anstrengenden Prüfungszeit in der Schule* (после утомительной экзаменационной сессии в школе) vielleicht noch *mehrere Aufnahmeprüfungen* (несколько вступительных экзаменов) an verschiedenen Hochschulen ablegen zu müssen, bis sie einen Studienplatz erhalten. Die zentral geprüften Fächer sind русский язык, история России, биология, английский язык и информатика (*Russische Sprache, Geschichte Russlands, Biologie, Englisch und Informatik*). *Die einheitlichen, gesamtrussischen Aufgaben* (единые общероссийские задания) werden zentral gestellt und *die Ergebnisse* (итоги) des ЕГЭ von allen Universitäten und Hochschulen anerkannt. An jeder von ihnen gibt es eine bestimmte Anzahl von Freiplätzen für jene Schüler, die die *höchste Punktzahl* (самое большое число баллов) erreicht haben. Sie brauchen dann keine Studiengebühren zu bezahlen und erhalten an den einzelnen Bildungseinrichtungen unterschiedliche *Vergünstigungen* (льготы) wie zum Beispiel *teilweise Bezahlung der Internatsunterbringung* (частичную оплату общежития), oder *sie bekommen sogar ein Stipendium* (даже получают стипендию). Ehe man sich jedoch in

Russland auf dieses System einigen konnte, gingen viele Jahre der Diskussion und Erprobung ins Land, wie es in Deutschland mit dem Zentralabitur ebenfalls geschah.

Die Teilnahme an den Einheitlichen Prüfungen wird staatlich subventioniert und ist kostenlos. Auch die Anfahrt der Prüflinge zum zentralen Prüfungsort wird erstattet. Schüler, die Nachhilfe benötigen, können sie erhalten. Aber das wird richtig teuer! Стоимость участия в тренировочном тестировании по русскому языку, истории России, биологии, информатике – 400 рублей, по английскому языку – 500 рублей. (*Die Gebühren für die Teilnahme an einer Probeprüfung in den Fächern Russische Sprache, Geschichte Russlands, Biologie und Informatik betragen 400 Rubel, im Fach Englisch 500 Rubel.*) Wie viel kosten dann erst die Kurse, die auf solch eine Probeprüfung vorbereiten?

Die Englisch-Prüfung wird mündlich und schriftlich durchgeführt, und – um auf unser obiges Thema zurückzukommen – *die Benutzung von Wörterbüchern oder anderen Nachschlagewerken ist strikt untersagt* (использовать словари или какие-либо другие справочные материалы НЕ разрешается). Unter den äußerst strengen Prüfungsbedingungen des Einheitlichen Staatsexamens ist es selbstverständlich auch *kategorisch untersagt Mobiltelefon, Pager oder andere Kommunikationsmittel mit sich zu führen* (категорически запрещается иметь при себе мобильный телефон, пейджер или иные средства связи).[118]
Gehen wir in unserer fiktiven Prüfung weiter! Die Einlesezeit von dreißig Minuten ist inzwischen weit vorangeschritten. Es wird höchste Zeit, dass wir uns mit den Prüfungstexten bekannt machen, das heißt sie kurz überfliegen (ознакомительное чтение – *orientierendes Lesen*), um uns endgültig für einen von ihnen zu entscheiden. Schöngeistiger Literatur (*Erzählungen* – рассказы, *Romanen* – романы, *Dramen* – драмы) wird nachgesagt, sie sei (selbstverständlich in *Auszügen* – в отрывках) in Prüfungssituationen leichter zu bearbeiten als Sachtexte, weil man bei ihnen mehr "schwafeln" könne. Literaturwissenschaftler und Lehrer sehen das naturgemäß ganz anders. Ungeachtet dessen habe

118 Die Ausführungen zum Einheitlichen Staatsexamen basieren auf eigenen Recherchen, der Korrespondenz mit den Studentinnen Sweta Iljuschina und Julia Seraja sowie den Veröffentlichungen der Schulbehörde von Sankt Petersburg unter http://www.ege.spb.ru/egespb/.

ich mir vorgenommen, mit Ihnen das ökologische Thema durchzugehen, auch weil es einige aktuelle Informationen über Moskau enthält. Freilich wollen wir nicht die ganze Abiturarbeit lesen. Doch selbst der folgende kurze Ausschnitt ist für Sie sicher interessant.

[...] На вопросы наших читателей отвечает руководитель Департамента природопользования и охраны окружающей среды Москвы Леонид Бочин.

Под окнами нашего дома (ул. Федора Полетаева, 25) уже много лет каждый день собачники выгуливают своих питомцев. Летом жуткий запах и мухи, сейчас весь снег черный.
- Скоро выйдет городской Закон о животных, который и будет регулировать отношения между жителями и владельцами животных. Но все равно проблема не исчезнет. Москвичи не платят за содержание животных ни копейки в отличие от жителей других стран. И совершенно спокойно смотрят, как собаки гадят на детских площадках, газонах. Никто не убирает за своей собакой. [...] Но и собачников можно понять. Если ближайшая площадка для выгула собак расположена в получасе ходьбы от дома, никто туда два раза в день ходить не будет. [...]

Ein alltägliches Problem in den Großstädten wird hier angesprochen: Wohin mit den Verdauungsprodukten unserer lieben Vierbeiner? In einer Stadt mit mehr als zehn Millionen Einwohnern sind das viele Tonnen tierischen Abfalls jeden Tag. Dem Textausschnitt haben Sie entnommen, dass es sich hier offenbar um ein *Interview* (интервью) handelt.

Der einleitende *Absatz*[119] (абзац) klärt den Leser auf: *Die Fragen unserer Leser beantwortet der Leiter der Abteilung Naturnutzung und Umweltschutz Moskau, Leonid Botschin.* Das Wort читатели lässt uns einen Moment im Zweifel, *Leser* wovon? Ein Blick auf die *Quellenan-*

119 Zum Wort "Absatz" die Anmerkung, dass einen neuen Absatz beginnen auf Russisch (außer der wörtlichen Übersetzung) auch so ausgedrückt werden kann: начинать с красной строки, was wörtlich bedeutet *mit einer roten Zeile beginnen*. Diese Metapher weist in jene Zeiten zurück, als Textabsätze mit kunstvoll gemalten bzw. mit farbig abgehobenen Initialen, Wörtern oder Zeilen eingeleitet wurden.

gabe (указание источника) belehrt uns jedoch, dass es sich um Internetleser handelt.

Der *Textausschnitt* (отрывок текста) selbst beginnt sehr einfach. Ein Leser[120] schreibt: Под окнами нашего дома (ул. Федора Полетаева, 25) уже много лет каждый день – bis hierher ist Ihnen sicherlich alles bekannt. Auch nicht schwer zu erschließen: собачники. Wenn wir собака (*Hund*) kennen und wissen, dass das häufige Suffix -ник meist eine Person bezeichnet, vermuten wir, es kann nur *Hundehalter* heißen. Dann folgt eine Wortgruppe mit nicht ganz so häufigen Lexemen: ... выгуливают своих питомцев. In выгуливают steckt sichtbar das Verb гулять (*spazieren gehen*), das Substantiv питомец wird in der Wortliste zur Prüfungsaufgabe mit dem Synonym любимец erklärt. Das könnte verwirren, denn любимец bezeichnet auch einen *(Publikums-)Liebling*. Da man einen solchen aber selten *ausführen* (выгуливать) dürfte, entnimmt der Leser dem Kontext, dass es sich um den *(Hunde-)Liebling* handelt. Immerhin, als Gedächtnisbrücke (любить, любимец – *lieben, Liebling*) ist die Querverbindung akzeptabel. Nun der ganze Satz noch einmal im Zusammenhang: *Unter den Fenstern unseres Hauses (Fjodor-Poletajew-Straße 25) führen Hundebesitzer ihre Lieblinge nun schon seit Jahren jeden Tag spazieren.*

Der zweite Satz der Leserzuschrift ist ein wenig komplizierter: Летом жуткий запах и мухи, сейчас весь снег черный. (*Im Sommer gibt's Gestank und Fliegen, jetzt ist der ganze Schnee verdreckt.*) Sie beachten bitte die vom Ausgangstext leicht abweichende Übersetzung! Denn eigentlich heißt жуткий запах *strenger Geruch* und черный selbstverständlich *schwarz*, aber auch *dunkel, düster, schmutzig, trübselig*.

Kommen wir zur Antwort des Abteilungsleiters. Von ihm erfahren wir, dass *bald ein Tierhaltungsgesetz* (скоро Закон о животных) *die Beziehungen zwischen Einwohnern und Tierhaltern* (отношения между жителями и владельцами животных) regeln soll. Wenn Sie das Verb исчезать/исчезнуть (*verschwinden*) kennen, dann verstehen Sie auch Botschins resignierende Bemerkung, dass *das Problem damit nicht aus der Welt geschafft sein wird* (проблема не исчезнет). Achtung! An dieser Stelle könnte im Falle einer geforderten Überset-

120 ... oder eine Leserin; der Satz ist in der Wir-Form verfasst.

zung eine Schwierigkeit auftauchen. Das vollendete Verb исчезнет drückt die Zukunft aus und ist deshalb vorzugsweise im Futur zu übersetzen.

Der nächste Satz lässt bestimmt alle Hundehalter in Deutschland aufhorchen: Москвичи не платят за содержание животных ни копейки (*die Moskauer bezahlen für Tierhaltung keine Kopeke*), das heißt es gibt keine Hundesteuer. Die Folge ist, und hier wird der Herr Abteilungsleiter ironisch: (собачники) совершенно спокойно смотрят, как собаки гадят на детских площадках, газонах. Auch das kennen wir aus eigener Anschauung: *(die Hundehalter) schauen seelenruhig zu, wie ihre Hunde auf Kinderspielplätze und Grünflächen ...* das deftige Verb erspare ich Ihnen. Ich vermute, Sie werden es auch nicht im Wörterbuch nachschlagen müssen. Doch vielleicht tun Sie es trotzdem einmal? Außer dem zum Schmunzeln vornehmen Euphemismus *sich entleeren* (das klingt recht wie akkurates Amtsdeutsch) werden Sie als Übersetzung noch weitere Bedeutungen finden, doch keine, die drastisch zum Ausdruck bringt, was gemeint ist.

Sodann beklagt sich Botschin: *Niemand entsorgt, was sein Hund zurücklässt.* (Никто не убирает за своей собакой.) Wieder eine Verdeutschung, die zeigt, wie bei kongenialer Übersetzung auch syntaktische Veränderungen vor sich gehen können. Denn eigentlich lautet die russische Satzkonstruktion: *Niemand räumt hinter seinem Hund auf.* Halten Sie das ebenso für eine inhaltlich und stilistisch gelungene Übersetzung?

Was aber ein echter Politiker ist, der *kann auch für die Hundehalter Verständnis zeigen* (но и собачников можно понять). Doch seine Begründung klingt etwas fadenscheinig: Если ближайшая площадка для выгула собак расположена в получасе ходьбы от дома, никто туда два раза в день ходить не будет. (*Wenn die nächste Hundewiese eine halbe Stunde vom Haus entfernt ist, dann geht doch niemand zweimal am Tag dort hin.*)

Das Thema "Hunde" interessiert vielleicht nur die Hundeliebhaber. Ein zweiter Absatz im langen Prüfungstext ist dagegen von breitem Interesse. Gegen das Fällen von Bäumen protestieren viele auch in Russland.

Зеленый пояс Москвы безжалостно вырубается с ведома подмосковных властей. Почему он не относится к Москве, неужели мэрия не может защитить леса?

Das ist die von einem aufgebrachten Leser gestellte Frage. Sie hat es lexikalisch in sich und birgt Diskussionsstoff. Dass зеленый пояс – *grüner Gürtel* und, in der Antwort, защитный пояс – *Schutzgürtel, Schutzzone* heißt, ist noch einfach nachzuvollziehen. Die Wendung безжалостно вырубается с ведома ... dagegen birgt gewisse Schwierigkeiten. Sie im einsprachigen Wörterbuch nachzuschlagen muss nicht auf Anhieb helfen, wenn man die russische Erklärung nicht recht versteht. Man kommt aber auch mit Nachdenken weiter. Die aussagekräftigsten Bestandteile eines Satzes sind fast immer das Subjekt und das Prädikat. In unserem Satz geht es um den grünen Gürtel Moskaus; von ihm heißt es: вырубается. Die Wurzel des Tätigkeitsworts kennen Sie aus dem Substantiv руб-ль. Vielleicht fällt Ihnen sogar dessen Etymologie ein. Der Rubel wurde (und wird) geprägt, herausgeschlagen, gestanzt. Рубить heißt *fällen, abschlagen, prägen*. In unserem Satz bedeutet das, dass der grüne Gürtel *gefällt, abgeholzt* wird. Die folgende substantivische Präposition с ведома wird in der Wortliste der Prüfungsarbeit, wie oben erwähnt, erklärt mit: с согласия. Vielen Russischlernern begegnet die Frage "Ты согласен?", "Ты согласна?" oder "Вы согласны?" (*"Einverstanden?"*) schon frühzeitig im Gespräch mit ihrer Lehrerin oder ihrem Lehrer bzw. mit russischen Gesprächspartnern. Daher kann der Rückschluss gezogen werden, dass с согласия (und somit auch с ведома) *mit Einverständnis* heißen muss. Mit einem Wort, die Wälder um Moskau werden, so behauptet der Verfasser der Anfrage an den Abteilungsleiter, *mit Wissen* der örtlichen Behörden abgeholzt.

Nach dieser Tatsachenbehauptung geht der Fragesteller zu seinem Anliegen über: Почему он не относится к Москве, неужели мэрия не может защитить леса? (*Warum gehört er [der grüne Gürtel – d. Autor] nicht Moskau? Ist denn die Stadtverwaltung nicht im Stande die Wälder zu schützen?*) Das Substantiv мэрия (hier mit *Stadtverwaltung* wiedergegeben) ist eine nach den Regeln der russischen Grammatik vollzogene Sekundärbildung vom Lehnwort мэр (*Bürgermeis-*

ter, Bürgermeisterin), das aus dem französischen Wort *maire* entlehnt wurde.[121] Tatsächlich muss auch der Befragte eingestehen, dass die *Wahrscheinlichkeit* (вероятность) dafür, dass Moskau einen *Wald- und Parkschutzstreifen* (лесопарковый защитный пояс) bekommt, sehr gering ist, zumindest пока (*vorläufig*), wie er betont.

- К сожалению, вероятность того, что лесопарковый защитный пояс (ЛПЗП) отдадут Москве, пока очень мала. Необходимо принятие документов, регулирующих режим природопользования Московской агломерации. И чем быстрее, тем лучше, потому что территории ЛПЗП постоянно уменьшаются за счет строительства, вырубки деревьев. 15% от общей площади лесов находится в неудовлетворительном состоянии. А ведь это "легкие" Москвы.

In der obigen Antwort geht es um *Dokumente, die die Naturnutzung im Ballungszentrum Moskau regeln* sollen. In diesem Satz wird manches auch ohne tief greifende Kenntnis des Russischen verständlich. Es sind vor allem die Internationalismen, die uns weiterhelfen: документы, регулировать, режим, агломерация (*Dokumente, regulieren, Regime, Agglomeration*).

Необходимо принятие документов, регулирующих режим природопользования Московской агломерации. *Eine gesetzliche Regelung der Naturnutzung im Großraumgebiet Moskau*, so meint Botschin, sei *dringlich notwendig* (необходимо). *Und je schneller, desto besser* (и чем быстрее, тем лучше), denn: территории ЛПЗП постоянно уменьшаются за счет строительства, вырубки деревьев. (*die Fläche des Park- und Waldschutzstreifens verringert sich durch Bauvorhaben und Holzeinschlag kontinuierlich*). *Darüber hinaus zieht Botschin die traurige Bilanz: 15% der Waldbestände befinden sich in einem unbefriedigenden Zustand* (15% от общей площади лесов находится в неудовлетворительном состоянии) und schließt seine Antwort mit dem banal-pathetischen Appell ab: А ведь это

121 Ich empfehle Ihnen, in Sachen Etymologie die Internetseite http://vasmer.narod.ru/p001.htm zu besuchen, obwohl dort das Wort мэр gerade nicht zu finden ist. In dem auf dieser Website in einer elektronischen Fassung vorgelegten Etymologischen Wörterbuch des bedeutenden deutschen Sprachwissenschaftlers und späteren Petersburger Universitätsprofessors Max Vasmer (1886–1962) können Sie die Entstehungsgeschichte tausender russischer Wörter nachlesen.

"легкие" Москвы. (*Das sind doch schließlich die grünen "легкие" Moskaus.*) Wissen Sie noch, was лёгкие bedeutet, und ahnen Sie, wovon das Substantiv abgeleitet ist?

Schon in diesen beiden Auszügen aus einer schriftlichen Abiturprüfung erkennen Sie Ansätze für die Beantwortung der zu den Prüfungstexten gestellten Fragen. Möchten Sie sich testen?

Welches ökologische Problem Moskaus wird im Text geschildert? Antworten Sie bitte auf Russisch! – Richtig:
Режим природопользования Московской агломерации пока не отрегулирован. Лесопарковый защитный пояс вокруг Москвы постоянно уменьшается за счет строительства и вырубки деревьев. (*Die Naturnutzung im Ballungszentrum Moskau ist bislang nicht geregelt. Der Park- und Waldschutzstreifen um Moskau verringert sich durch Bauvorhaben und Holzeinschlag kontinuierlich.*)

Und außerdem könnten Sie schreiben: Москвичи совершенно спокойно смотрят, как собаки гадят на детских площадках, газонах. Никто не убирает за своей собакой. (*Die Moskauer schauen seelenruhig zu, wie die Hunde auf Kinderspielplätzen und Grünflächen ihr Geschäft*[122] *verrichten. Keiner entsorgt, was sein Hund zurücklässt.*)

Im vorigen Absatz habe ich aus dem Originaltext zitiert. Die Aufgabe war aber präzisiert: Sie sollen den Inhalt mit *eigenen Worten* (своими словами) wiedergeben. Das könnte zum Beispiel so aussehen: Площади Москвы загрязнены собачьими отходами, потому что многие собачники не интересуются тем, как выглядит их город. (*Die Plätze in Moskau sind mit Hundekot verschmutzt, weil viele Hundehalter sich nicht dafür interessieren, wie ihre Stadt aussieht.*)

Geschafft! Einen Teil der Prüfungsaufgaben haben wir gemeinsam gelöst. Den Aufsatz und Ihre Stellungnahme zur Frage, ob die Illustration (eine Karikatur, die hier nicht abgebildet ist) zum Text passt, müssen Sie freilich allein bewältigen. Zum *Aufsatz* (сочинение) noch ein paar Tipps.

Ein Aufsatz besteht in der Regel aus drei Teilen: der *Einleitung* (введение), dem *Hauptteil* (главная часть) und dem *Schluss* (заключение). Nehmen wir an, Sie haben sich vorgenommen, einen

122 Auch "Geschäft" ist ein Euphemismus, welcher gebraucht wird, um die Dinge nicht bei ihrem manchmal allzu derben Namen zu nennen.

Umweltbericht über Ihre Heimatregion zu schreiben. Wie könnte die Einleitung aussehen? Hier einige Stichpunkte:

- О каком регионе Вы хотите писать? (*Über welche Region wollen Sie schreiben?*)
- О чем Вы хотите писать? Какова будет тема вашего сочинения? (*Worüber wollen Sie schreiben? Wie wird das Thema Ihres Aufsatzes lauten?*)
- Каковы экологические проблемы Вашего региона? (*Welche ökologischen Probleme gibt es in Ihrer Region?*)
- Каковы главные конфликты? Между какими группами или партиями? (*Welches sind die wesentlichen Konflikte? Zwischen welchen Gruppierungen oder Parteien?*)

Im Hauptteil wird das *Thema ausführlich dargelegt* (тема подробно излагается). *Sie beschreiben Details* (вы описываете детали) und *führen Fakten an* (приводите факты). Es ist auch immer gut, wenn Sie *Zitate benutzen* (используете цитаты). Danach *werden mögliche Konflikte erörtert* (обсуждаются возможные конфликты). *Sie bringen Ihre eigene Meinung zum Ausdruck* (выражаете свое мнение) und vielleicht auch die *Ansichten verschiedener Fachleute* (взгляды различных специалистов).

Zum Abschluss (в заключение) *fassen Sie zusammen* (вы подводите итоги) und *unterbreiten mögliche Vorschläge zur Lösung des Problems* (вносите возможные предложения для решения проблемы).

Wer mit seinem Aufsatz oder Essay fertig ist, sollte nicht vergessen, ihn zum Schluss noch einmal gründlich durchzulesen. Auch das will gelernt sein. Wie vermeiden Sie *Flüchtigkeitsfehler* (ошибки по рассеянности)? Sie wollen doch kein рассеянный профессор (*zerstreuter Professor*) sein!

Also, das Wichtigste ist – Abstand gewinnen! Nachdem Sie den letzten Punkt gesetzt haben, zurücklehnen und entspannen. Nach ein paar Minuten, in denen Sie vielleicht an Ihre letzte Party oder einen guten Film gedacht haben, beginnen Sie mit der Selbstkontrolle. Es nutzt wenig, wenn Sie einfach alles noch einmal von vorn bis hinten durchlesen. Dabei übersehen Sie nur jene Fehler, die Sie schon beim Schreiben nicht bemerkt haben. Gehen Sie stattdessen systematisch vor! Je nachdem, wie viel Zeit Sie noch haben, beginnen Sie mit ganz einfachen Kontrollen, zum Beispiel:

- Haben alle Subjekte in Ihren Sätzen die richtige Form?
- Stimmen die Prädikate nach Genus, Kasus und Numerus mit den Subjekten überein?
- Haben Sie die richtige Verbform verwendet?
- Sind die Zeiten der Verben richtig gewählt? Ein häufiger Fehler bzw. eine stilistische Schwäche ist das Springen zwischen Vergangenheit und Gegenwart.
- Drücken die Präpositionen das aus, was Sie sagen wollten?

Sicher wissen Sie selbst ganz gut, wo Ihre Schwächen liegen. Dann sollten Sie gezielt nach diesen suchen:

- Haben Sie richtig zwischen Adjektiv und Adverb unterschieden?
- Stehen die abhängigen Substantive nach Verben, Präpositionen oder Substantiven im richtigen Fall?
- Sind Zahlen, Daten, Prozentangaben usw. korrekt? u. a. m.

So weit einige grammatische Kontrollinstrumente, hinzu kommt eventuell eine lexikalische und orthografische Überprüfung Ihres Aufsatzes. Selbstverständlich dient jeder Text, wenn er nicht zu rein grammatischen oder anderen sprachlichen Zwecken didaktisiert wurde, in erster Linie der Kommunikation. Er will etwas mitteilen. Sie sollten deshalb nicht vergessen nachzuschauen, ob *der rote Faden* (красная нить) in Ihrem Schreiben richtig gesponnen ist, und dabei noch einmal auf die oben genannten drei Strukturbestandteile eines Aufsatzes achten.

Aus vielen Klausuren und Klassenarbeiten weiß ich um die Schwierigkeit, die Lernende wohl in aller Welt haben, nämlich für die von ihnen verfassten Aufsätze, Berichte usw. eine Überschrift zu finden. Manche vergessen sie sogar komplett. Dabei ist eine *Überschrift* (заголовок, заглавие) äußerst wichtig. Die Hauptkriterien für das Funktionieren eines Buchtitels sind: Er soll etwas über den Inhalt des Buches aussagen, durch Form und Inhalt das Interesse des Lesers wecken und – wenn es sich um eine Fortsetzung oder eine Reihe handelt – einen Wiedererkennungseffekt aufweisen.

Schauen wir uns nach dem schulischen Teil nun in der russischen Literatur um und analysieren wir, mit einigem Augenzwinkern, drei russische Buchtitel nach den beiden zuerst genannten Kriterien! Seit der Wende ist die Zahl der in Russland gedruckten, angebotenen und verkauften Bücher Legion. Ein Katalog, der russischsprachige Literatur der verschiedenen Genres in Deutschland kommerziell anbietet, ist "Janzen".[123] Er enthält Hunderte von Angeboten: Книги (*Bücher*), Видео (*Videos*), DVD, CD. Sie sehen, auch hier kommt die russische Schriftsprache nicht ohne einige mit lateinischen Buchstaben geschriebene Abkürzungen aus. In diesem Katalog wird neben Sach- und Fachliteratur sowie bedeutenden russischen und internationalen Autoren in großem Umfang Trivialliteratur angeboten (развлекательная литература; wörtlich: *Unterhaltungsliteratur*), von der es in Russland seit der Perestrojka mehr als genug gibt. Hier drei solcher Titel:

1. "Три полуграции или немного о любви в конце тысячелетия"
2. "Гормон счастья и прочие глупости"
3. "Верь, и все получится"

Dass sie von "großen, tiefen Emotionen" handeln, das können Sie sich schon denken, davon zeugen die Wörter любовь (*Liebe*), счастье (*Glück)* und верить (*glauben*). Das erste Buch handelt, wie der Titel sagt, von *drei Halbgrazien* (was immer das sein mag) und der *Liebe am Ende des Jahrtausends*. Das wird doch jede Freundin oder jeden Freund von Liebesromanen zum Lesen verführen! Und noch mehr die kurze Inhaltsangabe: Героини книги – три подруги – женщины независимые и способные управлять обстоятельствами, но именно сейчас у всех трех, как назло, кризис в личной жизни. Помогая друг другу, они стараются преодолеть черную полосу и найти свое счастье. – Fast brauchen wir das Buch nicht mehr zu lesen. Beinahe alles scheint gesagt: *Die Hauptpersonen, drei Freundinnen, sind unabhängig und tatkräftig, machen aber im Moment zu ihrem Kummer gerade eine Krise durch. Sie helfen einander und setzen alles daran, den dunklen Lebensabschnitt zu überwinden und ihr Glück zu finden.*

Ist der Buchtitel treffend gewählt? Zweifelsohne.

---

123 "Janzen" ist eine deutsch-russische Vertriebsgesellschaft, die russische Druckerzeugnisse aller Art im Internet anbietet und auf Wunsch auch Kataloge in russischer Sprache zusendet. (http://www.knigi-janzen.de/)

Im zweiten Roman soll es um das *"Hormon des Glücks und andere Dummheiten"* gehen. Ahnen wir nicht schon den Inhalt? Es geht bestimmt um Liebe und allerlei Verwicklungen. Der Titel sagt doch schon fast alles! Wer Liebesromane gern liest, der kann sich einen allein nach dem Titel aussuchen, *das Buch mit einem Knopfdruck im Internet bestellen* (заказать книгу нажатием кнопки в интернет-магазине) und hoffen, dass es *am Lager* (на складе) ist!

Ich habe Ihnen die Autorinnen dieser Liebesromane noch nicht genannt. Die beiden ersten hat Jekaterina Wilmont[124] geschrieben. Anstelle einer Zusammenfassung des Inhalts des zweiten Buchs lassen wir eine russische Leserin zu Wort kommen (www.litportal.ru):

> Как всегда в книгах Екатерины Вильмонт – при чтении тебя просто окутывает атмосфера тепла, нежности, любви. Ты просто сама ощущаешь влюбленность героини, ее переживание, как греют ее лучи израильского солнышка – хотя на улице проливной дождь и сыро [...] За день проглатываю ее книгу не важно где б я находилась дома ли [...] на работе [...] Для меня Екатерина Вильмонт – единственный автор любовных романов [...] Спасибо большое за то, что Вы есть!!!

(Wie immer in den Büchern von Jekaterina Wilmont umgibt dich einfach eine Atmosphäre von Wärme, Zärtlichkeit und Liebe. Du empfindest einfach selbst die Verliebtheit der Buchheldin, was sie erlebt, und wie die Strahlen der Sonne Israels sie erwärmen, obwohl es draußen wie verrückt gießt und nasskalt ist [...] Ihr Buch verschlinge ich an einem Tag, egal ob ich zu Hause bin oder [...] auf der Arbeit [...] Für

---

124 "Alle Weiber sind schön blöd – alle Männer sind Böcke – sobald es um die Liebe geht. Große Liebe zu den Menschen vermutet man nicht gerade hinter solchen Titeln. Dabei dreht sich in den Frauenromanen der Jekaterina Wilmont alles genau darum, Happyend inklusive. Die Moskauerin gilt in Russland als Meisterin der lyrischen Prosa und ist mit einer Gesamtauflage von mehr als drei Millionen Büchern derzeit schwer vom Platz eins der Bestsellerlisten zu verdrängen." So charakterisiert Ines Lasch (Moskau) diese Schriftstellerin in www.aktuell.ru/russland. *Jekakerina Nikolajewna Wilmont, geb. 1946* (Екатерина Николаевна Вильмонт, р. 1946) ist die Tochter zweier berühmter russischer Germanisten und Übersetzer und in Russland mit mehr als 20 Frauen- und Liebesromanen sowie mit 40 Krimis für Kinder vertreten. Auch in den USA und Israel sind Auflagen in russischer Sprache erschienen. In Deutschland ist Jekaterina Wilmont mit Übersetzungen von Goethe, Kästner, Böll, Strittmatter und Brigitte Reimann bekannt geworden.

mich ist Jekaterina Wilmont eine einzigartige Autorin von Liebesromanen [...] Danke, dass es Sie gibt!!!)

Dem ist nichts hinzuzufügen. Wenn Sie dieses Genre mögen, lesen Sie doch einmal einen *Liebesroman von Jekaterina Wilmont* (любовный роман Екатерины Вильмонт)!

Apropos, любовный роман Екатерины Вильмонт. Stellen Sie an dieser Wendung etwas Merkwürdiges fest? Bestimmt! Denn der Name der Schriftstellerin muss nach dem Bezugswort "Roman" im Genitiv stehen, deshalb die genitivische Form des Vornamens: Екатерины. Aber der Familienname? Auch der stimmt. Mehrere Gruppen von Familiennamen werden im Russischen nicht dekliniert. Dazu gehören die Namen ukrainischen Ursprungs mit sächlicher Endung auf -o oder -енко, z. B. Шевченко oder der nicht preisgegebene Mädchenname von Polina Daschkowa. Erinnern Sie sich an diese Geschichte? Eine zweite Gruppe sind all jene Namen, die auf einen Konsonanten enden.[125] Russen assoziieren eine solche Endung mit dem maskulinen Genus, darum werden diese Namen, wenn eine Frau sie trägt, einfach nicht gebeugt und so als weiblich markiert. Der Lerner der russischen Sprache ist dankbar, da muss er sich wenigstens in diesem Fall nicht um die Fälle kümmern!

Der dritte der oben zitierten Buchtitel lautet: *"Glaube, und alles wird sich finden"* ("Верь, и все получится"). Daraus erkennt der potentielle Leser schon nicht mehr so genau, *wovon das Buch handelt* (о чем речь идет в книге). Um den Glauben an Gott, an die Liebe, an etwas anderes oder jemanden anderen? Der Roman ist Tatjana Gubinas Erstlingswerk.[126] Hier eine Kurzbeschreibung:

125 Beispiele für weibliche Familiennamen mit maskuliner Endung: Ирина Волчок, Анна Дубчак, Ольга Черных, Катерина Шпиллер, Рада Биллер (*Irina Woltschok, Anna Dubtschak, Olga Tschernych, Katerina Spiller, Rada Biller*), sämtlich russische Schriftstellerinnen.

126 Tatjana Gubina hat bisher zwei Liebesromane veröffentlicht. In einem Bericht aus dem Jahr 2006 über die Ergebnisse des Wettbewerbs junger Journalisten der Stadt Klimowsk (Gebiet Moskau) wird sie als начинающий автор (*junge Autorin*; eigentlich *anfangende Autorin*) bezeichnet.

Наконец ей повезло! Она встретила мужчину своей мечты. Он богат, красив. Один его взгляд сводит женщин с ума. И он у ее ног! И торопит со свадьбой. Кто бы мог подумать, каким кошмаром обернется для нее брак с любимым. Если бы она знала, через какие испытания придется ей пройти, прежде чем она обретет настоящее счастье. Ведь не все золото, что блестит [...].

(*Endlich ist es ihr geglückt! Sie ist dem Mann ihrer Träume begegnet. Er ist reich und schön. Schon bei seinem Anblick werden die Frauen schwach. Und der liegt ihr zu Füßen! Und drängt auf Heirat! Wer hätte denken können, in welchen Alptraum sich die Ehe mit ihrem Liebsten verwandeln würde. Wenn sie nur gewusst hätte, durch welche Hölle sie würde gehen müssen, bevor sie wirkliches Glück erfahren sollte. Es ist eben nicht alles Gold, was glänzt [...].*)

Jetzt wissen wir ziemlich genau, was uns im Buch erwartet. Wenn Sie es kaufen möchten, es gibt davon eine *broschierte Ausgabe* (мягкая обложка; *Softcover*) und ein *Hardcover* (твердый переплет). Wenn Ihnen der Roman gefällt oder auch nicht, dann können Sie an der Stelle, wo Sie das Buch im Internet bestellt haben, sogar *einen Kommentar schreiben* (написать отзыв; das Substantiv отзыв bedeutet *Gutachten, Stellungnahme, Empfehlung*).

Ljuba, das kann ich Ihnen verraten, liest Liebesromane ab und zu auch gern, wenn es ihre Zeit zulässt. Aber natürlich nicht nur diese. Als Deutschlehrerin kennt sie die deutschen Klassiker genauso gut wie ihre eigenen: Puschkin, Dostojewski, Tolstoi, Tschechow, Bulgakow und viele andere. Die Buchhandlungen und Bibliotheken Russlands stehen voll von ihnen.

Die Buchproduktion in Russland hat sich nach dem Zusammenbruch des staatlichen Monopols mit der Wende in einem ungeahnten Maße entwickelt. Der Buchmarkt ist in einem so großen Land erwartungsgemäß riesig. Der größte Buchverlag neben AST[127] ist der 1991 gegründete Verlag EXMO-Press in Moskau, der sich anfangs, gänzlich untypisch, fast ausschließlich auf russischsprachige Kriminalromane spezialisiert hatte, inzwischen aber eine sehr breite Produktpalette aufweist. Im Jahr 2002 haben die insgesamt circa 6 000 Verlage Russlands 70 000 neue Titel herausgebracht und eine Gesamtauflage von 591 Millionen Büchern erreicht!

Zum Vergleich: 2005 wurden in Deutschland fast 90 000 Neuerscheinungen ausgeliefert, und das von "nur" etwas über 1 800 Verlagen. Die Buchproduktion in Deutschland nimmt immerhin den dritten Platz auf der Welt ein. Den ersten behauptet der *englischsprachige Markt* (англо-язычный рынок), gefolgt von China. Allein 2004 erschienen im deutschsprachigen Raum 963 Millionen Bücher, die meisten von ihnen in Deutschland. Eine gewaltige Leistung für unser kleines Land!

127 Die Verlagsgruppe *AST* (ACT) wurde 1990 gegründet. Ihr Marktanteil beträgt nach eigenen Angaben ein Fünftel. Monatlich erscheinen hier mehr als 800 Bücher berühmter und weniger bekannter Autoren, Sachliteratur und Belletristik, darunter von Борис Акунин, Екатерина Вильмонт, Полина Дашкова (*Boris Akunin, Jekaterina Wilmont, Polina Daschkowa*) und vielen ausländischen Schriftstellern.

Siebenter Halt – Седьмая остановка

Lernen im Schlaf?

"Здравствуйте, уважаемые читательницы и читатели! Мы давно не виделись." (*"Guten Tag, sehr geehrte Leserinnen und Leser! Wir haben uns lange nicht gesehen."*) Erst waren Sie in Moskau, dann in Iwanowo, beim nächsten Halt hatten wir auch nur wenig Zeit miteinander, danach haben Sie es mit einer umfangreichen Lektüre zu tun gehabt. Brummt Ihnen der Kopf vom vielen Lesen? *Kommen Sie, wir gehen ein wenig im Park spazieren* (давайте погуляем по парку). Wenn danach noch Zeit ist, *machen wir einen Ausflug auf der Fontanka* (совершим прогулку по реке Фонтанка)!

Gehen wir zuerst in den Jussupow-Park![128] *Er liegt an der Sadowaja-Straße.* (Сначала пойдем в Юсуповский сад! Он расположен на Садовой улице.) Gestern Nachmittag war ich mit Jurgen dort. Er wollte das *Eisenbahnmuseum besuchen* (посетить Музей железно-дорожного транспорта) und meinte, ich müsste ihm den Weg zeigen und ein bisschen übersetzen. Ich glaube, er wollte bloß wieder mal mit mir allein ausgehen. Между нами говоря (*im Vertrauen gesagt*), die russischen Männer sind feurig – zu Anfang, doch dann kommt der Alltag und der Schlendrian und der Wodka. Die Deutschen scheinen langsam in Fahrt zu kommen, aber dann sind sie beharrlich, treu und liebevoll – denke ich. Oder?

Für Technik interessiere ich mich weniger, aber ich gebe zu, interessant ist die Ausstellung. Dort kann man die ganze Geschichte der Eisenbahn in Russland nacherleben: die allerersten in Russland hergestellten Lokomotiven, Modelle der größten Brücken, die ersten Telegrafenstationen und vieles mehr ist zu besichtigen. Nur schade, dass nicht sehr viele Besucher kommen; fünfzig Rubel kann sich eben nicht jeder leisten. Ich habe das Museum schon eher verlassen, mein Kolle-

128 Die Jussupows waren eine der reichsten Familien Russlands, die vier Paläste in Sankt Petersburg besaß. Der größte und schönste ist aber nicht der im heutigen Jussupow-Garten an der Fontanka, sondern jener an der Moika, welcher aufs Prachtvollste ausgestattet ist und in dem der schon erwähnte Zarengünstling Rasputin ermordet wurde (eine Wachsfigur-Szene dieser Tat ist im Palais zu besichtigen). Felix Jussupow (1887–1967) und andere Höflinge waren an dieser Tat beteiligt; s. auch Fußnote 34.

ge ist noch eine Stunde drin geblieben. Währenddessen habe ich auf einer Parkbank in der Sonne gesessen, direkt gegenüber dem Jussupow-Palast, nahe am Ausgang. Hier fand ich Ruhe; trotz der vielen Menschen im Park und der belebten Straße davor. *Studenten des Instituts für Eisenbahnwesen* (студенты Института инженеров железно-дорожного транспорта) liefen diskutierend durch den Park, ältere Mitbürger fütterten die Tauben am Teich, ein Opa mit Kinderwagen stand geduldig wartend neben meiner Bank und las die Parkvorschriften. Ist das in deutschen Parks auch so? Da steht eine Tafel mit hundert Vorschriften, was du zu tun und zu lassen hast. Das könnte sprachlich für Sie interessant sein. Egal, was man liest, man kann immer etwas lernen, von diesem Hinweisschild vor allem Verben.

Уважаемые посетители!

Запрещается:

- ходить по газонам, загорать, устраивать игры,
- ломать и портить деревья, кустарники, цветники,
- подвешивать на деревья веревки и качели,
- выгуливать собак и других домашних животных,
- ездить на лошадях, велосипедах и других транспортных средствах,
- купаться в водоеме и ловить рыбу,
- проводить спортивные, зрелищные и другие массовые мероприятия без согласования с администрацией,
- выкапывать деревья и кустарники, раскапывать землю,
- загрязнять территорию зеленых насаждений, дорожек, площадок,
- размещать объявления и рекламу,
- самовольно организовывать торговлю с рук,
- портить и переставлять скамейки,
- разжигать костры,
- ловить и губить птиц,
- распивать спиртные напитки,
- распивать пиво в не отведенных для этого местах,
- парковать автотранспорт.

Bei unserem kurzen Halt können wir nicht alles gemeinsam übersetzen.[129]

Vielleicht versuchen Sie es selbst einmal? Mit den Verben helfe ich Ihnen. Suchen Sie bitte im Text die Verben, die den Übersetzungen in der Tabelle entsprechen, und tragen Sie sie dort ein!

Achtung: Bei "reiten" und "angeln" müssen Sie besonders aufpassen!

Das Angelverbot nehmen die *Einheimischen* (местные жители) übrigens nicht ernst. Während ich die Sonne genoss, ließen sich zwei Männer seelenruhig auf ihre Klappstühlchen nieder, packten die Ruten und Netze aus und "fingen Fische". Внимание! Это был тонкий намёк. (*Achtung! Das war ein zarter Hinweis.*) Was sage ich, das war *ein Wink mit dem Zaunpfahl* (грубый намёк).

Deutsch	**Русский**	***Deutsch***	**Русский**
spazieren		*veranstalten*	
verschmutzen		*ausgraben*	
baden		*parken*	
anbringen		*trinken*	
anzünden		*durchführen*	
(an)hängen		*reiten*	
sich sonnen		*angeln*	

Was man nicht alles beim Ausruhen im Park lernen kann! Manche sagen ja, man kann im Schlaf lernen. Ich glaube, das geht nicht. Mal sehen, ob mich das nächste Kapitel vom Gegenteil überzeugen kann.

Verben zu lernen hatten Sie ja schon mehrfach Gelegenheit. Haben Sie sich die Mühe gemacht, alle Präfigierungen der Tabelle von Kapitel 7 zu übersetzen? Dann können Sie jetzt Ihre Wörter mit meinen vergleichen.

129 Die vollständige Übersetzung finden Sie im Anhang zu diesem Buch.

Русский	*Deutsch*	Русский	*Deutsch*
входить	*hineingehen*	переходить	*überqueren*
восходить	*(hin)aufsteigen*	подходить	*herankommen*
всходить	*(hin)aufsteigen*	походить	*ähneln*
выходить	*hinausgehen*	превосходить	*überbieten*
доходить	*erreichen*	приходить	*(her)kommen*
заходить	*besuchen*	происходить	*abstammen*
исходить	*ausgehen von*	проходить	*vorbeigehen*
находить	*finden*	снисходить	*sich herablassen*
обходить	*umgehen*	сходить	*hinuntergehen*
отходить	*abfahren*	уходить	*weggehen*

Как же мне не везёт! (*Was ich nicht immer für ein Glück habe!*) Hab ich's nicht gesagt? Nach dem Museum hat mich Jurgen zu einem leckeren Essen im *"Adelsnest"*[130] ausgeführt. "Ausführen" – das ist ein lustiges Wort, und es hat so viele verschiedene Bedeutungen! Die deutsche und die russische Sprache scheinen mir in Bezug auf Präfigierungen manchmal recht ähnlich zu sein. Мне надо посмотреть в словаре (*ich muss mal im Wörterbuch nachschlagen*), wie viele Ableitungen das deutsche Verb *führen* (вести) hat und was sie bedeuten. Im Russischen *kenne ich eine Menge präfigierter Verben* (я знаю кучу префигированных глаголов) vom Verb вести: завести, ввести, довести, повести, свести, отвести, увести und andere.

Über dem Essen, beim Wein und vertieft ins Gespräch ist es etwas später geworden, ziemlich spät sogar. Als ich heimkam, war Kolja schon unruhig geworden. Aber gemeckert hat er nicht, nur so mit einem Unterton bemerkt: "Я буду тащить мой крест." (*"Ich trage schon mein Kreuz."*) *Beschwipst* (навеселé), wie ich war, habe ich leider nicht gemerkt, worauf er das bezogen hat. Darauf, dass ich in meinem Beruf als Lehrerin ohnehin oft spät nach Hause komme, oder speziell auf den heutigen Abend? Неужели он ревнует меня к Юргену? (*Er wird doch nicht eifersüchtig auf Jurgen sein?*) Aber warum eigentlich nicht?

130 "Дворянское гнездо" heißt *"Adelsnest"* und ist eines der teuersten Restaurants in Sankt Petersburg. Es hat seinen Namen nach dem Roman von Iwan Turgenjew und ist so chic und teuer, dass es auch aus diesem Grund so heißen könnte. Es befindet sich im Gartenpavillon des an der Moika gelegenen schönsten der vier Jussupow-Paläste in Sankt Petersburg.

"Подмосковные вечера ..." (*"Moskauer Abende ..."*) – irgendwie bin ich heute lustig. Ich könnte immer nur tanzen, immerzu summe ich dieses Lied. Das war ein wunderschöner Tag heute mit Jurgen! "Неужели я ...?" (*"Ich bin doch nicht etwa ...?"*)

"До завтра, дорогие мои читатели! Выпьим за нашу дружбу! Я вас люблю! Я желаю Вам всего наилучшего! Всего наилучшего! Спокойной ночи!" (*"Bis morgen, meine lieben Leser! Trinken wir auf unsere Freundschaft! Ich mag Sie sehr! Ich wünsche Ihnen alles erdenklich Gute! Alles Gute! Gute Nacht!"*)

Kapitel 8 – Восьмая глава

Kalenderblätter – Листки календарей

"Ты пойдешь с нами в баню?" (*"Gehst du mit uns in die Banja?"*) fragte mich *Jura* (Юра; sein voller Name war natürlich Юрий – *Juri*). Er hatte einen anstrengenden Arbeitstag hinter sich. Vorlesungen halten, Studenten Konsultationen geben, zwei Seminare absolvieren, eine langweilige Fakultätssitzung – da war der herbstliche Tag schon fast herum. Und mich hatte Jura auch noch auf dem Hals. Eine ganze Woche Besuch, und das in der kleinen Zweizimmerwohnung in Woronesh. Er und seine Frau Sweta (Света von Светлана – *Swetlana*) sahen das jedoch gelassen. Mehr noch, sie waren ausgesprochen nett und freundlich, eben echt russische Gastgeber.

"Пойдем-ка в баню!" (*"Gehen wir eben mal in die Sauna!"*) Beim Wort Sauna denkt man an dicken Dampf, schmerzhaftes Reisigklopfen oder Herzrasen bei einer Temperatur von einhundert und mehr Grad. Vielleicht hätte ich vorher lieber mal meinen Hausarzt fragen sollen, ob mir das zuträglich ist? Zu spät, die Entscheidung musste gleich fallen. Das Wort баня, so erfuhr ich später aus dem etymologischen Wörterbuch, kommt wahrscheinlich aus dem Lateinischen, aus einer Wortform *bāneum.[131] Wer schon mal eine balneologische Behandlung erhalten hat, weiß, dass das mit "Baden" verbunden ist. Die Definition des Begriffs баня in jenem Wörterbuch lautete: специальное помещение, где моются и парятся (*spezielle Einrichtung, wo man sich wäscht und "dampft"*). "Speziell" sollte das Dampfbaden mit meinem Kollegen von der Woronesher Universität werden! Möchten Sie mitgehen?

Nach kurzem Überlegen sagte ich zu: "Конечно, с удовольствием!" (*"Natürlich, gern."*) Der Tag war ohnehin unfreundlich. Oder war es die ganze Wohngegend? Nicht allzu dicht stehende, aber vernachlässigte Fünfgeschosser, davor und dahinter ein paar traurige Bäume, ungepflegte, je nach Wetterlage festgetretene oder matschige Flächen, die einmal Rasen gewesen waren, dazu neb-

131 Der Asterisk * in linguistischen Texten bedeutet, dass die damit bezeichnete Wortform aus sprachhistorischen Vergleichen erschlossen wurde, aber nicht in einer lebenden oder toten Sprache belegt ist.

lig-trübes Wetter – das Ganze schrie geradezu nach einem warmen, erholsamen Banjabesuch.

Zu uns beiden gesellte sich noch Степа (*Stjopa*), wie er sich vorstellte. Степан Иванович Караулов (*Stepan Iwanowitsch Karaulow*), *der dreißigjährige Nachbar meiner Gastgeber* (тридцатилетний сосед моих хозяев), war *stämmig* (коренастый), *rotnasig* (красноносый) und von Beruf *Truckfahrer* (водитель трека). So gab er sich auch: Entweder er erzählte einen *unpassenden Witz* (рассказывал неуместную шутку) oder er hatte einen *deftigen Fluch* (грубое ругательство) auf den Lippen. Ganz unvermittelt prahlte er: "Я хорошо знаю Германию." (*"Ich kenne Deutschland gut."*). Das "Kennen" beschränkte sich allerdings, wie sich herausstellte, auf Autobahnen, Raststätten und Fernfahrer, die er auf seinen langen Fahrten getroffen hatte. Stjopa wollte gerade zu einem Blondinenwitz ansetzen:

"Милиционер отчитывает блондинку:
- Вы припарковали свою машину прямо на пешеходном переходе.Это запрещено правилами. [...]"

(*"Ein Polizist kanzelt eine Blondine ab:*
- Sie haben Ihren Wagen genau auf dem Fußgängerüberweg geparkt. Das ist gesetzlich verboten [...]")

..., da *fing es plötzlich an zu regnen* (вдруг пошел дождь). Die Tropfen schlugen wie Murmeln gegen die Fenster. Stjopa kommentierte das auf seine Weise: "Чёрт возьми! Льет как из ведра." (*"Zum Teufel! Es gießt wie aus Kannen."*)

"Чёрт побери!" (*"Hol's der Teufel!"* oder *"So ein Mist!"*), gab nun auch Jura seinen ansonsten eher akademischen Redestil auf und griff sich zwei Regenschirme – für mich und für sich. Stjopa schlug den breiten Kragen seiner schwarzen Lederjacke hoch, und los ging's! Wir nahmen einen der immer voll besetzten Busse, denn Straßenbahnen und Oberleitungsbusse verkehrten kaum mehr in der Stadt. Sie waren zugunsten des Busnetzes fast vollständig abgeschafft worden. Trotzdem mussten wir noch einige hundert Meter laufen. Achtlos passierten wir eine Рюмочная (*Rjumotschnaja*; also eine Art Bar, in der man Wodka in Schnapsgläsern ausschenkt und dazu Snacks und belegte Brote reicht), ein Студия ногтевого дизайна (*Nagelstudio*; wörtlich: *Studio für Nageldesign*) und das gerade erst eröffnete vierte McDonald's-Restaurant. Wir hatten es eilig, in die Banja zu kommen; wegen des Regens, aber auch weil das *Fitness-Center* (Фитнес-центр) um 21 Uhr schließen würde.

Unter dem breiten Vordach des Centers hatten sich schon viele Leute ohne Regenschirm untergestellt und verstellten den Eingang. Wir wollten aber ja hinein. Also drängelten wir uns, mit den Ellenbogen kräftige Seitenhiebe austeilend, durch die Menschenmenge hindurch. Ich muss bekennen, das hatte ich bald gelernt. Ohne Drängeln läuft in der Großstadt nichts. Selbst das allerliebst aussehende Großmütterchen, das doch "sicher kein Wässerchen trüben" kann, stößt dich rücksichtslos zur Seite, wenn es darum geht, in den voll besetzten Bus hineinzugelangen.

Im Center empfing uns wohltuende Wärme. Bevor es ans Auskleiden ging, schaute ich mich erst einmal um und las die diversen Informationen. Ich wollte doch sehen, was hier angeboten wurde:

- Аэробика для новичков, танцевальная аэробика, стэп-аэробика, силовая аэробика, стрейч-аэробика
- Солярий, массаж, йога, шейпинг
- Бани и сауна

Das eine war schnell klar: Hier gab es nicht nur Sauna. Schließlich trug die Einrichtung den Beinamen Спа-Салон (*Spa-Salon*). Aerobik wurde hier großgeschrieben: *Aerobik für Anfänger, Tanz-Aerobik, Kraft-Aerobik, Stretch-Aerobik*. Unter dem zweiten Anstrich wurden weitere Fitnessangebote aufgeführt: *Solarium, Massage, Yoga, Shaping*[132].

Der dritte Anstrich gab mir Rätsel auf: Бани и сауна? Sind denn Banjas und Sauna nicht dasselbe? Das müssen wir klären!

Die Russen bauen Banjas aus Holz (русские строят бани из дерева), mit einem Waschraum und einem Schwitzraum, in dem der möglichst mit Birkenholz befeuerte Ofen steht. *Banjas unterscheiden*

132 Shaping oder Bodyshaping, die "sanfte Körperformung", ist eine Methode der biomechanischen Muskelstimulation, ein Mix zwischen Ausdauer- und Krafttraining sowie gesunder Ernährung. Diese Methode ist bereits Ende der 70er Jahre in Russland aufgekommen und erfreut sich dort besonderer Beliebtheit. Das Wort ist abgeleitet von englisch shape (Gestalt, Figur). Auch in Deutschland werden derartige Kurse unter den Namen "Bodyforming", "Bodystyling" oder "Power-Pump" angeboten.

sich nach der Art, auf welche der Dampf erzeugt wird. (Различаются бани по способу получения пара.) In den einen werden *glühend heiße Steine benutzt* (используются раскалённые камни), in den anderen *Holz oder Kohle* (дрова или уголь). Die Steine werden *im Feuerraum* (в очаге; wörtlich: *im Herd*) platziert und dort so lange mit Wasser übergossen, bis – je nach Wunsch und Gewohnheit – heißer Dampf den Raum füllt. Dann legt man sich auf die Holzlatten der unteren oder oberen Etage und "bearbeitet" sich gegenseitig *mit Birkenruten* (берлзовыми вениками), um die Blutzirkulation zusätzlich anzuregen und den Körper zu entschlacken. Температура в русской бане обычно держится на уровне 55–70 градусов, только на верхней полке парильни температура поднимается до ста градусов. (*Die Temperatur in der russischen Banja liegt gewöhnlich bei 55–70 Grad, nur auf der oberen Pritsche des Schwitzraums steigt sie bis auf einhundert Grad.*)

Und die Sauna? Viele Menschen machen gar keinen Unterschied. Die Sauna unterscheidet sich auch nicht sehr von der Banja. Die Temperaturen sind jedoch meistens weit höher (weil hier die Steine nicht im Feuerraum, sondern draußen liegen) und die Luft ist trockener. Ich habe den Eindruck, viele Russen scheinen keinen Unterschied zu kennen. Ist ja auch nicht nötig, die Hauptsache ist der Effekt. Und der stellt sich in den meisten Fällen ein!

Und noch etwas hat meine Aufmerksamkeit auf sich gezogen, die werbetüchtige Ankündigung: приемлемые цены (*akzeptable Preise*). Ich weiß nicht, wie viel Jura bezahlt hat. Aber ich weiß aus anderen Städten, dass man da viel Geld lassen kann. In einer VIP-сауна (*VIP-Sauna*) in Moskau kostet eine Stunde 2 500 Rubel (70 Euro), in kleinen Einrichtungen nicht unter 600 Rubel (16 Euro). Wer ein ganzes Wellness-Studio für eine Stunde mieten will, der muss 10 000 Rubel (ca. 280 Euro) hinblättern! Wenn Sie bedenken, was oben schon zur Anzahl der Millionäre in Moskau gesagt wurde, dann wird das nicht so selten geschehen.

Normale, einfache Banjas in kleineren Städten sind natürlich weit billiger. Russen brauchen nun mal ihr Dampfbad. So wie die Finnen angeblich in jedem zweiten Haus ihre eigene Sauna besitzen und die Amerikaner in den warmen Südstaaten sich zur heißen Jahreszeit sehr gern in ihren tub (eine Art beheizbarer *Badewanne*) setzen, so möchten viele Russen ihre eigene Banja haben. Heute gibt es sie in jeder Ausführung und auch mit elektrischer Feuerung. Ein Freund in Ufa hat sich *in seinem Grundstück* (на своем участке) sogar ein richtiges *Badehäuschen selbst gebaut* (сам построил баню). Und es funktioniert sehr gut. Im Winter hat es großen Spaß gemacht, voll getankt mit Dampfeswärme in den Schnee zu springen und sich damit abzureiben.

Doch kehren wir zurück zu Jura und Stjopa. Wir drei hatten inzwischen in *Umkleidekabinen* (в раздевалках) unsere nasse Kleidung abgelegt, geduscht und befanden uns auf dem Weg in die Banja. Ich war neugierig, was uns erwartete.

Der Ruheraum entpuppte sich als eine kleine, gemütlich eingerichtete Halle. Sie bot etwa zwanzig Personen die Möglichkeit zum Schlummern *in Liegestühlen* (на шезлонгах). In der einen Ecke war ein kleines, aber tiefes *Wasserbecken* (бассейн, водоём) in den Boden eingelassen, gegenüber standen weitere *Duschkabinen* (душевые кабины). Der Eintrittspreis muss anscheinend doch nicht sehr niedrig gewesen sein. Ich entnahm das der Tatsache, dass trotz des Feierabends außer uns niemand anwesend zu sein schien.

Wir gingen geradewegs auf den Schwitzraum zu. Jura öffnete die Tür ein wenig und schon schlug uns dichter, heißer Dampf entgegen. Stjopa wollte an meinem Kollegen vorbeistürmen, als ihn helle, aufgeregte Frauenstimmen sogleich wieder hinaustrieben. Es war besetzt! "Интересно – когда в бане тесно!" (*"Interessant wird es in der Banja erst, wenn es eng wird."*), wie Irina Deneshkina[133] ihren jugendlichen Helden Artjom Burkow in "ДеЦл. Герои моего времени" (*"DeZl. Helden meiner Zeit"*) sagen lässt. Nach einigen Minuten verließen zwei Frauen mittleren Alters und eine Anfang

133 *Irina Deneshkina, geb. 1982* (Ирина Денежкина, p. 1982), eine junge Autorin aus Jekaterinburg, wo sie fünf Jahre Journalistik studiert hat, wurde 2002 nominiert für die Auszeichnung "Национальный бестселлер" (*"Nationaler Bestseller"*). *Die Helden ihrer Novellen und Erzählungen* (герои ее повестей и рассказов) sind *Pubertierende* (особи пубертатного периода) und *junge Erwachsene* (подростки), deren Probleme mit der Welt, mit Liebe, Alkohol und Drogen sie lebensnah schildert. 2002 erschien von ihr "Дай мне! Song for Lovers" (*"Gib's mir! Lied für Verliebte"*) mit Erzählungen, die in einer bewunderswert jugendgemäßen Sprache geschrieben sind. Mit ihrer schriftstellerischen Begabung hat sie rasch Eingang gefunden in *"einen der Hauptströme des internationalen literarischen Mainstreams – in die Prosa der Zwanzigjährigen"* ("один из главных потоков всемирного литературного мейнстрима – прозу двадцатилетних") (Zitat nach dem Petersburger Schriftsteller Viktor Toporow in http://www.vz.ru/columns/2005/7/5/1410.html).

zwanzig, eingehüllt in Bademäntel, die Banja raschen Schritts, sprangen ins Becken, wickelten sich wieder ein und ließen sich zum Ausruhen in den Liegestühlen nieder.

Waren Sie schon einmal in einer russischen Sauna? Beim ersten Mal war mir, als könnte ich das nicht eine Minute aushalten. Die heiße, Dampf geschwängerte Luft nahm mir den Atem. "Ложись на нижнюю полку!" (*"Leg dich auf die untere Pritsche!"*), meinte Jura mitfühlend, während Stjopa sofort nach ganz oben kletterte. Tatsächlich, als ich mich später etwas höher traute, konnte ich mein Schulwissen bestätigt fühlen: Wärme steigt nach oben! Doch ich rutschte bald wieder nach unten, dort fiel mir, nachdem ich mich daran gewöhnt hatte, das Atmen wenigstens etwas leichter. Stjopa nahm keine Notiz davon und goss Wasser auf die Steine. Ihm war es nicht heiß genug. Ich habe die Zeit nicht gestoppt, es müssen aber doch einige Minuten gewesen sein, bevor ich mein Badetuch wieder an mich nahm und den Raum schleunigst verließ. Die beiden anderen blieben noch drin.

Ich wusste, dass nun das eiskalte Bad kommen musste. Die von der Hitze weit geöffneten Poren meiner Haut sollten sich doch wieder schließen. Aber würde ich diese Prüfung bestehen? Erst 100 Grad Hitze und nun – ich weiß nicht – vielleicht 15 Grad kaltes Wasser? Es musste sein! Also sprang ich wagemutig hinein. Doch es erwies sich als nicht so unangenehm wie befürchtet. Im Gegenteil, die Kälte war ein willkommener Kontrast. Abwechselnd heiß und kalt, erst Dampfbad und dann der Sprung ins kalte Wasser, das Ganze ein paar Mal, und danach viel Ruhe, so machen es alle. Und es bewirkt Wunder! Ich legte mich ebenfalls auf einen der Liegestühle, wickelte mich in die bereitliegende Decke, fühlte mich rundherum entspannt und gelöst und nickte bald zu einem sanften Schlummer ein. Ich gestehe, ganz ohne Wodka ging es doch nicht ab, *"der Gesundheit halber"* ("из-за здоровья"), wie Stjopa verschmitzt flüsterte, als er das dritte leere Glas abgesetzt hatte, bevor auch er sich in den Liegestuhl neben der Zwanzigjährigen legte und mit einem Witz ein Gespräch anknüpfen wollte.

Die russische Sauna (русская баня) – ein Mittel zur Stärkung der Volksgesundheit. Was ich vermisst habe, waren die Birkenruten, wie bei den Freunden in Ufa. Doch Stjopa und Jura versicherten einhellig, die gäbe es hier manchmal auch. Außerdem helfe Wodka sowieso mehr!

Äußerungen und Geschichten über die Banja sind in der russischen Literatur zu Hunderten zu finden. In Bezug auf Woronesh habe ich zwar kein Zitat entdeckt. Lassen Sie mich aber in guter Erinnerung an Moskau aus dem Buch "Moskau und die Moskauer" von W. A. Giljarowski[134] zitieren:

"Москва без бань – не Москва, а баня без пара, что щи без навара."

(*"Moskau ohne Banjas ist nicht Moskau, und eine Banja ohne Dampf, das ist wie Kohlsuppe ohne Brühe."*)

Schlag neun Uhr verließen wir das Fitness-Center. Der Regen hatte inzwischen aufgehört. Mich zog es ins Bett. Die Wärme und der Wodka hatten mich müde gemacht. Doch Stjopa wollte in die rauchige Kneipe[135] an der Ecke. "Что же мы будем делать?" (*"Und was machen wir nun?"*), fragte er und schnipste mit dem Finger gegen die Kehle zum Zeichen, dass es ihn nach mehr Wodka verlangte. Zum Glück übte Jura Nachsicht und schlug vor, lieber nach Hause zu gehen. Gegen zehn waren wir in seiner Wohnung. Sweta schlief wahrscheinlich schon, jedenfalls ließ sie sich nicht blicken. Aber in der kleinen Küche war genug Platz für Jura, seinen Nachbarn und mich. Jura holte eine Flasche guten Cognac aus dem Küchenschrank. Als Inhaber eines Lehrstuhls kann sich ein Universitätsprofessor mit 12 000 Rubel im Monat so etwas leisten, obwohl das auch nur einem Gehalt von 335 Euro entspricht.

So geschah es, dass ich doch nicht um *ein paar Gläschen* (несколько рюмочек) herumkam. "Выпьем за здоровье! Выпьем за

134 *Wladimir Alexejewitsch Giljarowski* (Владимир Алексеевич Гиляровский, 1855–1935) war ein bekannter Journalist und Schriftsteller. Sein 1926 erschienenes Buch "Москва и москвичи" (*"Moskau und die Moskauer"*) kann vollständig in elektronischer Form gelesen werden unter http://www.booksite.ru/guilyai/fulltext/gui/lya/rov/sky/4/index.htm. Ein Kapitel davon ist überschrieben "Бани" (*"Banjas"*).

135 Das nationale Anti-Rauchgesetz Russlands von 2001 zeitigte bisher leider nur geringen Erfolg. Nikolai Gerasimenko von der Russischen Akademie der Medizinischen Wissenschaften führt die folgenden Daten an: Russland ist der drittgrößte Tabakproduzent in der Welt nach China und den USA; 700 Russen versterben täglich an den Folgen des Tabakkonsums; 60% der Jungen und 40% der Mädchen im schulfähigen Alter rauchen; die Besteuerung von Tabakerzeugnissen ist in Russland extrem niedrig; Russland ist das einzige größere Land in der Welt, das die WHO Anti-Smoking Convention (das weltweite Netzwerk für Rauchprävention) noch nicht unterzeichnet hat.

нашу встречу! Выпьем за дружбу! Выпьем за твою жену!" (*"Trinken wir auf die Gesundheit! Trinken wir auf unsere Begegnung! Trinken wir auf die Freundschaft! Trinken wir auf deine Frau!"*) Stjopa fielen immer neue Trinksprüche ein. Mit dem letzten war er offenbar bei seinem Lieblingsthema. Denn kaum hatte er ihn ausgesprochen, fiel ihm ein, dass er doch den Blondinenwitz noch nicht zu Ende erzählt hatte. Nun konnte ihn nichts und niemand mehr stoppen:

"Милиционер отчитывает блондинку:
- Вы припарковали свою машину прямо на пешеходном переходе. Это запрещено правилами.
- Ну и что? Я ведь открыла дверцы, чтобы люди могли свободно проходить."

(Der erste Teil des Witzes ist Ihnen ja schon bekannt. Die Antwort der Blondine lautet: ... *"Na und? Ich habe doch die Türen geöffnet, damit die Leute freien Durchgang haben."*)

Es störte Stjopa nicht, dass niemand lachte. Er war viel zu sehr damit beschäftigt selbst zu lachen und neu einzuschenken. Der Abend wurde, wie Sie sich vorstellen können, feucht-fröhlich. Ich erspare Ihnen den Rest.

Während Stjopa sich mit Witzen und Wodka gut selbst unterhielt und der Hausherr sich alle Mühe gab, ihn einigermaßen ruhig zu halten, studierte ich den kleinen Abreißkalender an der Wand. Kaum hatte Jura jedoch mein Interesse am Küchenkalender bemerkt, kam er schon mit einem anderen an. Er hatte, es war, wie gesagt, ein nasskalter Spätherbst, schon für die ganze Familie Kalender als Neujahrsgeschenke eingekauft. Einen davon schenkte er mir, sozusagen als verfrühtes, wir würden sagen, Weihnachtsgeschenk. Das kam mir sehr gelegen. Denn im Frühjahr dieses Jahres hatte ich einen sehr geschmackvollen russischen Kalender von 2007 erhalten, für 2008 war ich noch nicht versorgt. Blättern wir also ein wenig in russischen Kalendern!

Es war im März 2007 auf der Leipziger Buchmesse. Unter den russischen Ausstellern war auch das *Verlagshaus "Dimur"* (Печатный Дом "Димур") vertreten. Meine Frau und ich besuchten fast alle russischen Verlage. Ihre Mitarbeiter gaben sich sehr unterschiedlich: von gelangweilt oder maulfaul bis hin zu ausgesprochen freundlich und entgegenkommend. Zur letzteren Sorte gehörte die Verlagsvertreterin von "Dimur". Nach einem netten, informativen Gespräch überreichte sie mir einen ihrer bezaubernden Kulturkalender, den sie überdies mit ihrer Unterschrift und einigen netten Worten signierte. Jeden Monat werden in diesem auf braunem Karton gedruckten Tischkalender russische Künstler und Kunstkritiker des 20. Jahrhunderts in ausgewählten Gemälden und kurzen biografischen Texten vorgestellt. Eines der kunstvoll illustrierten Blätter daraus möchte ich Ihnen vorstellen und mit Ihnen lesen.

Календарь "Мир искусства"
(*Kalender "Die Welt der Kunst"*)

Декабрь 2007 года (*Dezember 2007*)

Auf der Rückseite dieses Blatts wird *Walentin Alexandrowitsch Serow* (Валентин Александрович Серов, 1865–1911) vorgestellt, ein bedeutender russischer Maler, der an der Petersburger Akademie der Künste studiert und mit seinen Bildern internationalen Ruhm erlangt hat. Aus dem Kalender erfahren wir:

Большое влияние на его творчество оказали дружба с М. Врубелем, позже с К. Коровиным и творческая атмосфера абрамцевского кружка.

Haben Sie alles verstanden? Wenn Sie das Subjekt und das Prädikat des ersten Satzes kennen (дружба ... и ... атмосфера – die Subjektgruppe; оказали ... влияние – das erweiterte Prädikat), dann erahnen Sie schon ungefähr, worum es geht, nämlich darum, dass *die Freundschaft* (hier stehen die Namen der Freunde) *und die ... Atmosphäre ... einen ... Einfluss ausübten.*

Das Adjektiv большое (*groß*; das von Большой театр – *Bolschoi Theater* allgemein bekannt ist) hat hier keine entscheidende Bedeutung, wesentlich wichtiger für das Verstehen des Satzes sind die beiden Wörter творчество und творческая. Beide stammen von der Wurzel -твор- ab, die dem Verb творить (*schaffen*) sowie dem Substantiv творчество (*das Schaffen, Schöpfertum*) und dem Adjektiv творческий (*schöpferisch*) zugrunde liegt. Der ganze Satz bedeutet darum: *Einen großen Einfluss auf sein Schaffen hatten die Freundschaft mit M. Wrubel*[136] *sowie später mit K. Korowin*[137] *und die schöpferische Atmosphäre des Abramzewo-Kreises*[138]. Sie werden vielleicht monieren, ich hätte auch *übten einen großen Einfluss aus* übersetzen können. Stimmt, genau das heißt оказали большое влияние. Das Verb оказывать/оказать (*erweisen, ausüben, leisten*) zu kennen, ist überhaupt nützlich. Es bildet eine Reihe brauchbarer Wendungen, zum Beispiel: оказывать доверие (*Vertrauen entgegenbringen*), оказывать услугу (*einen Dienst erweisen*), оказывать помощь (*Hilfe leisten*).

Работал преимущественно как портретист, запечатлел многих известных артистов, художников, писателей. [...] Использовал различные графические техники – акварели, пастели, литографии.

Im diesem Satz erfahren wir, auf welchem Gebiet der Maler *vorwiegend gearbeitet hat* (работал преимущественно), nämlich als *Porträtist* (портретист). Das Wort портрет (*Porträt*) ist leicht zu verstehen, es wurde aus dem Französischen entlehnt. Serow hat viele bekannte Schauspieler, Künstler, Schriftsteller in seinen Bildern festgehalten, z. B. Maxim Gorki und den berühmten russischen Bass Fjodor Schaljapin. Die Wörter für die von ihm verwendeten graphischen Techniken ähneln den deutschen Bezeichnungen so sehr, dass wir sie nicht übersetzen müssen: акварели, пастели, литографии.

Der Kalender, den Jura mir geschenkt hat, ist aus ganz anderem Stoff gemacht, sowohl inhaltlich als auch dem Material nach. Doch bevor wir darauf zu sprechen kommen, verweilen wir noch einen Augenblick auf der Messe.

---

136 *Michail Alexandrowitsch Wrubel* (Михаил Александрович Врубель, 1856–1910), russischer Künstler an der Wende vom 19. zum 20. Jahrhundert. Schuf expressive, psychologisch ausdrucksvolle Porträts. Eines seiner berühmtesten Werke ist der *"Sitzende Dämon"* ("Демон сидящий", 1890).

137 *Konstantin Alexejewitsch Korowin* (Константин Алексеевич Коровин, 1861–1939) war eng befreundet mit Serow, unternahm mit ihm eine gemeinsame Skandinavienreise, die in mehreren Bildern ihren Niederschlag fand. Der Künstler lebte viele Jahre in Frankreich und starb auch dort. Er stand unter starkem Einfluss der französischen Impressionisten.

138 Der Abramzewo-Kreis, benannt nach dem Gut Abramzewo, auf dem der Gründer dieser Gruppe, *S. I. Mamontow* (С. И. Мамонтов), lebte, war ein Zirkel von Künstlern der russischen Moderne, dem unter anderem *I. E. Repin, W. A. Serow, K. A. Korowin, I. I. Lewitan und M. A. Wrubel* (И. Е. Репин, В. А. Серов, К. А. Коровин, И. И. Левитан и М. А. Врубель) angehörten.

Wir waren schon sehr früh am Morgen nach Leipzig gefahren. So geschah es, dass am großen Stand des *Moskauer Verlags "Zebra E"* (московского издательства "Зебра Е") die Mitarbeiter noch erwartungsvoll dastanden und auf interessierte Besucher warteten, unter ihnen ein groß gewachsener, älterer Herr. Ich sprach ihn an, weil mir eine Neuerscheinung aufgefallen war, deren Titelseite eine Collage des modernen Fotos eines geheimnisvoll lächelnden Mannes in mittelalterlicher Tracht zeigte.

Schon nach den ersten Worten, die der von mir Angesprochene mit mir wechselte, stellte sich heraus, dass es der Autor war: Waleri Popow[139]. Er freute sich augenscheinlich über mein Interesse, wir kamen ins Gespräch und waren uns gleich sympathisch. Anscheinend war er sich nicht sicher, ob er so einfach ein Buch aus dem Regal nehmen und weggeben dürfte. Heimlich "stibitzte" er schließlich sein jüngstes Werk "Избранные" (*"Ausgewähltes"*)[140], das 2006 in Russland seine Erstauflage erlebt hatte, schrieb eine freundliche Widmung hinein und überreichte es mir.

W. Popow (links) mit dem Autor – В. Попов (налево) с автором

139 *Waleri Grigorjewitsch Popow, geb. 1943* (Валерий Григорьевич Попов, р. 1943) ist *aus der Generation der Sechziger* (из поколения шестидесятников) hervorgegangen. Er hat über zwanzig in Russland viel beachtete Bücher geschrieben, darunter auch Kinderbücher, und ist der *Präsident des Petersburger P.E.N.-Clubs* (президент петербургского ПЕН-клуба).

140 Der russische Buchtitel ist eine Verkürzung der auch in der russischen Literatur bekannten Titelbezeichnung избранные дела (*ausgewählte Werke*). Der Autor hat sie "ausgewählt", um zu zeigen, dass in diesem Band jene Erzählungen versammelt sind, die ihm am meisten am Herzen liegen (wie er selbst es formulierte).

Sie sehen, auch in Deutschland gibt es mannigfache Gelegenheiten, mit russischen Menschen ins Gespräch zu kommen. Beim Abschied nahm ich seine Einladung nach Sankt Petersburg gern an und versprach, ihn bei meiner nächsten Reise dorthin aufzusuchen.

Inzwischen habe ich seine "Ausgewählten Erzählungen" gelesen, wie das Buch vielleicht auf Deutsch betitelt sein könnte. Eine Sammlung hintergründiger, grotesker, fantasievoller, poetischer und doch aus dem Leben gegriffener Geschichten. Was mir an seinen Geschichten besonders gefällt, ist seine Sprache. Einerseits legt er seinen Figuren unverhüllt *einfache Umgangssprache* (просторечие) in den Mund, die sich in einigen Wendungen auch in meinem Buch wiederfindet, andererseits bedient er sich als Autor und Erzähler eines stark verkürzten, fast experimentell wirkenden verdichteten Duktus. Dies und die nachdenklichen, satirischen, bisweilen verträumten, aber immer zutiefst menschlichen Stoffe machen das Buch sehr lesenswert. Waleri Popows fantasiereicher Umgang mit der Sprache offenbart sich zum Beispiel am Titel der Kurzgeschichte "Ювобль" (*"Juwobl"*). Die Irrungen und Wirrungen einer Liebesgeschichte werden hier mit dem Anagramm[141] schon vorweggenommen. Denn Ювобль ist nichts anderes als ein kunstvoller Buchstabendreher des Wortes Любовь (*Liebe*).

Bevor wir den Beginn einer seiner Geschichten lesen, möchte ich Ihnen einen kurzen Ausschnitt aus einem Interview zum Lesen geben, das Jelena Petrowa für "Аргументы и факты" (*"Argumente und Fakten"*) mit ihm führte:[142]

Можно ли прожить на гонорары?
- Литература не даст пропасть. У меня как-то был случай: сидел без копейки, вдруг звонок в дверь, человек бросает на пол мешок картошки, зло так говорит: "Я тебя еле разыскал!" и убегает. Кто такой, до сих пор не знаю. В одном рассказе у меня написано, как слон в хоботе протянул писателю сто долларов. Среди писателей голодных смертей не припомню.

141 Anagramm heißt ein Wort, das durch Umstellen von Buchstaben oder Silben eines anderen Wortes entstanden ist.

142 Quelle: http://www.peoples.ru/art/literature/prose/belletristika/popov/index.html

Die Journalistin möchte vom Schriftsteller wissen, *ob man von den Honoraren leben kann*. Popows humorige Antwort lautet:
Die Literatur lässt einen nicht umkommen. Mir passierte einmal Folgendes: ich saß ohne eine Kopeke zu Hause, plötzlich klingelt es an der Tür, ein Mann wirft einen Sack Kartoffeln auf den Boden, schnauzt mich an: "Ich hab dich kaum gefunden!" und läuft davon. Wer das war, weiß ich bis heute nicht. In einer meiner Erzählungen beschreibe ich, wie ein Elefant dem Dichter in seinem Rüssel hundert Dollar hinstreckt. Soweit ich mich erinnern kann, ist von den Dichtern bisher keiner hungers gestorben.

Die Kartoffelsack-Geschichte liegt offenbar in der Vergangenheit, eignet sich aber ausgezeichnet, solche Fragen zu beantworten. Heute lebt Waleri Popow zusammen mit anderen Schriftstellern und Poeten nicht schlecht in einem Künstlerhaus außerhalb des Zentrums. Obwohl er sich auch hierüber beklagt, wohl wissend, dass er übertreibt: хорошо бы без материальной ответственности и не платить за электричество, потому что очень дорого (*es wäre schön, wir hätten nicht die materiellen Sorgen und müssten den Strom nicht bezahlen, denn der ist sehr teuer*).

Im Weiteren äußert sich der Schriftsteller zu seinen Schreibanlässen:

А приходится бороться с ленью, заставлять себя писать?
- Не заставляю, писать – это главное удовольствие дня, ты правишь миром, героями, что же может быть приятнее? Жизнь держит меня в хорошей форме, не очень топчет, не очень возносит. [...] Я вот в лавку писателя вбегаю, а там, где мои книжки должны быть, пусто: "Уже продали?" - "Еще не завезли." А в других действительно продали. [...] Это мне нравится.

"Und haben Sie mit Schreibfaulheit zu kämpfen, müssen Sie sich zwingen zu schreiben?" An dieser Frage kann ich nicht vorübergehen, ohne Sie, liebe Leserinnen und Leser, auf jenes Verb hinzuweisen, das – wie die prädikativ verwendeten надо, нужно und необходимо – *müssen* bedeutet: приходится. Eine weitere Möglichkeit, Ihr Russisch stilistisch zu variieren!

Die modalen Verbformen приходится, пришлось, придётся (*müssen* im Präsens, Präteritum und Futur) drücken aus, dass jemand durch die Umstände gezwungen ist, etwas zu tun, es dabei also um einen äußeren Zwang geht. Beispiele:

На прошлой неделе мне пришлось остаться дома, так как я был болен.
(*Vorige Woche musste ich zu Hause bleiben, weil ich krank war.*)
Если трамвая не будет, нам придется идти домой пешком.
(*Wenn die Straßenbahn nicht kommt, werden wir zu Fuß nach Hause gehen müssen.*)

Das ist des Schriftstellers Antwort:
Ich muss mich nicht zwingen, Schreiben, das ist das Hauptvergnügen des Tages, du regierst die Welt, du lenkst die Figuren, was kann es Angenehmeres geben? Das Leben hält mich in Form, es trampelt nicht zu sehr auf mir herum, hebt mich aber auch nicht in den Himmel. [...] Neulich betrete ich doch einen Buchladen und sehe, dort, wo meine Bücher stehen müssten, ist gähnende Leere: "Schon verkauft?" – "Nein, noch nicht angeliefert." In anderen waren sie tatsächlich schon ausverkauft. [...] Das gefällt mir.

Календарь "Семейные праздники"
(*Kalender "Familienfeiertage"*)

Juras vorzeitiges Weihnachtsgeschenk war ein *Abreißkalender* (отрывной календарь). Er unterschied sich in nichts von jenen, in denen kleinformatig und auf billigem Papier Tag für Tag nützliche, interessante oder auch unnütze Informationen und Ratschläge gegeben oder Geschichten und Witze erzählt werden. Nur dass mein Mitbringsel in russischer Sprache gedruckt war! Der Kalender enthält authentische Texte, geschrieben von Russen für Russen. Also kann ich zumindest sprachlich daraus lernen. Blättern wir einige Seiten des Jahres 2008 durch! Als Erstes schaut man ja immer nach den Feiertagen und Geburtstagen von Verwandten und besonders lieben Freunden.

Воскресенье, 6 января 2008 г.

Рождественский сочельник (Россия)
День трех волхвов (Германия)

Рождественский сочельник – день накануне Рождества Христова.

Sonntag, der 6. Januar ist mit fetten roten Buchstaben eingetragen. Das ist der *Heilige Abend* (рождественский сочельник) in Russland, darunter die Angabe, dass dies zugleich der *Dreikönigstag* (день трех волхвов) in Deutschland ist. Hätten Sie die russische Bezeichnung dafür gewusst? Überhaupt sind im Kalender viele internationale Feiertage zu finden. Für ein Land, in dem Menschen aus weit über einhundert Nationalitäten leben, eine Selbstverständlichkeit.

Auf der Rückseite des Kalenderblatts wird der russisch-orthodoxe Feiertag definiert (*Heiligabend ist der Vorabend des Tages von Christi Geburt*) und kurz beschrieben. So erfahre ich beispielsweise, dass dies ein strenger Fastentag für die Gläubigen ist. Der darauf folgende Kalendertag ist natürlich ebenfalls *mit roten Buchstaben geschrieben* (написан красными буквами), denn da ist *Weihnachten* (Рождество).[143]

Ob *Atheisten* (атеисты), *Katholiken* (католики) oder *Andersgläubige* (инаковерующие; hier stecken die Wörter иначе – *anders* und верить – *glauben* drin) – alle finden selbstverständlich ihr Weihnachtsfest in diesem Kalender. *Christi Geburt* (Рождество Христово), so erfahren wir, wird von ihnen am 25. Dezember begangen, und wenn sie möchten, feiern sie Weihnachten noch einmal am 31. Dezember und am 7. Januar.

Четверг, 25 декабря 2008 г.

Рождество Христово

Праздник отмечается в кругу семьи, на столе – Кагор. В этот день также принято дарить подарки: красивые подсвечники, фигурки ангелочков, книжки. А ночью – отправляться на прогулку в поисках обещанных чудес. Главное – не перебрать с Кагором, иначе чудеса явятся в виде служителей порядка и маленькой комнатки с решеткой на окне.

143 Zum russisch-orthodoxen Kalender ist bereits an verschiedenen Stellen etwas gesagt worden. Vgl. die Fußnote 5.

(*Der Feiertag wird im Familienkreis begangen, auf dem Tisch steht Kagor*[144]*. An diesem Tag werden auch Geschenke verteilt: hübsche Kerzenständer, Engelsfiguren, Bücher. Und in der Nacht begibt man sich auf die Suche nach dem verkündeten Wunder. Hauptsache, man vertut sich nicht mit dem Kagor, sonst erscheinen die Wunder in Form von Ordnungshütern und einem Zimmerchen mit "schwedischen Gardinen".*)

Ein Wort noch zum *Weihnachtsbaum* (ёлка). Auch in Russland kommt er heutzutage nicht immer aus dem Wald. Sogar in Sibirien! Dort, wo "zwölf Monate Winter und der Rest Sommer ist" (wie die *Sibirier* – сибиряки selbst scherzhaft sagen), wo sich die Menschen mit Gänsefett gegen die unwirtlich tiefen Temperaturen schützen und wo die Kinder ihre weihnachtlichen Wunschzettel an Fichten hängen, gibt es bekanntlich endlose Wälder und zahllose "Weihnachtsbäume". Und doch stellen die Menschen auch hier zu Hause oft künstliche Bäume auf. Sie brennen nicht und sind dazu noch billiger, weil viele Jahre verwendbar.

Ist Ihnen übrigens im russischen Kalendertext das Wort иначе aufgefallen? Wir hatten es gerade: *anders, anderenfalls, ansonsten*. Auch die Wendung дарить подарки (*Geschenke schenken*) sollten wir uns merken, selbst wenn uns aus stilistischer Sicht die Dopplung der Wurzel dieser Wörter (im Russischen -дар- und im Deutschen -schenk-) nicht gefallen mag.

Beim Zurückblättern merke ich, dass *Ostern* (Пасха) 2008 in Russland – nach dem alten julianischen Kalender – an meinem Geburtstag gefeiert wird, nämlich am Sonntag, dem 27. April. Also lese ich diesen Tag durch!

---

144 Kagor ist ein süßer, moldawischer Likörwein von kräftiger Farbe. Der verballhornte Name rührt vom französischen Ort gleichen Namens (Cahor) bzw. dem dort produzierten Wein her.

Воскресение, 27 апреля 2008 г.

Роспись пасхальных яиц считалась обрядом магическим, поэтому никто не имел права приказаться к инструментам и яйцам, кроме мастерицы. В церкви наравне с куличом и яйцами святили даже полотяную салфетку, которой снимали воск с готовых писанок. Расписывали яйца строго в один день – Чистый четверг.
Писанки олицетворяли все жизнеутверждающее: счастливый брак, долгие годы жизни, богатый урожай, достаток и согласие в семье. Поэтому писанкой никогда не поминали мертвых. Для поминовения, разговения, ритуальных игр и прочих магических действий, связанных с очищением души и исцелением от недугов, была крашенка. Крашенки делали в Страстную субботу: яйца опускали в желтый цвет, а затем иногда в красный. После Троицы писанки превращали в птицу, приклеивая к скорлупе крылья.

(*Das Bemalen der Ostereier galt als magischer Brauch, weshalb niemand sonst als die Meisterin das Recht hatte, sich den Werkzeugen und den Eiern zu nähern. In der Kirche wurde zusammen mit dem Kulitsch*[145] *und den Eiern sogar die Stoffserviette gesegnet, mit der das Wachs von der fertigen Malerei*[146] *abgetupft wurde. Bemalt wurde nach strengem Brauch nur an einem Tag, dem Gründonnerstag*[147]*.*
Die bildlichen Darstellungen auf den Eiern verkörperten alles Lebensbejahende: glückliche Ehe, langes Leben, reiche Ernte, Auskommen und Eintracht in der Familie. Deswegen wurde in den Bildern auch niemals der Toten gedacht. Fürs Gedenken, das Fastenende, rituelle und andere magische Handlungen im Zusammenhang mit der

145 Der *Kulitsch* (кулич) ist ein traditioneller russischer Osterkuchen, der den Berg Golgatha symbolisiert, auf dem Jesus Christus nach der Überlieferung der Evangelien gekreuzigt wurde. Gläubige backen den Hefekuchen bereits am Karfreitag, lassen ihn vom Popen weihen und schneiden ihn am Ostersonntagmorgen nach der Auferstehungsmesse an. Damit wird das bis dahin geltende Fastengebot aufgehoben.

146 *Malerei* (Писанка) ist die Bezeichnung für traditionelle ornamentale und bildliche Darstellungen auf den bemalten Ostereiern, im Gegensatz zu крашенка, dem einfachen *Färben* der Ostereier. Auch die Ostereier selbst werden mit diesen Namen bezeichnet.

147 *Der Gründonnerstag* heißt auf Russisch Чистый четверг (*Reiner Donnerstag*) oder Святой четверг (*Heiliger Donnerstag*).

Reinigung der Seele und der Linderung von Leiden war das Ostereierfärben[148] da. *Das Färben geschah am Karsamstag: Die Eier wurden in gelbe Farbe gelegt, und dann manchmal noch in rote.*
Nach Pfingsten wurden die bemalten Ostereier in Vögel verwandelt, indem man ihnen Flügel an die Schalen klebte.)

Interessant an diesem Kalenderblatttext ist auch die Tatsache, dass er durchgehend im Präteritum gehalten ist, und zwar entweder in der reflexiven Fom (считалась) oder im Präteritum Plural, der hier die unpersönliche man-Form ausdrückt. Im Kalenderblatt wird allerdings berichtet, wie die Bräuche einmal waren. Heute werden sie nur noch von wenigen Familien so streng eingehalten.

Einen anderen *Wandkalender* (настенный календарь) habe ich gekauft im allerersten Postamt Russlands, das schon 1715–1716 in Sankt Petersburg gebaut wurde. Lesen wir zum Abschluss in diesem Kalender!

Календарь "Охотник, грибник, рыболов"
(*Kalender für Jäger, Pilzsammler und Angler*)

Einen solchen Kalender hatte ich schon bei den Pilz- und Naturfreunden Tamara und Jewgeni in Woronesh gesehen. Zu ihnen passte er sehr gut. Er ist interessant, lehrreich und witzig. Beginnen wir mit einem Anglerwitz für Dienstag, den 22. Januar 2008! Er ist überschrieben: *Während der Rast*.

Вторник, 22 января 2008 г.

На привале

Опытный рыболов приглашает молодого на рыбалку.
Молодой спрашивает:
- А что брать будем?
- Водку, конечно!
- А удочки?
- А на фига, все равно потеряем.

(*Ein erfahrener Angler lädt einen jungen Mann ein, mit ihm angeln zu gehen. Der Junge fragt:*

148 s. Fußnote 146

- *Und was nehmen wir mit?*
- *Wodka natürlich!*
- *Und Angeln?*
- *Ach, die verlieren wir sowieso!*)

Das ist *Jägerlatein* (охотничьи небылицы) oder besser *Anglerlatein* (небылицы рыболова), versteht sich. Wer wird zum Angeln schon Schnaps mitnehmen. Oder? Den letzten Satz des Witzes habe ich für Sie, liebe Leserinnen und Leser, etwas "glatt gehobelt". Фига heißt *Feige, Feigenbaum*. Der Ausdruck *den Stinkefinger zeigen* wird ebenfalls mit diesem Wort gebildet: показывать/показать фигу. Vielleicht davon abgeleitet ist фиг, ein starker Kraftausdruck, der im Deutschen mit *F...* oder *Sch...* beginnt. Solche Flüche wie до фига, на фиг, ни фига, по фигу sind in der niederen Umgangssprache unter Männern und manchmal auch von Frauen zu hören. (Übersetzen Sie sie, wenn Sie möchten, mit den Ihnen vielleicht bekannten Ausdrücken!)

Sonntag, der 17. Februar hält für die Hausfrau (oder den Hobbykoch?) das Rezept für eine schmackhafte *Fischsuppe* (уха) bereit.

Воскресенье, 17 февраля 2008 г.

1,5 кг рыбы, 2 головки репчатого лука, по 1 шт. моркови, петрушки с зеленью, 1 яйцо, 2 картофелины, 3 шт. лаврового листа, 8 горошин черного перца, 1 ст. л. зелени укропа, 1 ст. л. муки, 1 ст. л. сливочного или топленого масла, 1,75 л воды, соль.

Подготовленную к варке рыбу нарежьте на куски. Головы, хвосты, пузыри и плавники вместе с нарезанным картофелем, луком, морковью и корнем петрушки положите в подсоленную кипящую воду и варите 25 минут. Бульон процедите, поставьте на огонь, опустите в него подготовленные куски рыбы и кипятите 5 минут. Потом рыбу выньте, обмакните в кляр (взбитое с мукой яйцо), слегка обжарьте на сливочном масле и вновь опустите в бульон вместе с зеленью на 5 минут для доваривания. Готовой рыбе уже дайте настояться не менее получаса. доваривания. Готовой рыбе уже дайте настояться не менее получаса.

Möchten Sie Ihre Russischkenntnisse und Ihre Kochkünste selbst ausprobieren? Wenigstens mit den *Zutaten* (ингредиенты) darf ich Ihnen behilflich sein. *Einverstanden?* (Вы согласны?) Die Übersetzung der Zubereitungsart finden Sie wieder im Anhang.

1,5 кг рыбы (*Fisch*), 2 головки репчатого лука (*Zwiebeln*), по 1 шт. моркови, петрушки с зеленью (*Möhre, Wurzelpetersilie*), 1 яйцо (*Ei*), 2 картофелины (*Kartoffeln*), 3 шт. лаврового листа (*Lorbeerblätter*), 8 горошин черного перца (*8 Körner schwarzen Pfeffer*), 1 ст. л. зелени укропа (*Dill*), 1 ст. л. муки (*Mehl*), 1 ст. л сливочного или топленого масла (*Butter oder Butterschmalz*), 1,75 л воды (*Wasser*), соль (*Salz*).

Die Abkürzungen kennen Sie ja bereits aus unserem zweiten Halt: ст. л. (столовая ложка – *Esslöffel*), л (литр – *Liter*), кг (килограм – *Kilogramm*), шт. (штука – *Stück*).

Jetzt haben wir gemeinsam in mehreren Kalendern geblättert. In ihnen lesen bildet. Wenn man Glück hat, findet man darin sogar Rezepte für ein wirklich schmackhaftes Essen. Versuchen Sie es einmal mit der Fischsuppe, ich kann sie nur empfehlen!

Kommen wir vom Essen wieder zum Lernen! Erinnern Sie sich? Beim Halt zum siebenten Kapitel wollte Ljuba wissen, ob man im Schlaf lernen kann. Das geht nach aller wissenschaftlichen Erkenntnis nicht! Aber es gibt eine Methode, von der man das fast sagen könnte, die *Suggestologie* (суггестология). Sie wurde bereits in den 60er Jahren vom bulgarischen Psychologen, Neurologen und Pädagogen Georgi Lozanow entwickelt, hat in aller Welt Aufmerksamkeit und Anerkennung erlangt und ist seither in verschiedenen Richtungen vor allem als Sprachlernmethode weiterentwickelt worden. In den USA sind solche Weiterentwicklungen unter dem Namen Superlearning bekannt geworden. Auch in Russland haben viele Universitäten und Institute die Methode des "Lernens im Schlaf" übernommen und praktiziert. Ich selbst habe die Suggestopädie (wie sie später genannt wurde) bei Lozanow erlernt und viele Jahre lang erfolgreich in Leipzig praktiziert. Es ist hier nicht der Platz, ausführlicher auf die Methode einzugehen. Nur so viel: Das wichtigste Element der Vermittlung von Lexik und Grammatik sind die so genannten Séancen. In diesen Lernphasen führen klassische Musik und eine dem autogenen Training äußerlich ähnelnde Gestaltung der Atmosphäre zu einem in der Neurologie als Alpha-Zustand des Gedächtnisses bekannten Phänomen. Eben dieser Zustand wird oft mit "Schlafen" verwechselt. Wenn sie sich in ihm befinden, können sich die Lernenden voll entspannen, sogar die Augen schließen und nehmen trotzdem (oder vielmehr: genau deshalb) in ihrem Unterbewusstsein viel mehr auf als sonst. Den ihnen innerhalb von 45 Minuten auf eine bestimmte Weise vorgetragenen Lernstoff speichern sie fest im Langzeitgedächtnis und "merken" sich so ohne Mühe bis zu eintausend lexikalische Einheiten. Der übrige Unterricht ruft den unterschwellig eingespeicherten Lernstoff wieder ab, reproduziert und festigt ihn auf vielfältige, hauptsächlich aber spielerische Weise. Mit dieser Methode kann man sich nicht nur Sprachen aneignen, sondern auch naturwissenschaftliche Lernstoffe.

Zu Anfang des 3. Jahrtausends hat sich diese spektakuläre Lern- und Lehrmethode neben anderen durchgesetzt. Sie ist heute integrativer Bestandteil vieler komplexer Lernangebote. In Russland wird sie vor allem in Moskau vertreten, denn in der Hauptstadt hatte die russische Linguistin G. A. Kitajgorodskaja schon in den siebziger Jahren der suggestopädischen Lernmethode zum Durchbruch verholfen. Aber auch in vielen anderen Städten wird diese Methode angewendet. Eine Fremdsprachenschule in Samara[149] bietet zum Beispiel suggestopädische Englisch- und Französischkurse an. Auf ihrer Website[150] wird die Methode so vorgestellt:

149 Die Industriestadt Samara, das ehemalige Kuibyschew, liegt im südlichen Teil des europäischen Russlands an der Wolga. Mit mehr als 1,1 Millionen Einwohnern ist sie die sechstgrößte Stadt des Landes.

150 http://repetitor.info/members/iness_bougoin.aspx?ReturnUrl=/catalougue/samara.aspx

Суггестопедическое обучение
это признанный в мире оригинальный групповой метод, позволяющий овладеть необходимой для свободного общения на иностранном языке "языковой базой" за достаточно короткий период времени (2,5 месяца), но лишь при правильном использовании различных техник суггестопедии, которые активизируют креативность (правое полушарие) и память (левое полушарие).
После прохождения суггестопедического курса 87% информации остаётся в памяти, даже если в течение года-двух обучаемый может и не пользоваться данным языком вообще. Память улучшается в 10-12 раз, увеличивается количество высказываний за единицу времени и скорость реакции на высказывание собеседника. Происходит снятие психологических барьеров в общении.

Wir sind jetzt im Lernprozess so weit vorangeschritten, dass Sie eine vollständige Übersetzung nicht benötigen.[151] Falls doch Schwierigkeiten beim Lesen auftreten sollten, hier einige lexikalische und grammatische Hinweise in übersichtlicher Form:

обучение: *Unterricht* (den ein Lehrer erteilt); im Gegensatz dazu das Wort занятия, das ebenfalls mit *Unterricht* oder *Unterrichtsstunden* übersetzt wird, aber den Tatbestand aus der Sicht des Lernenden benennt;
признанный: ist ein Partizip (welches?), das von признавать/признать (*anerkennen*) abgeleitet ist;
позволяющий: ist ebenfalls ein Partizip (Bestimmen Sie bitte, welches!), das im Deutschen durch Relativpronomen plus Verb (позволять/позволить – *gestatten, erlauben*) wiedergegeben wird;
овладеть: das Verbpaar овладевать/овладеть (*aneignen, meistern, beherrschen, einnehmen*) ist vom Substantiv власть (*Macht*) abgeleitet und bedeutet darum ursprünglich *die Macht ergreifen von etwas*;
языковой базой: ist der Instrumental des linguistischen Begriffs языковая база (*Sprachgrundlage; grundlegende Sprachkompetenz*);
правое полушарие: *die rechte Hemisphäre* (d. h. *Hirnhälfte*);

151 Zum Vergleich können Sie die komplette Übersetzung im Anhang lesen.

левое полушарие: *die linke Hemisphäre* (d. h. Hirnhälfte);
после прохождения ... курса: *nach dem Absolvieren eines ... Kurses*;
остаётся в памяти: *bleibt im Gedächtnis* oder – der Fachsprache angenähert – *wird im Gedächtnis gespeichert*;
в течение года-двух: *im Verlaufe von ein bis zwei Jahren.* Diese Wendung ist eine Verkürzung aus в течение одного года или двух лет;
обучаемый: das Nachdenken hierüber überlasse ich Ihnen noch eine kleine Weile;
количество высказываний: *Anzahl der Redeakte* oder *der Äußerungen*;
за единицу времени: *je Zeiteinheit.*

Nur den letzten Satz möchte ich Ihnen zur Gänze auf Deutsch geben: Происходит снятие психологических барьеров в общении. Er bedeutet: *Im Diskurs kommt es zum Abbau von Sprechbarrieren.* Mit anderen Worten, beim Sprechen verliert der Lerner allmählich die Scheu davor, sich in der Fremdsprache zu äußern.

Übrigens, wenn Sie wieder mit Ihrer eigenen Übersetzung vergleichen möchten, dann schauen Sie sich bitte meinen Vorschlag dazu im Anhang an!

Sind Sie zu einem Ergebnis gekommen mit dem Wort обучаемый? Es ist offenbar mit dem allerersten Wort unserer Liste verwandt: обучение. Und es bedeutet in der Tat irgendwie *ausbilden, schulen, lehren.* Aber die Form, die Endung? – Richtig! Es ist das gesuchte Beispiel für eine der seltenen Formen des Partizips Präsens Passiv. Die wörtliche, aber im Deutschen nicht normgerechte Übersetzung wäre aus diesem Grund: *der ausgebildet Werdende*, mit anderen Worten, es handelt sich hier um ein weiteres Wort für *Lerner, Schüler*. Es wird meist für Bildungseinrichtungen außerhalb der Schule gebraucht, das Substantiv учащийся (*Student, Lernender, Lerner*) dagegen häufig für Studenten von Universitäten, Hoch- und Fachschulen sowie ganz allgemein für eine lernende Person. In der Schule, das wissen Sie, wird vom ученик (*Schüler*) gesprochen. Alle drei Substantive verfügen natürlich auch über eine weibliche Form und über den Plural: обучаемая – обучаемые; учащаяся – учащиеся; ученица – ученики.

Ich möchte dieses Kapitel nicht beschließen, ohne die im russischen Text beschriebenen Vorzüge der suggestopädischen Methode noch einmal hervorzuheben. Das Gedächtnis des Menschen wird um ein Vielfaches erweitert, und die Behaltensdauer des Gelernten immens erweitert. Kursteilnehmer, die nach einem Jahr wieder zu mir in den Unterricht kamen, wiesen – obwohl die meisten von ihnen in der Zwischenzeit wenig Sprachpraxis aufzuweisen hatten – in Tests nach, dass sie immer noch achtzig bis neunzig Prozent aller erworbenen Wendungen und Vokabeln parat hatten!

Nun überlasse ich Sie wieder der bewährten freundlichen Begleitung durch Ljuba. Sie wird Ihnen einige Vorschläge für den morgigen Sonntag unterbreiten.

Achter Halt – Восьмая остановка

Wohin am Wochenende?

Здравствуйте, дорогие путешественники! Завтра будет воскресенье. Вы уже знаете, что вы будете делать в ваше свободное время? Куда в Питере вы хотите пойти? (*Guten Tag, liebe Reisende! Morgen ist Sonntag. Wissen Sie schon, was Sie in Ihrer Freizeit tun wollen? Wohin wollen Sie in Pieter gehen?*)

Sie könnten der Eremitage einen Besuch abstatten. Von Dienstag bis Sonntag kostet eine Karte den normalen Preis: 100 Rubel für erwachsene Einheimische, 350 Rubel für Ausländer. Nur jeweils an einem Donnerstag im Monat ist der Eintritt frei. Aber dann kommen natürlich viele, viele Schulkinder, Studenten und andere Einheimische, da haben Touristen weniger Chancen hineinzukommen. Aber die Kunstsammlung im Schloss ist ein маст. Ja, auch die Russen verwenden hin und wieder das englische Wort *must*, wenn sie ausdrücken wollen, dass man etwas einfach tun *muss*.

Eremitage: Wappensaal – Эрмитаж: Гербовый зал

Lassen Sie sich nicht von der langen Schlange auf dem *Schlossplatz* (на Дворцовой площади) abhalten. In der Regel geht es schnell. Und wenn Sie erst einmal im Gebäude sind, verlaufen sich die Menschenmengen sowieso. Da sind die herrliche lange, steile *Paradetreppe* (парадная лестница), die goldverzierten *Korridore* (коридоры), *Kabinette* (кабинеты) und *Säle* (залы), die selbst schon architektonische Kunstwerke darstellen, und natürlich die wunderschönen *Sammlungen* (коллекции) alter und moderner Kunst.

Seien Sie nicht überrascht, wenn besonders viele Chinesen und Japaner sich an Ihnen vorbeidrängeln, um möglichst viel mitzubekommen! Auch wenn ein Besucher vor dem schönsten Gemälde von Leonardo da Vinci Positur einnimmt, es halb verdeckt und sich so fotografieren lässt – die Aufseher nehmen es gelassen hin. Seltsamerweise ist Fotografieren in der Eremitage immer noch erlaubt, für einen Obulus von einhundert Rubel. Wenn Sie dahin gehen, sollten Sie für Ihren Besuch mehrere Stunden einplanen. Я вам обещаю (*ich verspreche Ihnen*), es wird ein einmaliges Erlebnis!

Или сегодня вечером хотите пойти в Мариинский театр? (*Oder wollen Sie heute Abend ins Marientheater gehen?*) Dort gibt Anna Netrebko ein Konzert. Эта певица уже гастролировала по всему миру: в Европе, Америке и Азии. (*Diese Sängerin hatte schon Gastspiele in aller Welt: in Europa, Amerika und Asien.*) Ob es noch Eintrittskarten geben wird, ist zwar fraglich, aber für Ausländer sind meist noch Tickets reserviert, die sind aber auch teurer, 5 000 Rubel der beste Platz, etwa 140 Euro. Aber es ist ein Erlebnis, diese Stimme zu hören! Das Konzert wird im neuen Konzertsaal stattfinden, der 2006 in Anwesenheit unseres Präsidenten Putin eröffnet wurde, aber erst seit 2007 der Öffentlichkeit zugänglich ist. Das alte, wunderschöne Theaterhaus lohnt einen Besuch. Убедитесь сами! (*Überzeugen Sie sich selbst!*)

Habe ich Ihnen das eigentlich erzählt? Дед и бабушка Коли живут в деревне. (*Koljas Großeltern leben auf dem Land.*) Wenn Sie Lust haben, könnten Sie mit mir in ihr Dorf fahren. Die Fahrt dauert allerdings lange: не менее полутора часов (*mindestens anderthalb Stunden*). Aber erschrecken Sie nicht! Das Leben dort ist ganz anders als bei uns in der Stadt. Es fängt an mit den Straßen. Nur die Dorfstraße ist gepflastert, alle anderen sind im Frühjahr und Herbst ein einziger Matsch, wenn es regnet. Schön ist es im Winter! Wenn alles gleißend weiß ist und dicke Flocken sanft hernieder schweben. Dann liebe ich das kleine, verträumte Dorf!

Trotz aller Veränderungen im Land, die Menschen sind hier noch die gleichen wie früher: herzensgut und Gott ergeben. Sie nehmen alles, wie es kommt. Und gekommen ist zum Beispiel *die Privatisierung der Kolchosen und Sowchosen* (приватизация колхозов и совхозов). Wer nicht davon profitiert hat und nur seine monatlichen Bezüge erhält, dem geht es dagegen miserabel. Im Dorf ist die Rente noch niedriger. Константин Давыдович[152] (*Konstantin Dawydowitsch*), Koljas Großvater, ist *Veteran der Arbeit* (ветеран труда), doch auch er erhält nur *2 600 Rubel im Monat* (2 600 рублей в месяц), und бабуля (*Omi*) gar nur 1 050 Rubel.[153] Wenn sie ihr *Feuerholz* (дрова) oder *Kohle* (уголь) für den Winter kaufen müssten, würde eine Monatsrente (месячная пенсия) gerade dafür ausreichen. Einen *Laden* (магазин) hat das Dorf immerhin, aber *die Preise sind fast die gleichen wie in der Stadt* (цены почти те же самые, как в городе). Ist es da ein Wunder, dass sich viele ihren *Selbstgebrannten* (самогон) herstellen? Ein *Telefonhäuschen* (телефонная будка) gibt es, das heißt: ein Telefon für das ganze Dorf. Ich habe gelesen, es soll in Russland 40 000 населённых пунктов (*Ortschaften)* geben, die überhaupt nicht ans Telefonnetz angeschlossen sind. Unser Dorftelefon steht neben dem Laden. Wenn du einen Anruf erwartest, stellst du dich hin und wartest eben. Handys haben nur die jungen Leute. Abgesehen von den Kosten, kommen die Alten sowieso nicht zurecht mit den vielen kleinen Tasten.

Колина мама (oder umgangssprachlich мама Коли – *Koljas Mutti*) lebt mit ihren Eltern zusammen *in einem gemütlichen Holzhäuschen* (в уютном деревянном домике), dahinter ein *Garten, in dem sie Gemüse anbauen* (огород, в котором выращивают овощи), und ein *Hühnerstall* (курятник). *Sie arbeitet als Melkerin* (она работает дояркой), für 1 700 Rubel. Das ist etwa soviel wie die alte Dorflehrerin erhält. Нина Александровна (*Nina Alexandrowna*) war immer

152 Respektspersonen werden auch von Familienangehörigen immer noch zuweilen beim Vor- und Vatersnamen gerufen, vor allem, wenn über sie in der dritten Person gesprochen wird.

153 Alle Angaben zu Löhnen und Renten sind hier und im Folgenden Einzelbeispiele. Sie entsprechen nicht den Durchschnittswerten für ganz Russland oder eine bestimmte Region. Es bestehen gravierende Unterschiede zwischen Stadt und Land sowie zwischen zentral gelegener Großstadt und regionaler Kleinstadt. Noch einmal zur Erinnerung: 2007 betrug der Währungskurs 1 Euro zu 36 Rubel. 2 600 Rubel entsprechen also ungefähr 72 Euro. *Mobiltelefone* (сотовые телефоны; eine weitere Bezeichnung von Handys in der russischen Sprache) kosten aber zum Beispiel in der Mittelklasse 2 500 bis 5 000 Rubel, gute bis 25 000 Rubel und mehr.

sehr lieb zu den Kindern, aber streng, hat mir Kolja erzählt. Einmal musste er eine Woche lang den Klassenraum kehren und die Tafel wischen, weil er – mit 11 Jahren! – unerlaubt mit dem Traktor seines Vaters zur Schule gefahren war. Er hatte schon immer Interesse an Kraftfahrzeugen. Aber als Kolja nach der Wende *als Traktorist nur noch 2 200 Rubel verdiente* (как тракторист только еще зарабатывал 2 200 рублей), ist er – wie viele andere junge Leute – in die Stadt gezogen und *arbeitet seither in einer Schlosserwerkstatt* (с тех пор он работает в слесарной мастерской). На наше счастье! (*Zu unserem Glück!*) Sonst hätten wir uns nicht kennen gelernt.

Wenn Sie also mit mir zu Koljas Großeltern wollen, dann können Sie russische Gastfreundschaft erleben! Was immer die beiden zu Hause haben, sie werden es auf den Tisch stellen. Gäste bekommen das Beste! Зоя Андреевна наверно быстро испечет пирожное с орехами или хотя бы блины с вареньем. (*Soja Andrejewna wird bestimmt rasch einen Nusskuchen oder wenigstens Bliny mit Konfitüre backen.*) Das sind meine Lieblingsspeisen. Бабушка печет и готовит как богиня. (*Die Großmutter bäckt und kocht wie eine Göttin.*) Ostern müssten Sie einmal vorbeikommen! Omis шоколадный кулич (*Schokoladenkulitsch*) schmeckt wie nirgends sonst! Möchten Sie das Rezept? Hier ist es:

Для рецепта Вам потребуются (*für das Rezept benötigen Sie*):

мука – 1,5 стакана, дрожжи (*Hefe*) – 50 г, яйцо – 8 шт., сахар – 2 стакана, миндаль (тертый) (*geriebene Mandeln*) – 2,5 стакана, шоколад (тертый) (*geriebene Schokolade*) – 100 г, ром (*Rum*) – 300 мл, красное вино – 1/2 стакана, панировочные сухари – 1/2 стакана, апельсиновые цукаты – 1/2 стакана, сок 1 лимона, корица – 1 ч. л., гвоздика (растертая) – 1 ч. л.

Das waren die Zutaten *für den Teig und die Füllung* (для теста и начинки). Die Abkürzungen kennen Sie ja vom anderen Rezept, das ich Ihnen vorgestellt habe. *Für die Glasur* (для глазури) brauchen Sie: какао – 3 ст. л., яйцо (белок) (*Eiweiß*) – 3 шт., сахар – 1/2 стакана.

Die Zubereitung ist einfach. Bei Oma geht es ruck, zuck: Mit der Hefe und dem Mehl stellen Sie einen Hefeteig her, der gut gehen muss. Dann geben Sie das Eigelb, Zucker, Mandeln, Schokolade, Wein, Rum, das Orangeat und die Gewürze hinzu. Zum Schluss wird der Eischnee vorsichtig untergehoben. Den Teig füllen Sie in eine sehr gut eingefettete runde Form und backen ein- bis anderthalb Stunden bei 150 Grad. Anstelle einer Form haben meine Großeltern früher Konservendosen oder andere Blechbüchsen verwendet. Die Schokoladenglasur wird erst aufgetragen, wenn der Kulitsch vollständig ausgekühlt ist.

Bei uns auf den Dörfern gibt es zu Ostern noch den *Kulitschtausch* (обмен куличами). Nachdem der Pope den Kuchen geweiht hat, schenken sich *Verwandte, Freunde und Nachbarn* (родственники, друзья и соседи) gegenseitig den selbst gebackenen Kulitsch und *gefärbte Ostereier* (крашенные яйца). Nicht ohne den orthodoxen Ostergruß: Христос Воскресе! (*Christ ist auferstanden!*)

Backen Sie einmal selbst einen Kulitsch! Er schmeckt zu jeder Jahreszeit, und Sie müssen ihn ja nicht verschenken. Приятного аппетита! (*Guten Appetit!*)

Kapitel 9 – Девятая глава

Sprechen Sie richtig Russisch! – Давайте говорить по-русски правильно!

Es war Sonntag. Wir fuhren mit der Metro zur Station *Alexander-Newski-Platz* (площадь Александра Невского), um uns die alten Friedhöfe anzusehen, auf denen die russischen Komponisten M. I. Glinka und P. I. Tschaikowski, der Maler I. I. Schischkin, der bedeutende Mathematiker Euler, das Universalgenie Lomonossow, der Sänger Fjodor Ignatjewitsch Strawinski und viele andere herausragende Persönlichkeiten ihre letzte Ruhe gefunden haben.

Nekropole der Künstler: M. I. Glinka – Некрополь мастеров искусств: М. И. Глинка

Uns gegenüber im Metrowagen saß ein junges Pärchen. Sie drehte gerade seinen Kopf zärtlich nach links. Unwillkürlich blickte ich ebenfalls in diese Richtung und sah ein großes, buntes Poster. Es trug die Überschrift:

Давайте говорить по-русски правильно!

(*Sprechen Sie richtig Russisch!*) Zunächst irritierte mich diese Aufforderung etwas. Sie konnte doch wohl kaum an die ausländischen Touristen in Sankt Petersburg gerichtet sein. Doch dann fiel mir ein, dass wir *das Jahr der russischen Sprache* (Год русского языка) hatten – 2007! Außerdem machten die in großen Buchstaben gedruckten Beispiele (damit sie auch kein Passagier übersehen sollte!) unmissverständlich klar, dass hier jene Russen gemeint waren, die ihre Muttersprache vernachlässigten. Die beiden Verliebten fingen auch gleich an über einige Beispiele zu streiten:

Правильно – *Richtig*	**Неправильно – *Falsch***
одновре́менно одновреме́нно	одновремённо
снять - сняла́	сняла (1. Silbe betont)
созыв (2. Silbe betont)	сузыв
реда́кторы	редактора́
тра́кторы	трактора́
сре́дства	средства́

Die sechs Beispiele stehen stellvertretend für viele Hunderte ähnlicher Art. In ihnen spiegeln sich langjährige Tendenzen in der russischen Umgangssprache wieder. Zum Beispiel die Verschiebung der Betonung in den weiblichen Vergangenheitsformen. Das ist ein nachvollziehbares Bestreben. Bei vielen Verben erhält, abweichend von den anderen Formen des Präteritums, die feminine Endung den Akzent: *nehmen* – брать, брала́, бра́ло, бра́ли; *geben* – дать, дала́, да́ло, да́ли.[154] Hier versucht der Volksmund zu vereinheitlichen und alle Vergangenheitsformen auf der Stammsilbe zu betonen.

Auch der Plural männlicher Substantive auf -a ist nicht neu. Schon seit Jahrhunderten sind Formbildungen nach dem Muster der alten Dualform[155] bekannt und gehören heute zur Normsprache: профессора, доктора, учителя; alles endbetonte Pluralformen. Nur wird der

154 Es ist interessant, dass die russischen Studentinnen, die dieses Manuskript freundlicherweise gelesen haben, sich an dieser Stelle uneins waren in Bezug auf die Betonung der Vergangenheitsformen. Die einen wollten auch für die sächliche Form die Endbetonung gelten lassen, andere hielten dies eher für nicht normgerecht.

155 Dualformen waren sozusagen die Pluralendungen für Dinge, die eine paarweise Erscheinungsform hatten: *Augen* – глаза́; *Ufer* – берега́; *Tor* – воро́та usw. In der Regel waren diese a-Endungen betont. Nach ihrem Muster wurden schon zu altrussischen Zeiten weitere Gegenstände mit der Dualendung versehen, zum Beispiel дома́ (*Häuser*), города́ (*Städte*), auch wenn sie nicht paarweise auftraten.

"Druck von unten" stärker, also durch die Sprecher der Umgangssprache, immer mehr Wörter mit der alten Dualendung zu versehen. Wahrscheinlich werden eines Tages, wie bei einigen Wörtern schon heute, die alten "richtigen" und die neugebildeten Formen nebeneinander gelten und der neue Gebrauch den alten schließlich ganz verdrängen. Es ist deshalb verständlich, dass sich die junge Frau von gegenüber mit ihrem Freund darüber stritt, welche Form oder Betonung nun denn wirklich die richtige wäre.

Das in verschiedenen Ausführungen angebrachte Plakat war übrigens unterzeichnet von *L. Werbitzkaja, der Rektorin der Petersburger Staatlichen Universität* (Л. Вербицкая[156], ректор Санкт-Петербургского государственного университета). Die heute etwa 65-Jährige hat eine Bilderbuchkarriere hinter sich. Nachdem sie an der Petersburger Universität *"Russische Sprache und Literatur"* ("Русский язык и литература") studiert hatte, war sie *Laborantin* (лаборант), *Aspirantin* (аспирант), *wissenschaftliche Mitarbeiterin* (научный сотрудник) sowie *Assistentin* (ассистент), *verteidigte 1965 ihre Doktorarbeit und habilitierte 1977* (в 1965 году защитила кандидатскую диссертацию, в 1977 году – докторскую), lehrte als Dozentin (доцент), wurde 1979 *Professorin am Lehrstuhl für Phonetik und Fremdsprachenmethodik der Philologischen Fakultät* (профессор Кафедры фонетики и методики преподавания иностранных языков Филологического факультета) und *leitet seit 1985 den Lehrstuhl für Allgemeine Sprachwissenschaft* (с 1985 года заведует Кафедрой общего языкознания). 1994 wurde zum ersten Mal in der damals 270-jährigen Geschichte der Universität eine Frau *zur Rektorin gewählt* (была избрана ректором).

Von der Vernächlässigung der Alltagssprache und der Liberalisierung der russischen Sprache in den Medien war in diesem Buch schon mehrfach die Rede. Tatsächlich ist seit Anfang der 90er Jahre des 20. Jahrhunderts in Russland eine sprachliche Situation eingetreten, die Wissenschaftler, Lehrer und all jene, die den Wert ihrer Muttersprache zu schätzen wissen, zum Handeln zwingen.

---

156 *Ljudmila Alexejewna Werbitzkaja* (Людмила Алексеевна Вербицкая) wurde für ihre Verdienste um die Stadt und die Universität 2006 zur Ehrenbürgerin Sankt Petersburgs ernannt.

Eine flüchtige Bekanntschaft auf einem der Märkte in Sankt Petersburg (die Dame wird wohl eine Lehrerin gewesen sein) beklagte sich bitter über die zunehmende Respektlosigkeit der Jugend von heute. Es werde immer schwerer sich durchzusetzen. Richtige Strafen gäbe es nicht mehr bzw. sie fruchteten nicht. Wenn also die Schule an Einfluss auf das Sozialverhalten ihrer Schüler verliere, dann sei es umso wichtiger, dass sie die ihr eigenen Mittel intensiv nutze, wie straffen Unterricht und strenge Zensierung.

In der Schule wird besonderer Nachdruck auf die Geschichte Russlands, die Beherrschung der Mathematik und den normgerechten Gebrauch der Muttersprache gelegt. Diesem Bestreben kommen staatliche Maßnahmen entgegen: angefangen von einer allmählichen Anhebung des Lohns und damit auch der Reputation der Lehrkräfte, über schulinterne und regionale Veranstaltungen, Projekte und Wettbewerbe bis hin zu föderativen Maßnahmen. Die bedeutendsten unter ihnen sind das "Jahr der russischen Sprache" und die Einführung des oben beschriebenen Einheitlichen Staatsexamens.

Gemäß einem Erlass von Präsident Putin wurde 2007 in der Russischen Föderation das *Jahr der russischen Sprache* (Год русского языка) begangen. "In diesem besonderen Jahr solle die Bedeutung der russischen Sprache für die eigene Kultur und die Festigung des russischen Staatswesens sowie ihre wichtige Rolle für Freundschaft und Zusammenarbeit zwischen den Völkern hervorgehoben werden. [...] Aus diesem Anlass finden 2007 in und außerhalb Russlands zahlreiche Veranstaltungen statt. Sie reichen von internationalen Konferenzen und Weiterbildungen für Fachleute, über Wettbewerbe für Russischlernende bis hin zu Veranstaltungen, die auch diejenigen neugierig machen sollen, die kein Russisch können."[157]

Selbstverständlich nahm das Lesen im Jahr der russischen Sprache einen breiten Raum ein. In diesem Buch unternehmen Sie ja auch eine Lesereise. Für all jene unter Ihnen, liebe Leserinnen und Leser, die sich zum Beispiel für den Sonntag nichts Besonderes vorgenommen oder am Abend noch Muße haben, folgt in diesem Kapitel nun eine längere Leseprobe aus dem Roman *"Das Gesetz der Banditen"* von Tschingis Abdullajew (die russische Version des Titels steht am Be-

157 Zitat aus http://www.deutsch-russisches-forum.de/index.php?id=jahrderrussischenspr.

ginn der Erzählung auf der nächsten Seite). Das Buch zählt zum Genre der Kriminalromane. In ihm geht es um die Kämpfe und Verbrechen nationaler Mafiabanden Russlands und der Staaten im Kaukasus. Dem Autor geht es aber um noch mehr. Er will zeigen, dass Verbrecher, auch wenn sie zu einer Nation gehören, nie dieses ganze Volk repräsentieren. "Плохих народов не бывает, эта азбучная истина еще не усвоена очень многими. Бандит остается бандитом, независимо от своей национальности." (*"Böse Völker gibt es nicht, diese Binsenweisheit wird nur von vielen noch nicht begriffen. Ein Verbrecher bleibt ein Verbrecher, unabhängig von seiner Nationalität."*) Dieses Fazit zieht ein Rezensent über das Anliegen des spannenden Buchs.[158]

Was nun folgt, ist die schwerste Kost für Sie in diesem Buch. Es ist die eindrucksvolle Schilderung einer schrecklichen Episode von Mafiakämpfen auf dem Hintergrund der kriegerischen Auseinandersetzungen in den ehemaligen Sowjetrepubliken Armenien und Aserbaidschan südlich des heutigen Russlands, während derer einst befreundete Nachbarn zu erbitterten Feinden wurden.[159]

Der Ausschnitt aus den Seiten 10 bis 12 des Romans soll Ihnen die Gelegenheit bieten, einen umfangreicheren, authentischen Text im Zusammenhang zu lesen. Versuchen Sie bitte, seinen Inhalt mit den bisher von Ihnen erworbenen Fähigkeiten sinngemäß zu erfassen! Eine kleine Hilfe sollen Ihnen die fett gedruckten Wörter sein, die nach diesem Text erläutert werden. Eine grobe Übersetzung finden Sie im Anhang. Mit ihrer Hilfe können Sie Vergleiche anstellen, was Sie vielleicht anders verstehen und welche Passagen Sie abweichend von meinem Vorschlag übersetzt hätten.

---

158 Zu finden unter dem Namen des Schriftstellers bei http://wwwladoshki.com. Die Übersetzung des Titels und der Textprobe sind Arbeitsübersetzungen des Autors.

159 Der Krieg zwischen Armenien und Aserbaidschan (1990–1994) um das autonome Gebiet Nagornyj-Karabach war in erster Linie ein Nationalitätenkonflikt zwischen islamischen Aserbaidschanern und christlichen Armeniern, bis Ende 1991 auch geführt, um die Unabhängigkeit von der zerfallenden Sowjetunion zu erlangen. Schon seit 1988 schwelten Kämpfe zwischen den genannten Nationalitäten, die zeitweise in Pogrome und Überfälle ausarteten. Seit jenem Jahr kamen in diesem nationalen Konflikt mehr als 20 000 Menschen um.

Чингиз Абдуллаев

Закон негодяев

Незнакомцы подошли уже совсем близко. Собаки встретили их настороженно, но пока спокойно. Животные следили за жестами и словами своего хозяина. Они знали, что в горах **чужими** бывают волки и очень редко люди. Но признавать последних чужаками или нет – зависело от хозяина. А он молчал. Огромный, почти черный Шайтан подошел к хозяину и лег у его ног, внимательно всматриваясь в подходивших людей, словно всем своим видом успокаивая **чабана**: не бойся, я с тобой. Идущий впереди незнакомец лет сорока в большой **фуражке**, надвинутой почти на самые уши, остановился, тяжело **переводя дыхание**.

- День добрый, старик, - по-русски сказал он.

- Добрый день, - Курбан неплохо знал русский еще по армии и не забыл его в этих горах.

Шедшие следом двое людей, явно азербайджанцы, подошли поближе. Один был маленький, **юркий**, с бегающими глазами, постоянно улыбавшийся. Другой был среднего роста, коренастый, с густыми черными **усами**.

- **Аллейкума салам**, - поздоровался черноусый.

- **Ваалейкума салам**, - ответила Курбан, - садитесь, гостями будете.

- Спасибо, отец, - они видимо шли издалека, - далеко отсюда до границы?

- Нет, один день пути, - спокойно ответил Курбан. В горах нельзя задавать лишних вопросов, он это хорошо знал и поэтому не спросил, зачем незнакомцам граница. Но как ему не нравились двое последних! Они, правда, молчали, отводя глаза, но он явно ощущал их **смятение**. "Поэтому они так волнуются, - удивился про себя Курбан, - один из них кажется мне знакомым. Где я мог его видеть?"

- Скажите, - теперь снова обращался старший, говоривший на русском, - впереди есть какие-нибудь **посты**?

Он снял свою фуражку, под которой была огромная лысина и, достав носовой платок, начал вытирать голову.

- Не знаю, дорогой, – пожал плечами Курбан, - война идет. Может есть, а может и нету.
Ох, как ему не нравились двое последних незнакомцев, даже не смотревших в его сторону.
- Ладно, - махнул рукой черноусый, - будь здоров, чабан, до свидания. Нам еще долго идти. А ты что, один пасешь свое стадо, не страшно?
- Я не один, - спокойно возразил Курбан, заметив, как насторожились сразу все пятеро, - у меня трое друзей. Шайтан и его братья.
Он ласково **потрепал** огромного **волкодава** за уши.
- Да, конечно, - засмеялся черноусый, - это настоящие помощники. Пойдем, - кивнул он своим спутникам.
И вдруг один из все время молчавших незнакомцев как-то резко поправил автомат и повернулся в сторону Курбана. И он сразу узнал этот характерный нос, эти губы, эти глаза. Перед ним стоял Армен, сын Вазгена, в доме которого он много раз бывал до этой проклятой войны.
- Армен, - непослушными губами произнес Курбан.
Парень замер, не решаясь повернуться в сторону чабана. Рядом кто-то **передернул затвор автомата**.
- Черт бы тебя побрал, старик, - с явной угрозой произнес черноусый, - напрасно ты узнал его.
Курбан обернулся. Он ничего не понимал. Внизу, в долине, шла ожесточенная война вот уже пятый год. И недавние братья-соседи армяне и азербайджанцы убивали друг друга, стараясь превзойти врага **жестокостью** и **коварством**. А здесь, высоко в горах, он вдруг встречает отряд, где двое азербайджанцев и двое армян куда-то дружно идут. Может, наконец, наступил долгожданный мир. Это была его последняя мысль. **Автоматная очередь прошила его тело**, и он успел еще увидеть метнувшегося к нему парня.
- Все-таки не напрасно, - тихо произнес Курбан, - старый хлеб не забывается.

чужак: *Fremder*; vgl. das Adjektiv чужой – *fremd*
чабан: *Hirte*
фуражка: *(Uniform-)Mütze*
переводить дыхание: *Atem holen*

юркий: *flink, behend*
усы: *Schnurrbart*
аллейкума салам: *arabische Grußformel*
ваалейкума салам: *Antwort auf den arabischen Gruß*
смятение: *Verwirrung*
пост: *Posten*
лысина: *Glatze*
потрепать: *kraulen*
волкодав: *Wolfshund*
передернуть затвор автомата: *die Maschinenpistole entsichern*
жестокость: *Grausamkeit*
коварство: *Hinterlist, Heimtücke*
очередь прошила его тело: *ein Feuerstoß durchsiebte seinen Körper*

Haben Sie die schreckliche Kriegsepisode gelesen? Sie beeindruckt mich bei jedem Lesen erneut. Umso schwerer fällt es mir, zu einer im Vergleich dazu lapidaren sprachlichen bzw. grammatischen Fragestellung überzugehen.

Ist Ihnen bei den unterstrichenen Wörtern etwas aufgefallen? Alle enthalten das Suffix -вш- und weisen eine adjektivische Endung auf. Es handelt sich bei ihnen um Partizipien Präteritum Aktiv, die wir bei der Suche nach Beispielen bislang nicht gefunden haben. Wie Sie an diesem Text jedoch sehen, sind sie in der Schriftsprache sehr wohl gebräuchlich und auch relativ leicht zu verstehen. Zumal in diesem Buchtext die zugrunde liegenden Verben – bis auf das letzte – häufig und auch dem Lernanfänger geläufig sind.

подходивших: подходить (*herantreten*)
шедшие: идти (*gehen*)
улыбавшийся: улыбаться (*lächeln*)
говоривший: говорить (*sprechen*)
смотревших: смотреть (*sehen, ansehen*)
молчавших: молчать (*schweigen*)
метнувшегося: метнуться (hier: *zu jemandem hinstürzen*)

Wenn Sie möchten, übersetzen Sie doch einmal die unterstrichenen Vokabeln in ihrem Textzusammenhang ins Deutsche. Ljuba wird Ihnen beim nächsten Halt ihre Lösungen zum Vergleich anbieten.

Neunter Halt – Девятая остановка

Mir scheint, der Schofför hat Humör

Люба любит любовные романы. (*Ljuba liebt Liebesromane.*) Hier ist wieder Ljuba. Entschuldigen Sie den saloppen alliterierenden Beginn! Aber ich musste der schweren Lesekost von vorhin einfach etwas Leichtes entgegensetzen. Ich habe den Roman von Abdullajew auch gelesen. Leider sind die Geschichten darin nur allzu wahr. Koljas Bruder, Sie wissen schon, der Oberstleutnant, war selbst im Süden und hat Schreckliches durchmachen müssen. Aber er erzählt fast nichts davon. Das kann ich verstehen.

Nein, bei diesem Halt will ich Ihnen, liebe Reisende, nur Angenehmes und Lustiges erzählen. Heute ist Sonntag, da habe ich Zeit dazu. Die Klassenarbeiten muss ich erst Mittwoch zurückgeben. По субботам и воскресеньям (*über das Wochende*) unternehmen die Eltern unserer Schüler immer selbst etwas mit ihren Gästen. Они едут за город или осматривают разные достопримечательности. (*Sie fahren ins Grüne oder besichtigen verschiedene Sehenswürdigkeiten.*) Es war letzten Sonnabend. Da unternahmen Kolja und ich mit Jurgen und seiner deutschen Kollegin eine schöne Fahrt. Unser Ziel war Петродворец oder Петергоф (*Peterhof*), wie die deutsche Bezeichnung ist. Auf der Hinfahrt nahmen wir einen der staatlichen Kleinbusse. *Wir fuhren durch die Innenstadt* (мы ехали через центр города), dann *entlang der vielen langen Wohnhochhäuser* (вдоль многих длинных высотных домов), *vorbei am Lenindenkmal und am Mahnmal für die Verteidiger der Stadt* (мимо памятника Ленину и Монумента защитникам города) *bis zum Oberen Garten von Peterhof* (до Верхнего сада Петергофа) und zeigten und erklärten unseren ausländischen Kollegen, was es draußen zu sehen gab.

Zwischendurch wurden unsere Blicke immer wieder von verschiedenen kleinen Zettelchen im Bus angezogen. Jurgen, der neben mir saß, machte mich zuerst darauf aufmerksam:

Lenindenkmal auf dem Moskauer Prospekt – Памятник Ленину на Московском проспекте

Уважаемые пассажиры!
В целях обеспечения безопасности дорожного движения убедительная просьба после оплаты за проезд отрывать билеты самостоятельно.

(*Werte Fahrgäste! Zum Zweck der Gewährleistung einer sicheren Beförderung wird dringend gebeten, nach der Entrichtung des Fahrgelds die Fahrscheine selbstständig zu entwerten.*)

Den Text habe ich bestimmt schon oft gesehen, aber nie zur Kenntnis genommen. Doch als ich ihn Jurgen übersetzte, merkte ich auch, wie trocken bürokratisch er abgefasst war. Er klang fast lächerlich. Die Bitte bezog sich darauf, dass der Fahrer während der Fahrt nicht die Tickets von der Rolle *abreißen* (so heißt es wörtlich) wollte. Das wäre ja verständlich, wenn er nicht üblicher, aber verbotener Weise während der Fahrt kassierte! Er nahm immer das Geld über die Schulter an und gab die Tickets auf demselben Weg aus – alles im dicksten Verkehr.

Der Fahrer hatte noch mehr lustige Sprüche an den Scheiben hängen. Besonders gefiel uns seine offene Art im folgenden Spruch:

Власть – народу,
Земля – крестьянам,
Деньги – водителю.

(*Die Macht dem Volke, der Boden den Bauern, das Geld dem Schofför.*) Da mussten wir herzlich lachen. Die ersten beiden Zeilen zitierten die uns altbekannte Losung aus kommunistischen Zeiten, während die dritte natürlich das Fahrgeld meinte: Das solle doch bitte jeder entrichten! Auch in Russland gibt es nämlich den unbeliebten *Schwarzfahrer* (заяц). Der Spruch ist indes nicht ganz wörtlich zu nehmen, denn die Fahrer der Busse, Personentaxis und Marschrutkas[160] sind staatliche Angestellte.

Aber auch der folgende Hinweis des anscheinend leidgeprüften Fahrers trug zu unserer Belustigung und hoffentlich zur Beherzigung durch die damit Angesprochenen bei:

Остановок под названием "Тут!" и "Здесь!" на моей маршрутке НЕТ!

(*Haltestellen mit Namen "Hier doch!" und "Na hier!" gibt's in meinem Linientaxi NICHT!*) Der Kleinbus hält auf Zuruf dort, wo es die Fahrgäste wünschen. Aber woher soll der Arme wissen, an welcher Stelle jemand aussteigen will, wenn er sich so ungenau ausdrückt und auch noch das kleine Wörtchen *"Bitte!"* ("Пожалуйста!") vergisst!

Und ein letztes Beispiel aus den "gesammelten Werken" dieses humorvollen und literarisch begabten Menschen:

Тише скажешь, дальше будешь.

(*Je leiser du sprichst, desto weiter kommst du.*) Großartig, wie er hier die Form eines alten Sprichworts aufgreift und damit einen erzieherisch wertvollen Merksatz formuliert: Тише едешь, дальше будешь. Wörtlich bedeutet das: *Fährst du leiser, kommst du weiter.* Gemeint ist damit, dass du desto besser durchs Leben kommst, je weniger Aufhebens du machst und je bescheidener du bist.

Sie können sich vorstellen, dass wir während der Fahrt viel Vergnügen hatten. Nach einer knappen Stunde langten wir schließlich im Dorf Petrodworetz an. Die Sommerresidenz liegt malerisch oberhalb eines steilen Hangs. Vom Schloss herab, durch die Baumalleen links und rechts des Kanals, hat man *einen herrlichen Blick auf den Finnischen Meerbusen* (прекрасный вид на Финский залив).[161] Der Herbsttag meinte es gut mit uns. In der Sonne spiegelten sich *die ver-*

160 Ausführlicher zu diesen Linienkleinbussen s. das Kapitel 10.

161 Siehe das Foto auf Seite 42.

goldeten Figuren der großen Kaskade (позолоченные фигуры большого каскада). Ihre Majestät der Zar und einige seiner Höflinge gaben sich in prachtvoller Robe höchstpersönlich die Ehre uns zu begrüßen – für Fototermine, die natürlich einiges kosteten. Nichts ist umsonst. Der Eintritt ist auch nicht billig, und Ausländer zahlen mehr als wir: 300 Rubel pro Erwachsener für den Besuch des Parks und für das Museum noch einmal so viel. Ich finde das angemessen. Wie denken Sie darüber?

Für eine Weile sind wir getrennt gelaufen. Die beiden anderen *wollten unbedingt das kleine Schlösschen Mon Plaisier besichtigen* (обязательно хотели посетить замок Монплезир). Jurgen und mir war eher nach Spazieren zumute. Überhaupt haben wir einiges gemeinsam. *Wir interessieren uns für Belletristik* (мы любим читать книги), *schreiben und erhalten gern E-Mails oder Briefe* (любим писать и получать мейлы и письма), *fahren viel Rad* (много катаемся на велосипеде), *gehen an der frischen Luft spaziere*n (гуляем на свежем воздухе), *joggen gern* (любим бегать трусцой/джоггинг) und *wir gehen gern einmal fein essen* (и мы также любим пойти куда-нибудь поесть вкусно). Viel Spaß hatten wir bei den Überraschungsfontänen. Die *Spaßfontänen* (фонтаны-шутихи) gingen immer gerade in dem Moment an, wenn man es nicht vermutete. Dann sprangen alle mit Gekreisch zur Seite! Wir hatten eine Menge Spaß miteinander. *In einem "Bistro"* (в "Бистро") *bestellte Jurgen einen Kaffee Americano "Expresso"* (Юрген заказал один кофе Американо "Экспрессо") für mich, *eine Tasse Schokolade* (чашку шоколада) für sich und *zwei Portionen Eis* (две порции мороженого), und dann saßen wir ein paar Minuten unterhalb der großen Kaskade *in einer der halbrunden Liebeslauben* (в одной из полукруглых беседок для влюблённых). Verträumt sah ich dem fantasiereichen Spiel der Fontänen zu ... Und hast du nicht gesehen, *küsste Jurgen mich aufs Ohr!* (Юрген поцеловал меня в ухо!) Ich habe ihn entrüstet angesehen und bin schnell aufgestanden: Давай поищем Колю и Катрин! (*Vor Schreck habe ich ihn geduzt: Komm, wir suchen Kolja und Kathrin!*) Was der sich denkt!

Doch davon wollte ich Ihnen eigentlich gar nicht erzählen. Auch nicht so viel über Peterhof. Die Sommerresidenz muss man einfach selbst gesehen haben. Wollen Sie sie nicht einmal besuchen?

Nach einigen schönen Stunden schlug Kolja vor, für die Rückfahrt ein *Tragflügelboot* (теплоход на подводных крыльях) zu nehmen. Alle waren sofort einverstanden, denn mit dem "Meteor" geht das viel schneller und bequemer. Außerdem würden wir wieder etwas Neues zu sehen bekommen. Jurgen ließ es sich nicht nehmen, für alle zu bezahlen – für ihn war es nicht viel: 1 400 Rubel für uns vier.

So ein Boot kann mehr als 120 Personen befördern. Aber diesmal war es nicht sehr voll. Bald flogen wir *mit 60 Stundenkilometern* (со скоростью 60 километров в час) auf der Wasseroberfläche dahin. Jurgen und ich standen allein auf Deck, dort, wo die спасательные жилеты (*Rettungswesten*) hingen. Der Wind pfiff uns ganz gehörig um die Ohren! In der Ferne *sahen wir die Festung Kronstadt* (мы видели крепость Кронштадт) und später die vielen *hohen Neubauten der Insel der Dekabristen* (высотные дома острова Декабристов); eines Stadtteils von Sankt Petersburg. Als wir nach fast dreißig Minuten schließlich *in die Kleine Newa* (в Малую Неву) hineinfuhren, wurden wir viel langsamer, *bogen am Platz der Börse rechts ab* (у Биржевой площади повернулись направо) und *erblickten von dort schon die Anlegestelle an der Eremitage* (оттуда мы уже увидели пристань у Эрмитажа).

Am Kai unterhalb der Börse stand eine große Hochzeitsgesellschaft: alle festlich gekleidet, der Bräutigam im schwarzen Anzug mit einer Blume im Knopfloch, die Braut trug ein weites, weißes Kleid und hatte einen riesigen Blumenstrauß im Arm. Der Fotograf hüpfte geschäftig hin und her, um die besten Aufnahmen zu schießen. Dann hörten wir plötzlich lautes Rufen: "Горько! Горько! Горько!" Das heißt eigentlich *bitter* und ist das Zeichen, dass sich die Jungvermählten küssen sollen. Als ob das bitter wäre![162] Sie taten es natürlich nur zu gern und lange – nicht nur für den Fotografen. In diesem Augenblick beugte sich Jurgen zu mir und schob mir sein Bootsticket zu. Auf der Rückseite hatte er etwas hingekritzelt. Ich wusste, dass er sich in den letzten Wochen darum bemühte, ein wenig die russische Schrift zu lernen und las die russischen Buchstaben: *Ай лав ю!*

Gott bewahre! (Боже упаси!) Auf Russisch konnte er es anscheinend immer noch nicht richtig: Я люблю тебя! (*Ich liebe Dich!*) Mit wem hätte er es auch üben sollen? Also schrieb er es auf Englisch, aber mit kyrillischen Buchstaben. Das musste er von dem Plakat abgeschrieben haben, das überall in der Stadt hing. Sollte ich ihn nun dafür loben, ihm erklären, dass ich mit Kolja glücklich bin, oder ihm eine glatte Abfuhr erteilen? Ich glaube, er hat mich verstanden. *Ich schüttelte den Kopf* (я качала головой) und *warf sein Zettelchen in den Fluss* (бросила его записочку в реку). Er konnte ja nicht wissen, dass Verliebte oft heimlich oder offen Münzen oder Wunschzettel in die Newa werfen ...

Боже мой! (*Du meine Güte!*) Jetzt hätte ich fast vergessen, Ihnen noch die Übersetzungen zu den Partizipien Präteritum Aktiv im Auszug aus Abdullajews Roman zu geben:

<u>подходивших</u>: Шайтан подошел к хозяину и лег у его ног, внимательно всматриваясь в подходивших людей ... (*Schaitan lief zu seinem Herrn, ließ sich zu seinen Füßen nieder und sah sich aufmerksam die herankommenden Menschen an ...*)

<u>шедшие</u>: Шедшие следом двое людей, явно азербайджанцы, подошли поближе. (*Die nach ihm kommenden beiden Männer, offenbar Aserbaidschaner, traten näher heran.*)

<u>улыбавшийся</u>: Один был маленький, юркий, с бегающими глазами, постоянно улыбавшийся. (*Einer war klein, flink, blickte unruhig umher und lächelte ständig.*)

162 Dieser Spruch und Brauch bedient sich desselben Prinzips wie der deutsche Wunsch "Hals- und Beinbruch". Man sagt das Gegenteil von dem, was man wünscht oder wie es in Wirklichkeit ist. Ursprünglich wurden solche Schadenszauber benutzt, um böse Geister und Unheil abzuwehren.

говоривший: Скажите, - теперь снова обращался старший, говоривший на русском, ... (*"Sagen Sie", wandte sich jetzt wieder der Ältere an ihn, der Russisch sprach, ...*)

смотревших: Ох, как ему не нравились двое последних незнакомцев, даже не смотревших в его сторону. (*Ach, und wie ihm die beiden zuletzt gekommenen Fremden missfielen, die nicht einmal in seine Richtung schauten.*)

молчавших: ... один из все время молчавших незнакомцев ... (*einer der Fremdlinge, die die ganze Zeit geschwiegen hatten, ...*)

метнувшегося: Автоматная очередь прошила его тело, и он успел еще увидеть метнувшегося к нему парня. (*Ein Feuerstoß aus der MP zersiebte seinen Körper; er konnte gerade noch sehen, wie der Junge zu ihm hinstürzte.*)

Kapitel 10 – Десятая глава

Werbung auf russische Art – Реклама по-русски

Wie im ersten Kapitel versprochen, sollen *einige Worte zum Thema "Werbung"* (несколько слов на тему "Реклама") das Buch beschließen.

Liebe Leserinnen und Leser! Auf Ihrer Reise durch Russland haben Sie nun – zumindest fiktiv – einige Tage im Hotel gewohnt. Sicherlich haben Sie gelegentlich zur *Fernbedienung* (пульт дистанционного управления oder einfach пульт) gegriffen und verschiedene *TV-Sender* (телеканалы) durchgezappt: Звезда, КТВ, Россия, MTV.ru und andere. Haben Sie den gleichen Eindruck gewonnen wie ich? Eine Werbesendung an der anderen! *Die kommerzielle Werbung* (коммерческая реклама) nimmt bei den russischen Sendern, und zwar sowohl bei den privaten als auch – nur wenig abgeschwächt – bei den staatlichen, einen deutlich größeren Umfang ein als bei uns.

Oder nehmen wir die *Druckerzeugnisse* (печатные изделия). *Bestimmt haben Sie doch in Russland einmal am Kiosk eine Zeitung oder Zeitschrift gekauft.* (В России вы, наверное, когда-нибудь покупали в киоске газету или журнал.) Da gibt es zum Beispiel "Жизнь" (*"Leben"*; eine *Boulevardzeitung* – бульварная газета) oder "МК в Питере" (die Abkürzung steht für Московский Комсомолец – die stärker politisch ausgerichtete Zeitung *Moskauer Komsomolze*; der zweite Teil des Namens zeigt an, dass es sich um die Petersburger Ausgabe handelt) oder auch die seriöse Zeitung "Российская газета" (*"Russländische Zeitung"*; der Name weist auf ihren überregionalen Charakter hin). In ihnen allen – und den hunderten anderen natürlich auch – geht heute nichts mehr ohne Werbung. Diese den meisten von uns zur lästigen Selbstverständlichkeit gewordene *kommerzielle Seite der Kommunikationsmedien* (коммерческая сторона средств коммуникации) wird von mir nur deshalb erwähnt, weil marktwirtschaftliche Reklame für die Russen fast ein Jahrhundert lang nicht selbstverständlich war, sondern erst nach der Perestroika aufblühte und heute in ungewohntem Übermaß entfaltet ist.

Selbstverständlich stehen Werbetexte für "westliche"[163] Produkte neben den einheimischen russischen. In der Werbung für ausländische Produkte wird neben der russischen Sprache häufig die Originalsprache des Herkunftslands des jeweiligen Unternehmens verwendet, zum Beispiel Englisch, Deutsch oder auch Französisch. Aber auch in den Anzeigen russischer Firmen wird häufig auf russifizierte Lehnwörter aus dem Englischen, auf die Schreibung englischer Ausdrücke mit kyrillischen Buchstaben und auf die englische Sprache selbst zurückgegriffen. Ähnliches gilt – in weit geringerem Maße – für andere westliche Sprachen.

Sehen wir uns einige Beispiele aus der Nr. 5/2007 der Zeitschrift "Вокруг Света" (*"Rund um die Welt"*) an.[164] Zunächst eine Fahrzeugwerbung:

Volkswagen Jetta. Серьезное увлечение

Есть вещи, которые никогда не выходят из моды. Времена меняются, но отношение людей к собственным увлечениям остается неизменно серьезным. Молодые профессионалы с хорошим вкусом предпочитают увлекаться вещами, задающими стиль всей их жизни, насыщенной впечатлениями и азартом. Именно таков изысканный и дерзкий Volkswagen Jetta, новое серьезное увлечение молодых и амбициозных. Volkswagen Jetta – двигатель 2.0 FSI 150 л. с., шестиступенчатая коробка, климат-контроль, десять динамиков.

Auf eine detaillierte Sachbewertung dieses Werbetextes möchte ich mich nicht einlassen. Uns geht es um die Sprache. Der Text enthält für Russischlernende einige interessante Anhaltspunkte, die wir im Einzelnen durchgehen wollen. Zum einen ist da der Gebrauch der Muttersprache des Herkunftslands dieses Autos bei der Marke und einem

163 Das Wort "западный" (*"westlich"*) steht für viele Menschen in Russland synonym für modern, luxuriös, erstrebenswert. Viele Wünsche nach modischer Kleidung, Wohnkomfort, Fahrzeug u. a. m. orientieren sich am westeuropäischen und amerikanischen Vorbild.

164 Gemeint ist hier nicht die bereits erwähnte Schülerzeitschrift zum Erlernen der russischen Sprache, sondern das Ежемесячный познавательный журнал (etwa: *Monatlich erscheinendes Bildungsjournal*), das vom Verlag gleichen Namens in Moskau herausgegeben wird.

technischen Detail, zum anderen die sehr verdichtete Ausdrucksweise, die im Gebrauch mehrerer Partizipien zum Ausdruck kommt.

Серьезное увлечение bedeutet eine *ernsthafte Beschäftigung*, wobei увлечение eine umfassendere Bedeutung hat als das deutsche *Beschäftigung* (was auf Russisch auch занятие heißt), mehr in Richtung *Lieblingsbeschäftigung, Hobby*, etwas, das einen mit*zieht*, mit*reißt*. Das entspricht der Herkunft des Substantivs aus dem Verb влечь (*ziehen, reißen*). Sie werden aber unten gleich sehen, dass увлечение (*das Sich-Hinreißen-Lassen*) und увлекаться (*sich gern mit etwas beschäftigen, sich von etwas hinreißen lassen*) in einem anderen Kontext auch ganz anders übersetzt werden können.

Есть вещи, которые никогда не выходят из моды. Hier überrascht die bildhafte Wendung *aus der Mode kommen*, die in beiden Sprachen fast identisch gebildet wird: выходить из моды. Der erste Satz klingt wie eine unwiderlegbare Wahrheit: *Es gibt Dinge, die niemals aus der Mode kommen.* Ist das so? Und in Bezug auf das angepriesene Produkt? Auch der folgende Satz klingt eingängig: *die Zeiten ändern sich* (времена меняются), *aber die Einstellung der Menschen zu ihren Hobbys bleibt unverändert ernsthaft* (но отношение людей к собственным увлечениям остается неизменно серьезным). Das Wort собственный (*eigen*) ist im Deutschen nicht erforderlich und deshalb durch *ihren* ersetzt worden, es unterstreicht aber im russischen Satz etwas, das "mich selbst, mein Eigen" angeht oder doch angehen soll.

Молодые профессионалы könnte übersetzt werden mit *junge Profis*, aber dieses Wort ist in unserer Sprache eher durch Sportler besetzt, daher verstehen wir besser darunter *junge Fachleute/Spezialisten.* Die nächste Wendung, die als Attribut zum Subjekt dieses Satzes verwendet wird (с хорошим вкусом – *mit gutem Geschmack*), erkennen Sie, wenn Sie на мой вкус (*nach meinem Geschmack*) schon gelernt haben.

Im letzten Teil dieses Satzes werden gleich zwei Partizipien verwendet: предпочитают увлекаться вещами, задающими стиль всей их жизни, насыщенной впечатлениями и азартом. Haben Sie sie erkannt? Richtig! Es sind задающими und насыщенной. Sie beziehen sich jeweils auf das vor ihnen stehende und durch Komma von ihnen abgetrennte Substantiv. Aus diesem Grund stimmen sie auch in der grammatischen Form mit ihrem Bezugswort überein, was dem Leser die Identifikation der Partizipien und damit das Verständnis für den etwas längeren Satz erleichtert. Wenn Sie nun noch wissen, dass задавать/задать *vorgeben, angeben* und насыщать/насытить *sättigen* heißen, dann sollte es nicht mehr schwierig sein den Satz zu verstehen: *Junge Fachleute mit gutem Geschmack ziehen es vor, sich mit Dingen zu umgeben, die den Stil ihres Lebens, eines Lebens voller Erlebnisse und Abenteuer bestimmen.*

Der vorletzte Satz des Werbetextes enthält außer der Wiederholung, dass die angepriesene Automarke[165] *ein neues ernsthaftes Hobby* (новое серьезное увлечение) sei, eine Aufzählung der Eigenschaften des Wagens (изысканный – *ausgesucht*, in beiden Sprachen ein Partizip, und дерзкий – *frech, kühn, drahtig*) sowie seiner potentiellen Besitzer (молодые – *Junge* und амбициозные – *Ambitionierte).*

Zum *Motor* (двигатель) ist neben dem Hinweis auf das wieder deutsch formulierte Detail zu sagen, dass er 150 *Pferdestärken* (лошадиных сил, *abgekürzt* л. с.) hat und dass im Wagen ein *Sechsganggetriebe* (шестиступенчатая коробка), eine *Klimaanlage* (климат-контроль) und *zehn Lautsprecherboxen* (десять динамиков) eingebaut sind.

Übrigens wird der Preis des Wagens nicht in Rubeln angegeben, sondern in Dollar. Das ist gar nicht mehr so üblich, staatlich auch nicht gewollt. Damit wollen die Werbepsychologen jedoch den ideellen, "westlichen" Wert des Wagens betonen.

Tatsächlich sind Wagen vom Typ Jetta ebenso wie viele andere ausländische Automarken auf den Straßen der russischen Großstädte zu sehen, freilich noch neben alten Autos vom Typ Moskwitsch, Lada und Wolga, ganz zu schweigen von den schweren russischen LKW vom Typ WAS, die manchmal noch aus dem Zweiten Weltkrieg zu stammen scheinen. Diese einheimischen Fahrzeuge sind es vor allen Dingen, die die Luft in Millionenstädten wie Moskau, Jekaterinburg oder Sankt Petersburg bisweilen unerträglich werden lassen. Nicht grundlos hat zum Beispiel eine dänische Umweltfirma der dreihundertjährigen Stadt Peters I. im Jahr 2007 ein komplettes Programm zur Sanierung der Luft angeboten.

---

165 Das russische Wort марка bezeichnet als Oberbegriff auch alle ausländischen Fahrzeugfabrikate.

Doch kehren wir zu weiteren Beispielen von Werbung zurück. Der nüchterne Text einer appetitlichen ganzseitigen Reklame mit der Großaufnahme von zwei Gläsern Bier in der oben erwähnten Zeitschrift lautet:

Украшение Октоберфест –
Löwenbräu

Чрезмерное употребление пива вредит вашему здоровью.

Das erste Wort украшение bedeutet *Schmuck, Zierde*. Das zweite muss nicht übersetzt werden, denn es ist die Bezeichnung für die bekannteste bayerische Großveranstaltung im Oktober. Sie hat – wie man sieht – in Russland ebenfalls Einkehr gehalten. In Sankt Petersburg wird ein *Oktoberfest* begangen, das auf Plakaten durchaus auch mal mit lateinischen Lettern geschrieben erscheint. Die meisten Russen sind über die englische Sprache mit den lateinischen Schriftzeichen vertraut und können so auch deutsche Wörter recht oder schlecht lesen. Im Übrigen ist Deutsch ja auch die zweithäufigste Schulsprache in Russland, sodass nicht wenige Menschen, vor allem junge, unsere Sprache zumindest lesen können. Der kurze russische Nachsatz "Чрезмерное употребление пива вредит вашему здоровью." wird im Kasten oben absichtlich ebenso klein wiedergegeben, wie er im Original im Vergleich zur Überschrift erscheint, sodass Zweifel aufkommen, ob die gut gemeinte Warnung *"Übermäßiger Biergenuss schadet Ihrer Gesundheit."* überhaupt gelesen, und wenn, dann auch befolgt wird.

Dem Thema "Katzen" angepasst sieht eine einschmeichelnde Werbeseite für hygienische Katzenstreu in unserer Zeitschrift aus. Ein hübsch gemaltes Kätzchen, der Buchstabe K als Initiale wie im Schulbuch für die erste Klasse dargestellt, und darunter ein Vierzeiler, wohl gemerkt ein Werbetext:

Стоит знать, что ваш Котенок
Любит чистоту с пеленок.
Если б выбирал он сам,
Он бы предпочел Catsan®.

Сто́ит знать heißt natürlich, *es lohnt sich / es ist gut zu wissen*. Котёнок ist das *Kätzchen* und wird hier groß geschrieben, um die Assoziation eines Namens zu erwecken und damit den Leser noch stärker emotional anzusprechen. Und dieses Kätzchen *liebt die Sauberkeit von klein auf*: любит чистоту с пелёнок. Der präpositionale Ausdruck с пеленок stellt eine Metapher für unsere Übersetzung *von Anfang an* dar. Пелёнки sind *die Windeln*, und die Präposition с (hier mit dem Genitiv Plural) bedeutet in diesem Zusammenhang *von, ab, seit* (einem bestimmten Zeitpunkt). Das *"Erklärende Wörterbuch der russischen Sprache"* ("Русский толковый словарь") von Lopatin und Lopatina erklärt den Ausdruck mit с детства (*seit der Kindheit, von klein auf*).

In der dritten Zeile finden wir den (abgesehen von den Präpositionen) in der russischen Sprache ganz seltenen Fall eines Worts, das nur aus einem einzigen Konsonanten besteht: б. Es handelt sich um die gebräuchliche Abkürzung des in diesem Buch bereits mehrfach aufgetauchten Wörtchens бы, das der Bildung des Konjunktivs dient. Sie haben es bestimmt gelernt in der Wendung я хотел(а) бы (*ich möchte*). Das Verb хотеть (*wollen*), das bekanntlich einen nachdrücklichen Wunsch ausdrückt, wird hier durch die Partikel бы abgeschwächt, höflicher formuliert: *Ich würde gern wollen*. Der Rest des Satzes enthält keine Überraschungen, es sei denn die vom Werbetexter beabsichtigte Hinführung zum Markennamen. Die im Vierzeiler verwendeten Verben выбирать/выбрать (*wählen, auswählen*) und предпочитать/предпочесть (*bevorzugen*) gehören zum Grundwortschatz eines Russischlerners. Nur die unregelmäßige Vergangenheitsform предпочёл des vollendeten Aspekts предпочесть ist noch bemerkenswert. Vielleicht ist auch das Pronomen сам in diesem Satz von Interesse. Es bedeutet *selbst* und nimmt die für eine Kurzform beschränkte Anzahl von grammatischen Formen an: die drei Geschlechter und den Plural, und zwar ausschließlich im Nominativ. Zur Verdeutlichung vier Beispiele:

Он сам пишет письмо.
(*Er schreibt den Brief selbst.*)
Она сама сшила платье.
(*Sie hat das Kleid selbst genäht.*)
Высшее учебное заведение само не могло купить новую лабораторию.
(*Die Hochschule konnte das neue Laboratorium nicht selbst kaufen.*)
Мы сами решим задачу.
(*Wir werden die Aufgabe selbst lösen.*)

Einen exemplarischen Gebrauch der doppelten Verneinung enthält die Versicherung am Ende der "Katzenwerbung": Неприятного запаха не было, нет и не будет. Die beiden ersten Wörter bedeuten *unangenehmer Geruch*, wobei das Adjektiv bereits eine Verneinung enthält (приятный – *angenehm*, неприятный – *unangenehm*). Die im Russischen übliche Verdoppelung der Verneinung entsteht dadurch, dass auch das verbale Prädikat "sein" im Präteritum, Präsens und Futur verneint wird: не было, нет и не будет (*war nicht, ist nicht und wird nicht sein*).[166]

Ein weiteres Beispiel für die typische Eigenart der Sprache des Kommerzes, russische Wörter zusammen mit Lehnwörtern zu gebrauchen, die entweder russisch oder in lateinischer Schrift geschrieben werden, liefert der Werbetext für ein modernes TV-Gerät:

ЖК-телевизоры со встроенным DVD-плеером.

Der auch in der russischen Sprache altbekannte телевизор (*das Fernsehgerät*) enthält also bei dieser Firma zusätzlich einen eingebauten DVD-Player. Zum mehr als ein halbes Jahrhundert alten Lehnwort kommen somit zwei weitere hinzu, das eine bereits russisch geschrieben (плеер), das andere noch mit lateinischen Buchstaben (DVD). Ich wage die Prognose, dass viele dieser jetzt noch latinisierten Lexeme in Zukunft sowohl der Schrift nach als auch mit den entsprechenden Flexionsformen der russischen Sprache einverleibt werden, wie dies mit Tausenden anderer, älterer Lehnwörter ebenfalls geschehen ist. Das Adjektiv встроенный ist übrigens wieder ein Partizip, das Partizip Präteritum Passiv, abgeleitet vom vollendeten Verb встраивать/встроить (*einbauen*). Wir bemerken ein weiteres Mal, dass diese Partizipien in beiden Sprachen häufig in der gleichen syntaktischen Weise gebraucht werden, nämlich als Attribut: встроенный DVD-плеер (*eingebauter DVD-Player*).

---

166 Die doppelte Verneinung ist in deutschen Dialekten ebenfalls bekannt. Ich habe einen Bayern sagen hören (unter Verzicht auf eine lautgetreue Wiedergabe): "Wegen ihm brauchen Sie doch keine Angst net haben."

Eine makabre Werbebotschaft stellt nach meinem Dafürhalten der folgende Text in der Nr. 5/2007 der Zeitschrift "Вокруг Света" (*"Rund um die Welt"*) dar:

> **Русские победы. Сталинградская битва.**
> Водка "Русский лед"

Makaber deshalb, weil hier das Leiden und die historische Leistung von Menschen in den Dienst der Werbung für Alkohol, an dieser Stelle speziell für den russischen Wodka, gestellt werden.

> ***Russische Siege. Schlacht bei Stalingrad.***
> *Wodka "Russisches Eis"*

Um kein Missverständnis aufkommen zu lassen, mit Eis ist hier nicht мороженое, das *Speiseeis*, gemeint. *Eis* (лёд) wird vielmehr absichtsvoll assoziiert mit dem Schnee und der eisigen Kälte, in denen 1942/1943 vor Stalingrad *Hunderttausende russischer und deutscher Soldaten umgekommen sind* (погибли сотни тысяч русских и немецких солдат).

Aber auch deshalb makaber, weil tausende Russen, vorwiegend Männer, jedes Jahr an diesem "beliebten russischen Getränk", besser an seinem Missbrauch, sterben. Der Alkoholverbrauch pro Kopf der Bevölkerung liegt über der doppelten Menge, die von der Weltgesundheitsorganisation als kritisch für die Gesundheit einer Nation angesehen wird.[167] So heißt es zumindest im Artikel "Алкоголь губит нацию" (*"Alkohol zerstört die Nation"*), der in der Zeitung "Взгляд" (*"Meinung"*) Nr. 5 vom September/Oktober 2007 veröffentlicht wurde. Diese Zeitung wird übrigens für die Russlanddeutschen herausgegeben. Sie ist, wie der Untertitel lautet, "Ваш собеседник в Германии" (*"Ihr Gesprächspartner in Deutschland"*). Es lohnt sich, sie einmal am Kiosk für wenig Geld zu erstehen.

Nochmals zum leidigen Thema "Alkohol". "Водка – российский бог." (*"Der Wodka ist ein russischer Gott."*), so charakterisiert Wiktor

167 Im Zusammenhang mit Alkoholmissbrauch kommt es in vielen Fällen auch zum Drogenmissbrauch, zum Geschlechtsverkehr ohne Kondom und zur Infizierung mit HIV. Nach Schätzungen der UN (die staatlichen russischen Angaben darüber sind sehr zurückhaltend) gab es in Russland 2007 etwa 1,6 Millionen Infizierte (ca. 1 Prozent der Bevölkerung), und ihre Zahl wächst so rasch wie in wenigen Ländern der Welt.

Jerofejew eines der übelsten Laster in Russland (s. Literaturverzeichnis). Jedes dritte Verbrechen wird unter Alkoholeinfluss begangen. Die meisten Morde und Selbstmorde geschehen im Rausch. Jährlich sterben in Russland 30 000 bis 40 000 Menschen, vorwiegend Männer, an den Folgen des Alkoholmissbrauchs.[168] Und das ist eine Zahl der offiziellen Statistik der russischen Behörden! Man mag sich die Dunkelziffer gar nicht vorstellen. Hinzu kommt, dass aus Geldmangel anstelle von industriell hergestelltem Wodka[169] häufig auch zu Eau de Cologne, Bremsflüssigkeit, Fensterputzmitteln oder technischem Spiritus gegriffen wird. Auch der Anteil trinkender Frauen hat sich in den letzten dreißig Jahren verdoppelt. Das ganze Problem hat unausweichlich dramatische Auswirkungen auf die familiäre Situation. Trunkenheit ist die Hauptursache von Verwahrlosung und sozialer Verwaisung in Russland. Seit 2000 wurden jedes Jahr durchschnittlich mehr als 600 000 Kinder zu Waisen und Halbwaisen. Mehr als 90% dieser Kinder müssen in Kinderheimen untergebracht werden, obwohl ein Elternteil noch lebt. Etwa 60 000 Kinder verlassen ihr Elternhaus und leben auf der Straße.

"Ich suche eine Mama" – "Ищу маму"

Da helfen bislang auch nicht die strengen Maßnahmen der Miliz. Wer zum Beispiel in der Öffentlichkeit Alkohol zu sich nimmt, wird von der Polizei umgehend mit Bußgeld verwarnt oder in Gewahrsam

168 Die statistische Lebenserwartung der Männer liegt in Russland knapp unter 60 Jahren!

169 In Russland gibt es dutzende große und unzählige kleine und oft illegale Firmen, die Wodka verschiedener Güte produzieren. Zu den weltweit größten Herstellern gehören allerdings die Firmen "Smirnoff" und "Gorbatschow", die in den USA bzw. Deutschland ansässig sind. Die letztere Marke wurde übrigens 1921 in Berlin erstmalig durch einen Destillateur gleichen Namens hergestellt. Sie hat darum nichts mit dem Reformer der 90er Jahre des 20. Jahrhunderts, Michail Gorbatschow, zu tun, wenngleich sie zu seinen Zeiten sehr populär wurde. Heute gehört diese Marke der Henkell & Söhnlein KG.

genommen. Angesichts dieser Fakten ist ein ähnlicher Nachsatz, wie er auch unter der Werbung für Zigaretten und Bier steht, eine Farce:

Чрезмерное употребление алкоголя вредит вашему здоровью.

(*Übermäßiger Alkoholgenuss schadet Ihrer Gesundheit.*)

Ihre Russlandreise, liebe Leserinnen und Leser, nähert sich leider ihrem Ende. Nach Deutschland fliegen Sie in Sankt Petersburg vom Flughafen Pulkowo 1 ab. Как доехать до аэропорта? (*Wie kommt man zum Flughafen?*)

Je nachdem, ob gerade *Stoßzeiten* (часы пик[170]) sind oder nicht, *fahren Sie mit der Metro* (вы едете на метро) in mehr oder weniger dichtem Gedränge, aber garantiert pünktlich bis zur *Moskauer Metrostation* (до станции метро "Московская"). In der U-Bahn haben Sie ein letztes Mal (so glauben Sie!) Gelegenheit, die verschiedenen Reklamen zu betrachten:

"Русские круизы" (*"Russische Kreuzfahrten"* auf der Newa und nach Übersee; gleich mit der Internetadresse – www.russian-cruises.ru),

"Копи-Центр" (ein großer *"Copyshop"* irgendwo),

"Нуль проблем – Мегафон Север-Запад" (*"Null problemo – Megafon Nord-West"*; eine große IT-Firma),

"Языковой курс за границей" (*"Sprachkurs im Ausland"*; diese Kurse erleben derzeit ebenso wie der Nachhilfeunterricht für Schüler aller Altersstufen in Russland einen gewaltigen Boom),

"Кредиты" (*"Kredite"* von irgendeiner Bank)

"Гуманитарный университет профсоюзов – Набор на вечернее и заочное обучение" (*"Geisteswissenschaftliche Universität der Gewerkschaften – Anmeldung zum Abend- und Fernstudium"*).

Die Aufzählung könnte noch lange fortgehen. Doch wir sind schon an der Moskowskaja, steigen aus, werfen einen flüchtigen Blick hinüber

170 Der russische Terminus часы пик für die Hauptverkehrszeit ist eine Lehnübersetzung des englischen Begriffs peak hours, der Spitzen- oder Stoßzeiten in verschiedenen Lebensbereichen bezeichnet.

zum Park mit dem riesigen Lenindenkmal, das von unzähligen Fontänen romantisch verklärt wird. Und schon sind wir an der belebten Taxihaltestelle, von wo aus Fahrzeuge in alle Richtungen abgehen, auch zum Flughafen.

Sehr bequem ist es natürlich, Sie chartern ein Taxi für 1 000 Rubel (nicht ganz 30 Euro). Ungemein spannender, etwas unbequemer, aber echt russisch fahren Sie jedoch mit dem маршрутное такси. Dieser *Linienkleinbus*, auch kurz маршрутка genannt, verkehrt einigermaßen regelmäßig je nach dem Fahrgastaufkommen auf bestimmten Routen oder Linien. Diese können Sie der Nummer des zehn bis zwölf Personen fassenden Busses entnehmen. Da Auswärtige freilich in der Regel damit nichts anzufangen wissen, müssen sie entweder die Beschilderung auf dem Bus lesen oder jemanden, am besten den Busfahrer selbst, fragen, wohin er fährt. Dann zwängen sie sich mit ihrem Gepäck in den kleinen Bus, nehmen dabei die bereitwillig angebotene Hilfe ihrer Mitfahrer an, reichen ihren Obulus und ihr Geld und vielleicht auch das der anderen Passagiere nach vorn zum Fahrer, und los geht's.

Probieren Sie es einfach! Sie fühlen sich noch einmal mitten drin im russischen Leben. Der Fahrpreis ist äußerst niedrig, 2007 betrug er 18 Rubel, das heißt etwa 50 Cent. Die kommunal betriebenen Busse haben Festpreise, unabhängig davon, wie lang die gefahrene Strecke ist.

Der Московский проспект (*Moskauer Allee*) ist eine von vielen sechs- bis achtspurigen Alleen, die Sankt Petersburg planmäßig durchziehen. Alle sind links und rechts gesäumt von modernen Geschäften und unablässig wechselnden Werbeträgern. An vielen Stellen überspannen Werbebänder die breiten Straßen.

Die eigentliche Stadt endet am großen Kreisverkehr, dessen Mitte zu einem Denkmal für die Opfer der 900-Tage-Blockade in den Jahren 1941–1944 gestaltet wurde. Die bewegende Aussage der Gedenkstätte wird allerdings leider konterkariert duch das unmittelbar dahinter hoch in den Himmel ragende Hotel Holiday Inn mit seinen riesigen Werbeplakaten; ein befremdlicher Gegensatz zu den eindrucksvollen Skulpturengruppen der für Leningrad kämpfenden und gestorbenen Menschen.

Bald danach, за городом (*auf der grünen Wiese*), kommen die ersten Industriegebiete und deren große Werbeflächen in Sicht. Links und rechts fliegt eine Firma nach der anderen an Ihnen vorbei. Das heißt eigentlich "fliegt" das Fahrzeug. Egal, was die Verkehrsordnung vorschreibt, der Fahrer hält nahezu konstant eine 20 bis 30 km/h höhere Geschwindigkeit ein.

So geht es sehr schnell und Sie erreichen das weiträumige, grüne Areal vor dem Flughafen. Sie brauchen nicht lange zu suchen! Wo die meisten Menschen hineilen, da laufen Sie hinterher. Denn alle wollen sich möglichst weit vorn in einer der langen Schlangen zur Passkontrolle wiederfinden. Manche überlegen, ob sie nicht doch von der rechten zur linken wechseln sollten, weil es dort schneller zu gehen scheint. Andere harren geduldig aus – ein Verhalten, dass man in russischen Amtsstuben schnell lernt.

Doch schließlich sind Sie an der Reihe, halten dem kritisch-prüfenden Blick der akkurat gekleideten, streng bis teilnahmslos, aber wohl nie freundlich dreinschauenden Beamtin stand und betreten die geräumige Wartehalle. Riesige zylindrische Lichthöfe lassen viel Licht in die drei Ebenen des Flughafengebäudes hineinfluten. Auf den Brüstungen schmücken Grünpflanzen das Grau der Betonwände, ab und an hören Sie russische und englische Ansagen, aufgeregte, gleichgültige oder schläfrige Menschen warten auf den nächsten Abflug oder – mit der nächsten Ankunft – auf ihre Lieben.

Wenn Sie sich, liebe Reisende, bei einer letzten Tasse russischen Tees die Zeit nehmen sich umzusehen, dann fallen Ihnen nun auch die überall von den Wänden auf Sie herabsehenden bunten Poster mit viel versprechenden Angeboten von Autos, PCs oder den allergünstigsten Krediten ins Auge. Auch in diesem Moment entrinnen Sie nicht der russischen Werbung – und lesen sie vielleicht gern, denn Sie könnten ja wieder etwas hinzulernen, sprachlich, meine ich:

Его жизнь важнее шубы!
Не покупайте мех!

Der Bär – oder ist es ein Waschbär? – auf dem Poster scheint Ihnen den Appell der Tierschützer hinterherzurufen: *Sein Leben ist wichtiger als ein Pelzmantel! Kaufen Sie keinen Pelz!* Sie denken an den russischen Winter, an den *Pelzmantel* (шуба), den wohl jede Frau in Russland trägt, an die *Pelzmütze* (шапка), die auch für Männer ein beliebtes Geschenk ist, und fragen sich, ob der gut gemeinte Aufruf wohl etwas bewirken wird.

In diesem Augenblick wird Ihre Flugnummer aufgerufen. Beilen Sie sich! Die Plätze sind möglicherweise nicht nummeriert. Guten Flug! *Gute Reise!* Счастливого пути!

Für den Rückflug habe ich Ihnen noch eine lustige Geschichte, ein modernes Märchen aufgehoben. Es sind nur Auszüge daraus, deshalb werde ich hin und wieder Anmerkungen einstreuen. Ansonsten überlasse ich Ihnen den Text zur selbstständigen Lektüre. Denn in dem Maße, wie Sie mit diesem Buch vorangekommen sind, haben Sie doch bestimmt auch weiterhin Russisch gelernt! Und denjenigen unter Ihnen, liebe Leserinnen und Leser, die noch nicht ganz so weit sind, werden die Anmerkungen helfen, das Märchen zu verstehen. Der Titel der Geschichte "Девушка Нос" (*"Das Mädchen Nase"*) ist eine vergnügliche, moderne Persiflage auf die klassische russische Erzählung "Нос" (*"Die Nase"*) von Nikolai Gogol.
Viel Spaß beim Lesen!

Девушка Нос

В одном городе жила очень красивая девушка по имени Нина. У нее были золотистые кудрявые волосы, большие синие, как море, глаза, огромный нос и прекрасные белые зубы. Когда она смеялась, казалось, что светит солнце. Когда она плакала, казалось, что падает жемчуг. Одно ее портило – большой нос.
Однажды Нина собрала все деньги, какие у нее были, и пошла к врачу. Она сказала:
- В этом городе у меня никого нет, я сама зарабатываю себе на жизнь, а мои папа и мама живут далеко, и я не могу у них просить денег, они и сами небогатые. Вот все мои деньги. Сделайте мне маленький нос! Когда я родилась, мои родители совершили ошибку и не позвали на праздник старого колдуна, который жил в лесу. Как только он узнал, что его не позвали, он страшно обиделся и сказал, что сделает мне очень важный и ценный подарок. И с этих пор у меня стал расти нос.
Когда мои родители пошли упрашивать колдуна, он сказал, что, если у меня будет маленький нос и я стану красавицей, меня полюбит любой подлец, а так меня полюбит единственный человек в мире.

Der böse *Zauberer* (колдун) will Nina also partout nicht helfen, ihre große, lange Nase loszuwerden. Er will ihr weismachen, dass sie nur mit einer großen Nase DEN einzigartigen Mann auf der Welt abbekommen wird. Wir werden sehen, wie das ausgeht! Nina erzählt weiter:

- Теперь я выросла, я работаю парикмахершей, я хороший мастер, ко мне стоит очередь. Но счастья у меня нет. Врач сказал ей:
- Я тут бессилен. Поедете в другой город, там живет волшебник, может быть, он вам поможет. Девушка поехала в другой город. В одном купе с ней ехал бедно одетый молодой человек, который читал толстую книгу. Он не обратил на Нину никакого внимания. Однако ночью поезд сильно тряхнуло, и во сне Нина упала с верхней полки. Она потеряла сознание и очнулась на руках у молодого человека.
- Спасибо вам, молодой человек, - сказала Нина вставая.

Hoppla! Wie angenehm, Nina ist im Zug *von der oberen Schlafpritsche heruntergefallen* (упала с верхней полки) und *in den Armen eines jungen Mannes aufgewacht* (очнулась на руках у молодого человека). Aus der Geschichte kann noch was werden! Vielleicht hilft ihr ja der gute *Zauberer* (волшебник) in der anderen Stadt? Zumindest bedankt sich Nina erst einmal hübsch artig bei dem jungen Mann und bietet ihm ihre Dienste (als Frisörin!) an.

- Если хотите, приходите ко мне в парикмахерскую, я работаю на главной площади, я вас постригу и побрею.
- Нет, я сам стригусь раз в полгода большими овечьими ножницами и подравниваю бороду. Спасибо.

Nina bekommt einen Korb. Der junge Mann übertreibt aber auch zu sehr: *"Nein, ich rasiere mich und schere meinen Bart selbst mit der Schafschere alles halben Jahre."* Doch Nina lässt nicht locker:

- Ну, тогда, - сказала Нина, - приходите ко мне просто выпить чаю.- Спасибо, чай я люблю пить в одиночестве, - ответил молодой человек и стал читать свою книгу.
- Ну тогда просто так приходите, - сказала Нина.
- Просто так я не приду, - ответил молодой человек, - мне некогда.

Die Abfuhr ist total. Der Tölpel will weder zum Tee noch einfach so zu Nina kommen und redet sich heraus: *"... ich habe keine Zeit."* ("... мне некогда.") Hier kürze ich den Originaltext etwas und erzähle Ihnen, wie es weitergeht. Der Zug ist inzwischen in der nächsten Stadt und Nina beim nächsten Zauberer angekommen. Der erweist sich ebenfalls als ein sympathischer junger Mensch mit schwarzem Bärtchen, will ihr aber nicht helfen, ohne dass sie ihm den Daumen ihrer rechten Hand überlässt. Nina, das gibt es nur im Märchen (!), willigt ein und ist – hast du nicht gesehen – plötzlich die Schönste der Schönen unter der Sonne. Wieso kommt mir hier nur das Wort пластическая хирургия (*plastische Chirurgie*) in den Sinn?

Когда она вышла на улицу, прохожие начали останавливаться, машины загудели, а молодые люди пустились провожать Нину до самого вокзала. [...] Когда она приехала в свой город, повторилась та же картина, и за Ниной поехала машина графа, который, опустив стекло, умолял Нину из окна выйти за него замуж.

Nun blieb jeder auf der Straße stehen, um ihr nachzuschauen. Sogar von einem reichen Grafen *erhielt Nina einen Heiratsantrag aus dem Auto heraus* (умолял Нину из окна выйти за него замуж). Doch mittlerweile wurde es ihr zuwider, dass alle jungen Männer ihr nachliefen, und sie begann, jenen jungen Mann aus dem Zug zu suchen.

Целыми днями она теперь бродила по городу, надеясь разыскать того молодого человека из поезда.

Als Frisörin kann sie nicht mehr arbeiten, schon wegen des fehlenden Daumens an der rechten Hand, aber auch wegen des unverdienten neuen Prestiges. Und dann immer noch der Graf, und nicht nur er!

Каждый день Нину приглашали на балы, она была объявлена королевой красоты города, а некоторые думали, что и мира.

Was für ein schönes Leben! Sogar *zur Schönheitskönigin ihrer Stadt ist sie gekürt worden* (она была объявлена королевой красоты города). Nur zu essen hatte sie nichts, denn alle Welt steckte ihr Komplimente, Eis und Süßigkeiten zu, aber niemand etwas Handfestes zu essen. (Hier habe ich wieder einen Absatz des russischen Textes übersprungen.) Auch der erneut befragte Zauberer wusste keine Abhilfe zu schaffen, es sei denn ...

- Ладно, - сказал волшебник, - придется взять у вас еще один палец на правой руке, теперь указательный.
- Хорошо, - ответила девушка не задумываясь.

Jetzt will der Schlingel *noch einen Finger ihrer rechten Hand, diesmal den Zeigefinger* (еще один палец на правой руке, теперь указательный). Und Nina stimmt auch dem zu!!

Und so geht die Geschichte weiter: Der erneute Verlust hat ein Gutes. Nina erhält vom Zauberer die Adresse ihres jungen Mannes aus dem Zug. Eilends fährt sie zu ihm. Aber der will sie gar nicht wieder erkennen. Wie sollte er auch – märchenhaft wunderschön wie sie ist, doch verstümmelt. Nina weiß sich keinen Rat mehr. Als in dem Moment wieder einmal der Graf vorfährt, gibt sie ihm ... nein, nicht ihr Jawort, sondern zum wievielten Male eine deutliche Abfuhr: Sie mag sein Geld nicht, und außerdem, er würde später sowieso nur eifersüchtig sein – es ist eben ein Märchen! Heimlich fasst Nina den mannhaften Entschluss, fensterln zu gehen:

Но вот однажды ночью, убрав лестницы, Нина пришла взглянуть на окно молодого человека [...]

Olala! Da *erhascht Nina schon einmal einen Blick ins Fenster des jungen Mannes* (Нина пришла взглянуть на окно молодого человека), und dann (so geht es im Text weiter) ist dort gar nicht er, sondern eine alte Frau, ganz in Schwarz!

Не помня себя от страха, Нина взбежала на четвертый этаж и позвонила в чердачную дверь.

Das ist nun ganz menschlich: *Sie ist außer sich vor Angst, ...* (не помня себя от страха, ...), und versucht herauszubekommen, was los ist. Ich erzähle weiter: Sie macht sich schreckliche Sorgen um den jungen Mann und erfährt, er ist todsterbenskrank. Ist das nicht – im Märchen – die beste Voraussetzung für ein gutes Ende? Sie konsultiert ein letztes Mal den Zauberer. Diesmal kann er ihr nur noch helfen, indem er ihr die alte große Nase wieder zurückgibt. Kaum gesagt, schon war's geschehen. Im Nu war sie wieder wie früher – die nicht ganz so hübsche, aber liebevolle und freundliche Nina mit der großen Nase.

Выйдя на улицу, она не встретила ни одного восхищенного взгляда. Никто не остановился при виде ее, никто не увязался провожать, ей не подарили ни одной розы. [...] Когда она приехала в свой город, она увидела автомобиль графа, но граф не заметил ее, хотя она была одета, как всегда, в серое платье, и на ней были мягкие серые туфли и серая шляпа.

Ist das nicht rührend? Nina freut sich wie ein Kind: Keiner, *nicht einmal der Graf nahm Notiz von ihr* (граф не заметил ел). Sie war wieder das graue Mäuschen von vorher: *Sie trug weiche, graue Schuhchen und einen grauen Hut* (на ней были мягкие серые туфли и серая шляпа).

Und so endet die Geschichte: Freundlich, lieb und langnasig wie früher rennt sie umgehend zu ihrem Liebsten. Der hat sich inzwischen erholt und trinkt, auf dem Bett sitzend, Bier. Sie fallen sich in die Arme und feiern fröhliche Urständ. Ihr kleines körperliches Defizit tut ebenfalls nichts zur Sache, denn unser, nein, ihr junger Mann erweist sich als Arzt, fast als Schönheitschirurg, denn aus seinem schlauen, dicken Buch weiß er eine Mixtur zu bereiten, die ihr im Nu die fehlenden Finger nachwachsen lässt. So kommt es, wie es kommen muss, zum Happyend[171]:

171 Die russische Sprache hat den "unenglischen" Ausdruck Happyend aus dem Deutschen übernommen. In der englischen Sprache existiert dieser Begriff nicht. In literaturwissenschaftlichen Texten steht dafür das Wort happy ending.

И Нина вскоре вышла замуж за своего милого Анисима и родила множество смешных детей.

Und Nina heiratete bald ihren liebsten Anisim und gebar viele drollige Kinder.

Hat Ihnen das moderne Märchen von Людмила Стефановна Петрушевская[172] gefallen? Vielleicht bekommen Sie sogar Lust auf mehr russische Märchen? Das würde mich freuen. Denn unsere gemeinsame "Lesereise" sollte Sie auch anregen, hin und wieder eine russische Zeitung oder ein russisches Buch zur Hand zu nehmen.

172 *Ljudmila Stefanowna Petruschewskaja, geb. 1938* (Людмила Стефановна Петрушевская, р. 1938) ist eine bekannte Prosaschriftstellerin und Dramatikerin. Sie arbeitete am Zentralen Fernsehstudio des sowjetischen Fernsehens und schrieb seit Anfang der 80er Jahre Stücke, die an den besten Bühnen des Landes, zum Beispiel im Theater an der Taganka und am *MChAT* (Московский художественный театр им. А. П. Чехова) in Moskau, aufgeführt wurden.

Zehnter und letzter Halt – Десятая и последняя остановка

Schreiben Sie doch mal eine Mail!

Дорогие читатели и читательницы! Дорогие путешественники! Вам понравился Санкт-Петербург? Вам понравилось в России? Мне кажется, придется расстаться. (*Liebe Leserinnen und Leser! Liebe Reisende! Hat Ihnen Sankt Petersburg gefallen? Hat es Ihnen in Russland gefallen? Mir scheint, wir müssen uns jetzt voneinander verabschieden.*) Kolja muss leider arbeiten, sonst wäre er zu Ihrer Verabschiedung hergekommen. Gestern, als *wir die deutschen Schüler zum Bahnhof gebracht haben* (мы проводили немецких учеников на вокзал), hat er mich begleitet. Die Armen können einem Leid tun, 35 Stunden im Zug! Zu viert *in den kleinen Abteilen* (в маленьких купе), *auf den harten Schlafpritschen* (на твердых полках). Beim Abschied hat Jurgen (nein, jetzt kann ich es beinahe: J*ü*rgen!) ganz traurig ausgesehen. Wir sind in den vier Wochen richtig gute Freunde geworden. Als alle einstiegen, sind mir doch die Tränen gekommen. Jürgen hat sie mir verstohlen abgewischt. Ist aber nicht sehr aufgefallen. Den anderen war ja ebenfalls nicht sehr fröhlich zumute ...

Итак, вот последний раз ваша Люба. (*Hier ist also zum letzten Mal Ihre Ljuba.*) Mir hat es sehr gefallen, Sie die zehn Stationen lang begleiten zu dürfen. Ich habe viel gelernt dabei. Und ich hoffe, Sie waren auch zufrieden mit mir. Приезжайте в Питер! (*Kommen Sie wieder einmal nach Petersburg!*) Если хотите, пошлите мне мейл! Я буду рада каждому мейлу. (*Wenn Sie möchten, schicken Sie mir doch mal eine Mail! Ich freue mich über jede Mail.*)

Im Buch werden Ihnen viele Webadressen gegeben. Vielleicht besuchen Sie ja einmal die eine oder andere. Ich sollte Ihnen deshalb einige Vokabeln mit auf den Weg geben, die Ihnen helfen im Netz zu surfen oder – wenn Sie in einem russischen Hotel *auf dem PC* (на компьютере) oder *auf dem Laptop* (на ноутбуке) eine Mail versenden möchten – die verschiedenen Menüs zu verstehen.

Jürgen hat mir schon oft lange Mails geschickt. Wir kennen uns ja seit meinem ersten Besuch in Deutschland. Er schreibt immer liebevoll und irgendwie besonders: sei es das *Format* (формат), die *Schrift* (шрифт) oder das *Briefpapier* (бумага). Seine Mails beginnen immer mit *"Liebe Ljuba"* oder *"Meine liebe Ljuba"*. Das wäre auf Russisch "Дорогая Люба" bzw. "Милая моя Люба". Ich habe ihm anfangs kühler geantwortet: "Здравствуйте, уважаемый Юрген" (*"Guten Tag, sehr geehrter Jürgen"*), "Здравствуйте, дорогой Юрген" (*"Guten Tag, lieber Jürgen"*), "Дорогой Юрген" (*"Lieber Jürgen"*). Nach der Anrede setzen wir heute nur noch selten ein Ausrufezeichen, meist ein Komma, und dann geht gleich – mit kleinem Anfangsbuchstaben – der erste Satz los. Übrigens haben Jürgen und ich uns die ganze Zeit gesiezt: "Большое вам спасибо за письмо. Как ваши дела?" (*"Vielen Dank für Ihre Mail. Wie geht es Ihnen?"*) Künftig werden wir uns duzen. Auf dem Bahnhof habe ich ihn aufgemuntert: "Приезжай к нам снова, буду очень рада!" (*"Komm doch einmal wieder zu uns, ich würde mich sehr freuen!"*) Ich glaube, das hat er auch ohne Dolmetscher verstanden.

Wenn ich ihm eine Mail schreibe, dann sieht der Kopf meines Outlook-Formulars wie auf einem deutschen PC aus, nur auf Russisch. Um eine *neue E-Mail* zu schreiben, drücke ich die Taste Создать (*erzeugen, schaffen, generieren).*

Кому: *An*; hier ist der Adressat in lateinischen Buchstaben einzutragen
Копия: *Cc*; falls eine Kopie an weitere Personen gehen soll
Тема: *Betreff*; hier kann man die Mitteilung auf Russisch oder Deutsch oder in einer anderen Sprache schreiben

Wenn auch die Adresse mit lateinischen Buchstaben geschrieben wird, gibt es beim Verfassen von E-Mails doch eine ganze Reihe von russischen Wörtern, die Sie kennen sollten. Das Zeichen @ heißt bei uns собачка (das sagt zumindest der Professor, bei dem wir einen Computerkurs machen mussten), aber meine Schüler schwören, es müsste собака heißen. Верхнее тире ist *der Gedankenstrich*, den Sie in Deutschland auch Minus nennen, im Gegensatz zum *Unterstrich*: нижнее тире. *Der Punkt* heißt, wie auch sonst in der Grammatik, точка bzw. дот (*dot*).

Die Mitteilung schreibe ich meist in Russisch, aber wenn ich auf die englische Schrift umstellen muss (für die Mail-Adresse oder einen Text), dann muss ich *die Schrift umstellen* (переключать/переключить шрифт). Переключать шрифт с русского на латинский и обратно можно разными способами. (*Von der russischen auf die lateinische Schrift umstellen kann man auf verschiedene Weise.*) Это зависит от персональных настроек вашего компьютера. (*Das hängt von der individuellen Einstellung Ihres Computers ab.*) Как правило, это сочетание клавиш: левый Shift+Alt или Shift+Ctrl. (*In der Regel ist das die Kombination linke Shifttaste+Alt oder Shift+Ctrl.*) Реже это может быть Caps Lock+Shift или просто Caps Lock. (*Seltener ist es möglich mit Caps Lock+Shift oder einfach mit Caps Lock.*)

Auf Ihrem PC müssen Sie die kyrillische Schrift wahrscheinlich erst aus dem Netz *herunterladen* (скачать). Tastaturen, die deutsche und kyrillische Buchstaben auf den Tasten anzeigen, gibt es zu kaufen, kann man sich aber auch von verschiedenen Webseiten anzeigen lassen.

Die Schriftarten (виды шрифта) sind bei uns gleich: Arial, Times New Roman usw. Wenn ich die Schrift gestalten möchte, gibt es dafür natürlich *die verschiedenen Größen* (разные размеры) sowie die Symbole: *Fett* (Ж), *Kursiv* (К), *Unterstrichen* (Ч) und *Farbe* (А).

Das ist schon fast alles, was Sie wissen müssen. Halt, wichtig ist noch, wie Sie das Zeichen @ tippen. Einfach Shift drücken und eine 2 eingeben: Shift + 2. Na, und natürlich müssen Sie wissen, wie Sie ihre Mail *senden* (Пуск) und mit *Senden/Empfangen* zustellen (Доставить) können. Am besten, ich erkläre Ihnen die obere Menüleiste.

Файл	Правка	Вид	Вставка	Формат	Сервис	Сообщение
Datei	*Bearbeiten*	*Ansicht*	*Einfügen*	*Format*	*Extras*	*Nachricht*

Das Fragezeichen für das Menü "Hilfe" wird bei uns wiedergegeben mit dem Wort Справка (was *Auskunft* bedeutet). Zum *Bearbeiten* (Правка) des Textes in der neuen Mail gibt es dieselben Operationen wie überall: Отправить (*Senden*), Вырезать (*Ausschneiden*), Копировать (*Kopieren*), Вставить (*Einfügen*), Отменить (*Rückgängig*), Вложить (*Anfügen* einer Datei an die Nachricht). Damit sind Sie für alle Fälle gewappnet. Wenn Sie in Russland sind und nicht Ihren eigenen Laptop mithaben, dann können Sie jetzt auch auf einem russischen PC Mails schreiben und senden.

Na, wie ist es? Wollen Sie zum Anfang vielleicht mal eine Mail nach Russland zu senden? Vielleicht an Ihre Reisebegleiterin Ljuba?

Ich habe mir für Sie *ein besonderes Abschiedsgeschenk* (особый подарок на прощание) ausgedacht, ein *Gedicht* (стихотворение). Geschrieben hat es Геннадий Бардышев[173], ein *relativ unbekannter, junger Dichter* (относительно незнакомый, молодой поэт), aber ich schätze ihn sehr. *Liebesgedichte* (любовные поэмы), nicht nur Liebesromane (Sie erinnern sich?) lese ich für mein Leben gern. Ein Teil des Gedichts ist sehr leicht zu lesen. Für den anderen Teil hier einige Übersetzungen: косички (*die Zöpfchen*; abgeleitet von коса – *Zopf*), колечки (*die Ringlein*, abgeleitet von кольцо – *Ring*), глазки (*die Äuglein*; abgeleitet von глаза – *Augen*), ласка (*Liebkosung*), пальчики (*die Fingerchen*; abgeleitet von палец – *Finger)*, пяточки (hier wohl besser übersetzt als *die Füßchen*; abgeleitet von пятка – *die Ferse*), ладошки (*die Händchen*; Diminitivum von ладонь *Handfläche*), волосики (*das feine Haar*; eigentlich *"Härchen"*, aber dieses Wort verbinden wir mit anderen Konnotationen; abgeleitet von волосы – *Haar, Haare*), носик (*das Näschen*; abgeleitet von нос – *Nase*). Sie merken schon, in diesem Liebesgedicht werden fast alle Wörter zu lieb und zärtlich gemeinten Verkleinerungsformen verwandelt.

Noch zwei letzte Anmerkungen.
Erstens: In der Wendung пред девицею красною ist пред die poetische Kurzform der Präposition перед, und красный bedeutet natürlich nicht *rot*, sondern – wie ursprünglich – *schön*. Denken Sie nur an Красная площадь, den *Roten Platz* (so nennen Sie ihn), eigentlich verstehen wir ihn als *schönen Platz*.
Zweitens: Die letzte Strophe mit den Ihnen sicherlich bekannten Wörtern sollte man nicht so wörtlich verstehen. Hier denke ich eher an den Film "Das Spukschloss im Spessart", den ich einmal in Deutschland gesehen habe. Dort verehren die gütigen Geister die Filmheldin (Liselotte Pulver) immer mit dem gesungenen Spruch: "Für Sie tun wir alles!" Genau das will der verliebte junge Mann seiner Angebeteten in diesem Gedicht sagen. Nur dass er das mit dem Spruch aus einem bekannten russischen Märchen tut.

---

173 *Gennadi Bardyschew* (Геннадий Бардышев), ein junger weißrussischer Lyriker, der auch aus dem Weißrussischen ins Russische übersetzt. Seine Gedichtsammlung "Соцветие душ" (*"Blütenstand der Seelen"*) kann aus dem Netz heruntergeladen werden: http://litaratar.narod.ru/preview/bardyisheve-socvetie_dush.pdf.

Я очень надеюсь, что это стихотворение вам понравится. (*Ich hoffe sehr, dass Ihnen dieses Gedicht gefallen wird.*) Приезжайте в Россию снова, буду очень рада! Ваша Люба. (*Kommen Sie wieder einmal nach Russland! Ich würde mich sehr freuen. Ihre Ljuba.*)

Мария,
Маша,
Машенька!
Любимая, желанная ...
Исполнилось
желание:
стал мир –
тобой украшенный!

Когда смеешься радостно –
любовь с весной встречается.
А если плачешь горестно –
внутри все обрывается.

Косички твои светлые
колечками сплетаются,
и глазки темно-серые
на ласку отзываются.

Целую твои пальчики,
и розовые пяточки,
ладошки, и волосики,
и носик твой курносенький.

Пред девицею красною
склоняюсь на колени я –
и нет минут прекраснее,
нежней
и откровеннее.

Игрушки,
    торт
        и пряники –
по щучьему велению!

Anhang – Дополнение

In diesem Anhang finden Sie die versprochenen Lösungen bzw. Übersetzungen einiger Aufgaben und Texte.

Vierter Halt, S. 103

Русский	*Deutsch*
Самую новую Audi A8 в Россию не везут.	*Der neuste Audi A8 wird in Russland nicht eingeführt.*
Грузинские пограничники 62 часа вели погоню за судном с украинцами.	*Grusinische Grenzbeamte haben 62 Stunden lang ein Schiff mit Ukrainern gejagt.*
Единая Россия всегда шла курсом президента.	*Die Partei "Einheitliches Russland" ist immer den Kurs des Präsidenten gegangen.*
"Ну и чего ты несешь?" Лена спросила.	*"Na, und was bringst du mit?" fragte Lena.*
Она гребла что было сил.	*Sie ruderte aus allen Kräften.*
По стенке ползет таракан.	*An der Wand kriecht eine Küchenschabe.*
Мальчик рос. Он рос, и рос, и рос.	*Der Junge wuchs. Er wuchs und wuchs und wuchs.*
Растение не цвело каждый год.	*Die Pflanze hat nicht jedes Jahr geblüht.*

Siebenter Halt, S. 170

Sehr geehrte Besucher!

Es ist verboten:

- den Rasen zu betreten, sich auf ihm zu sonnen oder auf ihm zu spielen,
- von Bäumen, Sträuchern und Rabatten etwas abzureißen oder sie zu zerstören,
- Leinen und Schaukeln an den Bäumen aufzuhängen,
- Hunde und andere Haustiere frei laufen zu lassen,

- zu reiten, Rad zu fahren oder den Park mit anderen Transportmitteln zu befahren,
- im Teich zu baden und zu angeln,
- Sportveranstaltungen, Shows und andere Events ohne Zustimmung der Verwaltung durchzuführen,
- Bäume und Sträucher auszugraben und Erde zu entnehmen,
- die Grünflächen, Wege und Plätze zu verunreinigen,
- Aushänge und Werbung anzubringen,
- eigenmächtig Straßenhandel zu betreiben,
- die Bänke zu zerstören oder umzustellen,
- Lagerfeuer anzuzünden,
- Vögel zu fangen und zu töten,
- alkoholische Getränke zu sich zu nehmen,
- Bier an nicht dafür vorgesehenen Orten zu trinken,
- Kraftfahrzeuge zu parken.

Kapitel 8, S. 192

Sonntag, 17. Februar 2008

Den zum Kochen vorbereiteten Fisch schneiden Sie in Stücke. Köpfe, Schwänze, Blasen und Flossen legen Sie zusammen mit den geschnittenen Kartoffeln, den Zwiebeln, der Möhre und der Petersilienwurzel in kochendes Salzwasser und lassen alles 25 Minuten lang kochen. Die Bouillon seihen Sie durch, stellen sie wieder auf das Feuer, legen die vorbereiteten Fischstücke hinein und lassen diese 5 Minuten ziehen. Danach nehmen Sie den Fisch heraus, wenden ihn in Backteig (mit Mehl geschlagenes Ei), braten ihn leicht in Butter an und legen ihn zusammen mit dem Petersiliengrün wieder zurück in die Bouillon und lassen ihn 5 Minuten fertig kochen. Die fertige Fischsuppe sollte dann mindestens eine halbe Stunde lang stehen gelassen werden.

Natürlich vergessen Sie nicht die in den Zutaten erwähnten Gewürze. Guten Appetit!

Kapitel 8, S. 195

Suggestopädischer Unterricht
ist eine in der Welt anerkannte originelle Methode des Gruppenunterrichts, die es möglich macht, sich die für den freien Gebrauch einer Fremdsprache erforderliche "sprachliche Grundlage" in verhältnismäßig kurzer Zeit (zweieinhalb Monate) anzueignen, aber nur bei richtiger Anwendung der verschiedenen Techniken der Suggestopädie, die die Kreativität (rechte Hirnhälfte) und das Gedächtnis (linke Hirnhälfte) aktivieren. Nach Absolvieren eines suggestopädischen Kurses verbleiben 87% der Informationen im Gedächtnis, selbst wenn der Lerner die jeweilige Sprache ein oder zwei Jahre lang überhaupt nicht gebraucht. Das Gedächtnis verbessert sich um das Zehn- bis Zwölffache, die Anzahl der Sprachäußerungen pro Zeiteinheit wird erhöht und die Geschwindigkeit der Reaktion auf eine Äußerung des Gesprächspartners vergrößert. Die psychologischen Barrieren werden im Diskurs abgebaut.

Nachwort – **Послесловие**

Das erste Buch in der Reihe "Russisch für Besserwisser" mit dem Titel "Von Metros, McDonald's and einer Kuh im Propeller" ist sehr freundlich aufgenommen worden. Es war deshalb für mich eine Freude, vom Schmetterling Verlag mit einer "Fortsetzung" beauftragt zu werden.

Dass das vorliegende Buch die Themen des ersten Teils nicht einfach "fortsetzt", das haben Sie, liebe Leserinnen und Leser, schnell gemerkt. Die "Lesereise durch Russland" hat Sie von einer schriftsprachlichen Station zur anderen geführt: vom Zeitungstext zur Verfassung der Russischen Föderation, vom Krimi über den blauen Mops zum Rezept aus einem Kalender, von Alltagsthemen über das PC-Russisch bis hin zu einem modernen Märchen. Auch das im Titel erwähnte "Krokodil" ist vorgekommen, nämlich in der Form einer Satire aus der gleichnamigen Zeitschrift.

Während des Lesens waren Sie an verschiedenen Orten in Russland und haben die Umgangssprache sowie die Sprache der russischen Literatur kennen gelernt. Nach jedem Kapitel hat Ljuba, Ihre Reisebegleiterin, einen Halt mit Ihnen eingelegt, aus ihrem Leben erzählt und Ihnen mit der russischen Sprache weitergeholfen.

Wenn einer eine Reise tut, dann ... lernt er das Land besser kennen als aus den Büchern. Auch dieses Buch soll Sie anregen, einmal selbst nach Russland zu reisen oder – wenn Sie dort schon waren – die Russen besser zu verstehen, und das nicht nur sprachlich. Ich wollte Ihnen zeigen, dass Russland ein riesiges Land ist, das viele landschaftliche Schönheiten besitzt und über enorme kulturelle Reichtümer verfügt, aber auch manche Probleme hat. Der größte Reichtum des Landes sind jedoch seine Menschen. Einige von ihnen wurden Ihnen in diesem Buch vorgestellt. Mögen Ihnen auf Ihren Reisen nach Russland viele aufgeschlossene, freundliche, kluge Menschen begegnen! Und möge Ihnen die russische Sprache ein getreuer und nützlicher Begleiter im Gespräch mit ihnen sein!

*Dank* – Слово благодарности

So wie das Buch jetzt vor Ihnen liegt, wäre es nicht zustande gekommen ohne die Hilfe und Unterstützung meiner Frau Gundela Berthelmann. Ihr verdanke ich einen großen Teil der Sachrecherchen, der komplizierten Schreibarbeiten und der mehrfachen Korrekturlesung. Unserem Sohn, dem Diplom-Mikrobiologen Felix Berthelmann, und seiner Frau, Studienrätin Theresa Berthelmann, danke ich ebenfalls ganz herzlich für ihr überaus gründliches Korrekturlesen sowie für eine Vielzahl nützlicher Hinweise, Anregungen und PC-technischer Hilfestellungen.

Eine unschätzbare Hilfe war mir ein weiteres Mal Frau Studienrätin Heike Piornak aus Dessau, Autorin und Herausgeberin einer Reihe von Unterrichtsmaterialien. Ihr verdanke ich viele fachliche, sprachliche und methodische Hinweise.

Für ihre sorgfältige Arbeit beim Korrekturlesen danke ich auch den Studentinnen Ksenia Prokopjewa, Olesja Inschakowa, Julia Schukowa, Jekaterina Jeremina und Swetlana Jatsiw aus Moskau und Woronesh, die 2007 einen Teil ihrer Ausbildung am Institut für Slawistik in Halle absolvierten.

Nicht zuletzt bedanke ich mich bei den Kollegen Dr. Hellmut Eckert (Martin-Luther-Universität Halle-Wittenberg) und Prof. Dr. Iosif A. Sternin (Staatliche Universität Woronesh) für so manche fachliche Auskunft.

Auch den Mitarbeitern des Schmetterling Verlag gilt wiederum mein herzlicher Dank für ihre Geduld während der Zeit des Manuskriptschreibens und für das Redigieren und mühevolle Setzen vor allem der in kyrillischer Schrift abgefassten Teile.

Literaturverzeichnis – Список литературы

Russischsprachige Literatur

Абдуллаев, Чингиз: Закон негодяев. Проф-пресс. Ростов на Дону 1996.

Аверьянова, Елена: Особняк со львами. ЭКСМО. Москва 2005.

Аникин, Владимир Прокопьевич: Русские народные пословицы, поговорки, загадки и детский фольклор. Москва 1957.

Бардышев, Геннадий: Соцветье душ. Стихотворения. Минск, УП "Технопринт" 2002.

Дашкова, Полина: Место под солнцем. ЭКСМО. Москва 2001.

Дашкова, Полина: Образ врага. Астрель. Москва 2004.

Денежкина, Ирина: ДеЦл. Герои моего времени. Издательский Дом "Нева". Санкт-Петербург 2005.

Донцова, Дарья: Синий мопс счастья. Иронический детектив. ЭКСМО. Москва 2004.

Крылатов, Евгений Павлович: Крылатые качели. Музыкальный сборник. 000 "Дрофа". Москва 2001.

Кузнецова, А. И. и Т. Ф. Ефремова: Словарь морфем русского языка. Русский язык. Москва 1986.

Лопатин, В. В. и Л. Е. Лопатина: Русский толковый словарь. (*Lopatin, W. W. und L. E. Lopatina: Erklärendes Wörterbuch der russischen Sprache.*) Einsprachiges Wörterbuch Russisch. Langenscheidt. Berlin – München – Wien – Zürich New York 1994.

Петровский, Никандр Александрович: Словарь русских личных имен. Москва 1980.

Петрушевская, Людмила: Город света. Амфора. Санкт-Петербург 2005.

Сержанина, Г. И. и И. Я. Яшкин: Грибы. Наука и техника. Минск 1986.

Тынянов, Ю. Н.: Пушкин. Гослитизлат. Москва – Ленинград 1959.

Улицкая, Людмила: Казус Кукоцкого. ЭКСМО. Москва 2006.

Deutschsprachige Literatur

Amis, Martin: Koba der Schreckliche. Die zwanzig Millionen und das Gelächter. Carl Hanser Verlag. München 2007. (Koba lautete eines der frühesten Pseudonyme Stalins.)

Bielfeldt, Hans-Holm: Rückläufiges Wörterbuch der russischen Sprache der Gegenwart. Akademie-Verlag. Berlin 1958.

Eckert, Hellmut und Iosif A. Sternin: Die russische Sprache im Umbruch. Lexikalische und funktionale Veränderungen im Russischen an der Schwelle des 21. Jahrhunderts. Verlag Dr. Kovač. Hamburg 2004.

Eichler, Ernst, Heinrich Tiefenbach und Jürgen Udolph: Völkernamen – Ländernamen – Landschaftsnamen. Universitätsverlag. Leipzig 2004.

Jerofejew, Wiktor: Der Mord ist kein Kochtopf. Marebuchverlag. Hamburg 2005.

Kohlheim, Rosa und Volker Kohlheim: Familiennamen, Herkunft und Bedeutung von 20 000 Nachnamen. Dudenverlag. Mannheim et al. 2000.

Kompaktwörterbuch Russisch. PONS. 1. Auflage. Ernst Klett Sprachen GmbH. Stuttgart 2007.

Krone-Schmalz, Gabriele: Was passiert in Russland? F. A. Herbig. München 2007.

Linke, Horst Günther: Geschichte Russlands. Von den Anfängen bis heute. Primus Verlag. Frankfurt a. M. 2006.

Politkowskaja, Anna: Russisches Tagebuch. Köln 2007. (Originaltitel: Российские хроники)

Rausch, Rudolf und Ilka Rausch: Deutsche Phonetik für Ausländer. Langenscheidt Verlag Enzyklopädie. Leipzig 1991.

Rybakowa, Maria: Die Reise der Anna Grom. Rowohlt Verlag. Berlin 2001.

Sick, Bastian: Der Dativ ist dem Genitiv sein Tod. Kiepenheuer und Witsch. 2006.

Solouchin, Wladimir Alexejewitsch: Die dritte Jagd. Betrachtungen eines Pilzjägers. Aufbau-Verlag. Berlin 1981.

Udolph, Jürgen: Professor Udolphs Buch der Namen. Woher sie kommen. Was sie bedeuten. Goldmann. München 2007.

Abkürzungen – Сокращения

Deutsche Abkürzungen

a. a. O. – am angegebenen Ort
ca. – zirka
geb. – geboren
poln. – polnisch
s. – siehe
S. – Seite
tsch. – tschechisch
u. a. (m.) – und andere(s) (mehr)
vgl. – vergleiche

Russische Abkürzungen

г – грамм (*Gramm*)
г – город (*Stadt*)
кв. м – квадратный метр (*Quadratmeter*)
кг – килограмм (*Kilogramm*)
л – литр (*Liter*)
мес. – месяц (*Monat*)
мл – миллилитр (*Milliliter*)
р. – родилась, родился (*geboren*)
ст. л. – столовая ложка (*Esslöffel*)
ч. л. – чайная ложка (*Teelöffel*)
шт. – штука (*Stück*)
эт. – этаж (*Etage, Stockwerk*)